建筑施工企业会计实务

陈洁 侯磊 杨丽丽 编著

化学工业出版社

·北京·

内容简介

本书系统阐述了建筑施工企业不同阶段的会计处理，共分为11章，包括总论、会计核算方法、设立阶段会计实务、招投标阶段会计实务、合同签订阶段会计实务、物资采购和资产管理阶段会计实务、劳务使用阶段会计实务、成本和费用会计实务、收入和利润会计实务、建筑施工企业涉税会计实务、财务报告。

本书有助于指导建筑施工企业会计理论研究的深入开展，适合高等学校工程管理、建筑经济、财经类等专业的师生学习使用，也可作为建筑领域工程和管理人员的重要参考用书。

图书在版编目（CIP）数据

建筑施工企业会计实务 / 陈洁，侯磊，杨丽丽编著. 北京：化学工业出版社，2025.1. -- ISBN 978-7-122-46774-4

Ⅰ．F407.906.72

中国国家版本馆CIP数据核字第202485NM99号

责任编辑：董 琳　　　　　文字编辑：罗 锦
责任校对：刘曦阳　　　　　装帧设计：刘丽华

出版发行：化学工业出版社
　　　　　（北京市东城区青年湖南街13号　邮政编码100011）
印　　装：大厂回族自治县聚鑫印刷有限责任公司
787mm×1092mm　1/16　印张15¼　字数359千字
2025年2月北京第1版第1次印刷

购书咨询：010-64518888　　　售后服务：010-64518899
网　　址：http://www.cip.com.cn

凡购买本书，如有缺损质量问题，本社销售中心负责调换。

定　　价：78.00元　　　　　　　　　　　　版权所有　违者必究

前言

"十四五"时期是我国由全面建成小康社会向基本实现社会主义现代化迈进的关键时期,也是加快推进生态文明建设和经济高质量发展的攻坚期。随着我国城市化建设水平的不断提高以及基础设施建设的不断推进,建筑施工企业越来越多,建筑业已成为我国国民经济中的支柱产业,其质量发展的好坏与整个国家经济的发展、人民生活的改善密切相关。

建筑施工企业涉及的会计账务处理较为复杂,尤其是新《企业会计准则第14号——收入》实施与执行后,施工项目的账务处理发生了变化,同时也给企业核算工作增加了难度。如果收入确认不及时、部门间缺乏沟通及坏账率越来越高,都会给企业发展埋下隐患。建筑施工企业要想做好会计核算工作,就应当积极学习新会计制度与新《企业会计准则第14号——收入》的相关内容,做好新旧制度的衔接,同时还应当重点关注会计核算工作的规范性问题,通过科学、有效的会计核算体系与流程,将新会计制度和新收入准则与企业财务管理活动进行有效结合,确保会计核算工作的规范性。

基于此,本书按照建筑施工企业不同业务阶段,从基本理论出发到相应会计账务处理及案例分析等方面进行了深入研究,深化并拓展了建筑施工企业会计实务理论,不仅对建筑施工企业的会计实务工作有一定实践指导作用,也可以让企业管理者对项目的资金运作有更直观的了解,有效降低施工成本,有助于建筑施工企业的稳健发展。

本书的主要特点如下。

一、前沿性

将《企业会计准则》的精髓融入建筑施工企业具体会计核算中,内容体现现行《企业会计准则》的内涵和要求。

二、实用性

着重阐述建筑施工企业不同业务阶段的账务处理,有助于建筑施工企业建立对财务流程合理规划的理念。

三、可理解性

通过典型案例,将理论与实践更好地结合,从案例实践视角分析建筑施工企业会计。

本书由陈洁、侯磊、杨丽丽编著,参加撰写的人员有赵川、郭洋洋、王芳。陈洁负责本书整体写作框架总纂、具体章节大纲设计、全书统稿工作。具体撰写分工如下:第1章由陈洁、郭洋洋、王芳、赵川撰写;第2章由陈洁、王芳、郭洋洋、赵川撰写;第3章~第5章由侯磊撰写;第6章由陈洁、赵川、侯磊撰写;第7章~第9章由杨丽丽撰写;第10章由陈洁、侯磊、杨丽丽撰写;第11章由陈洁、侯磊、杨丽丽、赵川撰写。

本书在编著过程中,参阅了相关资料,在此,特向这些资料的作者表示深深的感谢。

限于编著者水平,书中不妥和疏漏之处在所难免,恳请专家、读者批评指正。

编著者
2024 年 10 月

目录

第1章 总论   001

- 1.1 建筑施工企业会计概述 …………… **001**
  - 1.1.1 建筑施工企业会计的含义 …… 001
  - 1.1.2 建筑施工企业会计的特点 …… 005
  - 1.1.3 建筑施工企业会计的核算对象 … 006
- 1.2 会计核算基本前提与会计核算基础 … **007**
  - 1.2.1 会计核算基本前提 …………… 007
  - 1.2.2 会计核算基础 ………………… 009
- 1.3 会计目标与会计信息质量要求 …… **010**
  - 1.3.1 会计目标 ……………………… 010
  - 1.3.2 会计信息质量要求 …………… 011
- 1.4 会计核算与会计监督 ……………… **014**
  - 1.4.1 会计核算 ……………………… 014
  - 1.4.2 会计监督 ……………………… 014
- 1.5 会计要素与会计等式 ……………… **015**
  - 1.5.1 会计要素 ……………………… 015
  - 1.5.2 会计等式 ……………………… 021

第2章 会计核算方法   024

- 2.1 建筑施工企业会计科目与账户 …… **024**
  - 2.1.1 会计科目 ……………………… 024
  - 2.1.2 会计账户 ……………………… 030
- 2.2 复式记账法 ………………………… **031**
  - 2.2.1 复式记账法的概念 …………… 031
  - 2.2.2 借贷记账法 …………………… 032
- 2.3 会计凭证 …………………………… **035**
  - 2.3.1 会计凭证的概念 ……………… 035
  - 2.3.2 会计凭证的分类 ……………… 036
- 2.4 会计账簿 …………………………… **040**
  - 2.4.1 会计账簿的概念与基本内容 … 040
  - 2.4.2 会计账簿的种类 ……………… 041
  - 2.4.3 会计账簿的格式与登记方法 … 044
  - 2.4.4 结账与对账 …………………… 048
- 2.5 财产清查概述 ……………………… **050**
  - 2.5.1 财产清查的概念 ……………… 050
  - 2.5.2 财产清查的种类 ……………… 050
  - 2.5.3 财产物资的盘存制度 ………… 052
  - 2.5.4 货币资金的清查方法 ………… 053
  - 2.5.5 实物资产的清查方法 ………… 054
  - 2.5.6 往来款项的清查方法 ………… 055
- 2.6 账务处理程序 ……………………… **056**
  - 2.6.1 账务处理程序概述 …………… 056
  - 2.6.2 账务处理程序的种类 ………… 057
  - 2.6.3 记账凭证账务处理程序 ……… 057
  - 2.6.4 汇总记账凭证账务处理程序 … 058
  - 2.6.5 科目汇总表账务处理程序 …… 059

第3章 设立阶段会计实务   060

- 3.1 建筑施工企业设立阶段概述 ……… 060
  - 3.1.1 有限责任公司的设立条件 …… 060

3.1.2 股份有限公司的设立条件 ⋯⋯⋯ 061
3.2 建筑施工企业设立阶段会计核算 ⋯⋯ **062**
3.2.1 设立阶段应设置的会计账户 ⋯⋯⋯ 062
3.2.2 建筑施工企业不同出资方式的会计核算 ⋯⋯⋯⋯⋯⋯⋯⋯⋯⋯⋯⋯⋯⋯ 064
3.2.3 建筑施工企业所有者权益变动的会计核算 ⋯⋯⋯⋯⋯⋯⋯⋯⋯⋯⋯⋯⋯⋯ 065
3.2.4 建筑施工企业开办费的会计核算 ⋯⋯ 065
3.3 案例分析 ⋯⋯⋯⋯⋯⋯⋯⋯⋯⋯⋯ **066**
3.3.1 案例内容 ⋯⋯⋯⋯⋯⋯⋯⋯⋯⋯ 066
3.3.2 案例解析 ⋯⋯⋯⋯⋯⋯⋯⋯⋯⋯ 066

第 4 章　招投标阶段会计实务　　068

4.1 招标与投标政策概述 ⋯⋯⋯⋯⋯⋯⋯ **068**
4.1.1 招标与投标的含义 ⋯⋯⋯⋯⋯⋯⋯ 068
4.1.2 招投标程序及其政策规定 ⋯⋯⋯⋯ 069
4.2 招投标阶段的会计核算 ⋯⋯⋯⋯⋯⋯ **072**
4.2.1 应设置的会计账户 ⋯⋯⋯⋯⋯⋯⋯ 072
4.2.2 投标费用的会计核算 ⋯⋯⋯⋯⋯⋯ 074
4.2.3 投标保证金的会计核算 ⋯⋯⋯⋯⋯ 074
4.2.4 履约保证金的会计核算 ⋯⋯⋯⋯⋯ 076
4.3 案例分析 ⋯⋯⋯⋯⋯⋯⋯⋯⋯⋯⋯ **076**
4.3.1 案例内容 ⋯⋯⋯⋯⋯⋯⋯⋯⋯⋯ 076
4.3.2 案例解析 ⋯⋯⋯⋯⋯⋯⋯⋯⋯⋯ 077

第 5 章　合同签订阶段会计实务　　078

5.1 合同签订阶段主要合同概述 ⋯⋯⋯⋯ **078**
5.1.1 设备租赁合同 ⋯⋯⋯⋯⋯⋯⋯⋯⋯ 078
5.1.2 分包合同 ⋯⋯⋯⋯⋯⋯⋯⋯⋯⋯ 079
5.1.3 借款合同 ⋯⋯⋯⋯⋯⋯⋯⋯⋯⋯ 079
5.2 合同签订阶段的会计核算 ⋯⋯⋯⋯⋯ **080**
5.2.1 合同签订阶段应设置的会计账户 ⋯⋯ 080
5.2.2 签订设备租赁合同相关的会计核算 ⋯⋯⋯⋯⋯⋯⋯⋯⋯⋯⋯⋯⋯⋯ 082
5.2.3 签订承包合同相关的会计核算 ⋯⋯⋯ 082
5.2.4 签订借款合同的会计核算 ⋯⋯⋯⋯ 083
5.3 案例分析 ⋯⋯⋯⋯⋯⋯⋯⋯⋯⋯⋯ **084**
5.3.1 案例内容 ⋯⋯⋯⋯⋯⋯⋯⋯⋯⋯ 084
5.3.2 案例解析 ⋯⋯⋯⋯⋯⋯⋯⋯⋯⋯ 084

第 6 章　物资采购和资产管理阶段会计实务　　086

6.1 存货概述及其会计核算 ⋯⋯⋯⋯⋯⋯ **086**
6.1.1 存货概述 ⋯⋯⋯⋯⋯⋯⋯⋯⋯⋯ 086
6.1.2 库存材料的会计处理 ⋯⋯⋯⋯⋯⋯ 087
6.1.3 周转材料的会计处理 ⋯⋯⋯⋯⋯⋯ 089
6.1.4 存货清查的会计处理 ⋯⋯⋯⋯⋯⋯ 091
6.2 固定资产概述及其会计处理 ⋯⋯⋯⋯ **092**
6.2.1 固定资产的含义及其分类 ⋯⋯⋯⋯ 092
6.2.2 固定资产核算应设置的会计账户 ⋯⋯ 093
6.2.3 固定资产的会计核算 ⋯⋯⋯⋯⋯⋯ 095
6.3 无形资产概述及其会计处理 ⋯⋯⋯⋯ **099**
6.3.1 无形资产的含义及分类 ⋯⋯⋯⋯⋯ 099
6.3.2 无形资产核算应设置的会计账户 ⋯⋯ 099
6.3.3 无形资产的会计核算 ⋯⋯⋯⋯⋯⋯ 099
6.4 临时设施概述及其会计处理 ⋯⋯⋯⋯ **102**
6.4.1 临时设施的含义及分类 ⋯⋯⋯⋯⋯ 102
6.4.2 临时设施核算应设置的会计账户 ⋯⋯ 102
6.4.3 临时设施的会计核算 ⋯⋯⋯⋯⋯⋯ 103
6.5 案例分析 ⋯⋯⋯⋯⋯⋯⋯⋯⋯⋯⋯ **104**
6.5.1 案例内容 ⋯⋯⋯⋯⋯⋯⋯⋯⋯⋯ 104
6.5.2 案例解析 ⋯⋯⋯⋯⋯⋯⋯⋯⋯⋯ 104

第 7 章　劳务使用阶段会计实务　　107

7.1 职工薪酬概述 …………… **107**	**7.3 农民工工资保证金的会计处理** ……… **111**
7.1.1 职工的范围 …………… 107	7.3.1 农民工工资保证金的规定 ………… 111
7.1.2 职工薪酬的组成 ………… 108	7.3.2 农民工工资保证金的会计核算 …… 112
7.1.3 职工薪酬的核算依据 …… 109	**7.4 案例分析** …………………… **112**
7.2 职工薪酬的会计处理 …… **109**	7.4.1 案例内容 ………………… 112
7.2.1 职工薪酬的确认 ………… 109	7.4.2 案例解析 ………………… 113
7.2.2 职工薪酬的会计核算 …… 110	

第 8 章　成本和费用会计实务　　115

8.1 成本和费用概述 …………… **115**	8.3.3 直接材料费的会计核算 …………… 122
8.1.1 费用的含义及分类 ……… 115	8.3.4 机械使用费的会计核算 …………… 123
8.1.2 建筑施工企业成本和费用核算的特殊性 …………… 117	8.3.5 其他直接费的会计核算 …………… 126
	8.3.6 间接费用的会计核算 ……………… 126
8.2 成本核算的对象、组织与程序 …… **118**	8.3.7 工程完工结转实际合同履约成本 … 128
8.2.1 成本核算对象 …………… 118	**8.4 期间费用的会计处理** ………… **129**
8.2.2 成本核算组织 …………… 119	8.4.1 期间费用核算应设置的账户 ……… 129
8.2.3 成本核算程序 …………… 120	8.4.2 期间费用的会计核算 ……………… 129
8.3 合同履约成本的会计处理 … **120**	**8.5 案例分析** ……………………… **130**
8.3.1 合同履约成本核算应设置的会计账户 ………………… 120	8.5.1 案例内容 …………………… 130
8.3.2 直接人工费的会计核算 … 121	8.5.2 案例解析 …………………… 131

第 9 章　收入和利润会计实务　　133

9.1 收入概述 ………………… **133**	9.3.1 利润形成核算的内容 ……………… 142
9.1.1 收入的含义和特点 ……… 133	9.3.2 利润形成核算应设置的会计账户 … 143
9.1.2 收入的分类 ……………… 134	9.3.3 利润形成的会计核算 ……………… 144
9.1.3 收入核算的基本要求 …… 135	**9.4 利润分配的会计处理** ………… **146**
9.1.4 收入的确认 ……………… 135	9.4.1 利润分配核算的内容 ……………… 146
9.2 合同收入的会计处理 …… **138**	9.4.2 利润分配核算应设置的会计账户 … 147
9.2.1 合同收入核算应设置的会计账户 … 138	9.4.3 利润分配的会计核算 ……………… 148
9.2.2 合同收入的会计核算 …… 139	**9.5 案例分析** ……………………… **149**
9.2.3 其他业务收入核算的会计处理 …… 141	9.5.1 案例内容 …………………… 149
9.3 利润的会计处理 ………… **142**	9.5.2 案例解析 …………………… 150

第 10 章　建筑施工企业涉税会计实务　　153

10.1　增值税会计实务 …………… 153
10.1.1　增值税概述 ……………… 153
10.1.2　增值税会计账户 ………… 161
10.1.3　增值税会计实务 ………… 164
10.2　企业所得税会计实务 ……… 169
10.2.1　企业所得税概述 ………… 169
10.2.2　企业所得税会计账户 …… 174
10.2.3　企业所得税会计实务 …… 175
10.3　个人所得税会计实务 ……… 177
10.3.1　个人所得税概述 ………… 177
10.3.2　个人所得税会计账户 …… 181
10.3.3　个人所得税会计实务 …… 181
10.4　其他税费会计实务 ………… 182
10.4.1　城市维护建设税 ………… 182
10.4.2　教育费附加 ……………… 183
10.4.3　土地增值税 ……………… 184
10.4.4　房产税 …………………… 186
10.4.5　城镇土地使用税 ………… 187
10.4.6　耕地占用税 ……………… 188
10.4.7　车辆购置税 ……………… 191
10.4.8　车船税 …………………… 193
10.4.9　印花税 …………………… 194

第 11 章　财务报告　　197

11.1　财务报告概述 ……………… 197
11.1.1　财务报告的含义和构成 … 197
11.1.2　财务报表列报 …………… 198
11.2　资产负债表 ………………… 202
11.2.1　资产负债表的含义及作用 … 202
11.2.2　资产负债表的列报 ……… 203
11.2.3　企业资产负债表的列报格式 … 204
11.2.4　资产负债表的列报方法 … 206
11.3　利润表 ……………………… 212
11.3.1　利润表的含义及作用 …… 212
11.3.2　利润表的列报格式 ……… 212
11.3.3　利润表的列报方法 ……… 214
11.4　现金流量表 ………………… 217
11.4.1　现金流量表的含义及作用 … 217
11.4.2　现金流量表的编制基础 … 218
11.4.3　现金流量表的编制方法 … 219
11.5　所有者权益变动表 ………… 227
11.5.1　所有者权益变动表的含义和作用 … 227
11.5.2　所有者权益变动表的内容及列报格式 …………………… 228
11.6　附注 ………………………… 231
11.6.1　附注的含义及披露的基本要求 …… 231
11.6.2　附注披露的内容 ………… 231
11.6.3　附注披露的会计报表重要项目 … 232

参考文献　　236

第1章

总论

1.1 建筑施工企业会计概述

1.1.1 建筑施工企业会计的含义

建筑业是国民经济的一个重要物质生产部门,与制造业等产业一同被列为第二产业。建筑施工企业是指从事各种土木工程、建筑工程、设备安装工程、装修工程的新建、扩建、改建活动的生产型企业。建筑施工企业会计是以建筑施工企业为会计主体的一种专业会计,是建筑施工企业生产经营活动中的重要一环。

(1) 建筑施工企业的内涵

通用的建筑业的概念可以分为广义和狭义。广义的建筑业反映的是建筑产品生产的全过程及参与其过程的各个产业和各类活动,涵盖了建筑产品的生产以及与建筑生产有关的生产和服务内容,包括建设规划、勘察、设计、施工及安装,建筑构配件生产,建成环境的运营、维护及管理,相关的技术、管理、商务咨询和中介服务,相关的教育科研培训等活动。狭义的建筑业是指国家标准的产业分类中的建筑业,属于第二产业,产业内容包括房屋建筑工程和土木工程的建造,设备、线路、管道安装,装饰装修等活动。建筑业是我国国民经济建设中重要的支柱性产业之一,它所生产的厂房、道路、桥梁、铁路、住宅等产品是我国经济建设各部门和人民生产、生活的重要物质基础。

建筑施工企业通过组织、利用生产资料将劳动对象建造或安装成特定的工程产品,即通过施工生产活动,把各种建筑材料转变为具有特定用途的各类建筑产品,建筑施工企业是可以独立运作、自负盈亏、具有独立法人资格的经济组织。建筑施工企业提供的劳务具体包括建筑、安装、修缮、装饰和其他工程作业等多项业务内容。建筑施工企业包括各类建筑工程公司、安装工程公司、基础工程公司、电力工程公司、市政工程公司、公路桥梁工程公司、铁路工程公司、机械化施工公司、装饰装修公司等。建筑施工企业既担负着国民经济各产业部门所需要的房屋和构筑物的建造、改造和各种设备的安装工作,也承担着非物质生产领域所需的房屋、公共设施和民用住宅等的施工任务。

（2）建筑施工企业的类型

由于建筑施工企业的生产经营活动范围比较广泛，内容比较多，包括铁路、公路、隧道、桥梁、堤坝、电站、码头、机场、房屋等的基础建设；电力、通信线路、石油、燃气、给水、排水、供热等管道铺设系统和各类机械设备、装置的安装工程；建筑物内、外的装修和工程等。为了便于经营管理和会计核算，有必要对建筑施工企业按照不同的标准进行分类，以满足企业管理和核算的需要。

1）按企业组织形式和产权关系划分

按企业组织形式和产权关系划分，建筑施工企业可以分为独资企业、合伙企业、公司制企业（其中包括有限责任公司和股份有限公司两种形式），具体划分标准如表1-1所列。

表1-1　建筑施工企业按组织形式和产权关系划分标准

类型	定义
独资企业	独资企业是指企业的全部资产归出资者一人所有，企业的经营也由出资者承担，即所有权与经营权统一的企业
合伙企业	合伙企业是指由两个或两个以上的合伙人按照协议共同出资、共同承担企业经营风险并且对企业债务承担连带责任的企业
公司制企业	公司制企业是指依法设立，以营利为目的，具有法人资格的经济组织。公司有自己独立的财产，独立地承担经济责任，同时享有相应的民事权利。《中华人民共和国公司法》规定，公司制企业主要包括有限责任公司和股份有限公司。 有限责任公司又称有限公司，是指股东以其认缴的出资额为限对公司债务承担责任，公司以其全部财产对公司债务承担责任的公司；股份有限公司是指将公司全部资本分为等额股份，股东以其认购的股份为限对公司承担责任，公司以其全部财产对公司的债务承担责任的公司

2）按企业规模划分

按企业规模划分，建筑施工企业可以分为大型施工企业、中型施工企业和小型施工企业。根据《统计上大中小微型企业划分办法（2017）》规定，按照行业门类、大类、中类和组合类别，依据从业人员、营业收入、资产总额等指标或替代指标，将我国的企业划分为大型、中型、小型、微型四种类型。其中，建筑施工企业按企业规模划分的具体划分标准如表1-2所列。

表1-2　建筑施工企业按企业规模划分标准

指标名称	计量单位	大型	中型	小型	微型
营业收入（Y）	万元	$Y \geq 80\,000$	$6\,000 \leq Y < 80\,000$	$300 \leq Y < 6\,000$	$Y < 300$
资产总额（Z）	万元	$Z \geq 80\,000$	$5\,000 \leq Z < 80\,000$	$300 \leq Z < 5\,000$	$Z < 300$

3）按经营范围划分

按经营范围划分，建筑施工企业可以分为综合施工企业和专项施工企业两类。建筑施工企业按经营范围划分标准如表1-3所列。

表 1-3　建筑施工企业按经营范围划分标准

类型	定义
综合施工企业	综合施工企业是指可以承担各类土木建筑工程和各种设备安装工程等综合性施工业务的企业
专项施工企业	专项施工企业是指只承担某些专项工程施工的企业，如给水排水工程公司、电气设备安装公司、化工设备安装公司、公路桥梁（路桥）公司、基础工程公司、铁路工程公司、装饰装修公司、市政工程公司等

4）按建筑施工资质等级划分

依照施工企业资质标准的规定，不同资质等级的建筑施工企业准予营业的范围也有所不同。按自 2015 年 3 月 1 日起施行的中华人民共和国住房和城乡建设部令第 22 号《建筑业企业资质管理规定》，建筑施工企业按其资质等级划分，可以分为施工总承包资质、专业承包资质、施工劳务资质，并且规定：获得施工总承包资质的企业，可以对工程实行施工总承包或者对主体工程实行施工承包。承担施工总承包的企业可以对所承接的工程全部自行施工，也可以将非主体工程或者劳务作业分包给具有相应专业承包资质或者施工劳务资质的其他建筑业企业。获得专业承包资质的企业，可以承接施工总承包企业分包的专业工程或者建设单位按照规定发包的专业工程。专业承包企业可以对所承接的工程全部自行施工，也可以将劳务作业分包给具有相应施工劳务资质的施工劳务企业。获得施工劳务资质的企业，可以承接施工总承包企业或者专业承包企业分包的劳务作业。

施工总承包资质、专业承包资质、施工劳务资质序列按照工程性质和技术特点分别划分为若干资质类别，各资质类别按照规定的条件划分为若干等级。

（3）建筑施工企业的生产经营特点

建筑施工企业生产经营活动的特殊性、生产的建筑产品的特殊性及施工作业周期长等特殊性，决定了建筑施工企业的生产经营活动及生产的建筑产品不同于一般生产经营企业。建筑企业的生产经营具有如下特点。

1）产品的固定性和生产的流动性

所有的建筑产品，不论规模大小、坐落何处，都建造在预先选定的地点之上，它的基础部分都是与土地相连的，始终与土地不可分割，其位置一经确定，就只能始终在那里发挥作用，不能移动，若一经移动、拆卸或组装，其物理、化学性质就会发生变化，其物质状态将会发生经济、功能的全部或部分损失。这种固定性，正是建筑产品与其他生产部门的物质产品相区别的一个重要特点。建设项目的固定性决定了施工生产活动的流动性，即建筑物在施工过程中，所有的生产要素，包括劳动力、建筑机械、建筑材料和预制构件等，都将随着建筑产品生产的进展而流动，在所形成的建筑产品的平面上和立面上流动，或在建筑工地的范围内，从一个正在建造的建筑物流向另一个正在建造的建筑物。例如，生产工人要在同一工地上不同的单位工程之间流动施工；企业施工队伍要在不同工地、不同地区承包工程，进行区域性流动施工等。随着构配件预制工厂化和现场施工装配化的发展，许多操作可以在空间上同时进行，平行作业或立体交叉作业，大大降低了施工生产的流动程度，但是，这并不能从根本上消除施工生产的流动性。

2）体积庞大和生产周期较长

建筑产品的施工生产过程是一个规模大、消耗多、周期长的生产性消费过程。由于建筑产品构造复杂、形体庞大，在施工生产过程中要占用大量的人力、财力、物力，一个大中型建设项目往往要花费几千万、上亿甚至百亿元以上的投资，工程量巨大。并且在多工种配合施工时，由于工程固定在一定的地点，施工生产只能相对局限于一定的工作场所，按照一定的施工顺序、施工过程和施工工序组织立体交叉作业和平行流水作业，加之特殊施工工艺对时间的特殊要求及自然条件等多种不确定因素的影响，都导致了建筑产品生产周期相对较长，大部分要跨年度施工，有的工程施工年限甚至长达十几年或更久。工期越长，在建造过程中，发生不确定性因素的机会就越多，因此，会给施工管理工作带来越多困难。

3）产品的单件性和生产的多样性

建筑产品的生产难以按照同一模式简单、大量、重复地成批生产，而只能一个一个地建造。建筑产品的功能不仅要满足社会生产和使用功能的要求，还要满足人们对建筑产品美观的要求，同时受建筑性质、地理条件、民族特征、风俗习惯、社会条件等因素的影响。即使建筑产品的使用功能和建筑类型相同，但在不同的地点建造，也会因建造地点的自然条件、资源条件和社会条件的不同而表现出差异。每一项建筑产品的设计风格、用途与功能结构不同，使用的建筑材料、建造工艺、建造等级、建筑标准和施工技术也不同，产品间存在诸多差异。建筑产品的单件性反映了建筑产品的特殊性，并且会不同程度地增加产品的建造成本。因此，对于建筑施工企业来说，几乎每一次新的建设任务都是一次新的开始、新的挑战。

4）生产条件艰苦和不确定性

建筑产品由于位置固定、形体庞大，无法像工业产品一样，在车间进行加工生产，大多是在室外露天作业，受风、霜、雨、雪、酷热、严寒等自然因素的影响，甚至还会在高空、地下、涵洞、水下等艰苦环境下施工。同时还受社会、技术、经济等因素的影响和干扰，而一些影响因素的出现和对施工生产的影响程度又具有不确定性，因而建筑产品生产的进度、质量和成本按计划实施就具有一定的波动性，往往容易产生偏差。冬季、雨季以及台风、高温等天气情况，会给组织施工带来许多问题，常常影响施工生产的顺利进行，导致施工生产缺乏连续性、节奏性，较难实现均衡生产。建筑施工生产条件不但艰苦，还要随时应对难以预料的自然因素造成的不利影响，因此，必须对建筑产品的施工生产过程制订正确的施工方案，合理安排施工进度，搞好安全生产，努力创造条件，组织均衡施工，力争把自然气候条件对施工生产的影响或造成的损失降低到最低限度，尽可能减少不确定因素的发生，规避有可能产生的风险，保证建筑产品能够保质保量如期竣工交付使用。

（4）建筑施工企业会计的内涵

企业在物质资料生产过程中，为了进行科学的经营管理，需要借助专门的方法对各种人、财、物的耗费及物质财富和劳动成果进行确认、计量、记录和报告，以反映社会、经济发展的过程及结果，这种专门的方法便是会计。会计是以货币为主要计量单位，利用专门的方法和程序，对企业和行政、事业单位的经济活动全过程及结果进行准确完整、连续系统的核算和监督，以提供经济信息和反映受托责任履行情况为主要目的的经济管理活动。

建筑企业施工生产经营管理方式的特殊性，决定了建筑施工企业会计具有不同于其他行业企业会计的特点。为了适应施工生产的分散性和流动性，建筑施工企业一般会根据项目管理的需要，形成以施工项目为独立核算单位的财务管理体系，使会计核算与施工生产有机地结合起来，以调动所属各级施工单位的积极性和主动性，及时满足施工生产管理的需要。

建筑施工企业会计是指以货币为主要计量单位，按照现行法律法规及会计准则体系的要求，根据建筑施工企业生产经营的特点，运用专门的核算方法，对建筑施工企业的经济活动进行全面、连续、系统、综合的核算和监督，对企业的资金运动进行反映和控制，并向有关方面真实、准确、及时地提供会计信息的一种管理活动。建筑施工企业通过会计的计量、核算和监督活动，可以取得生产经营管理必需的各种信息和数据，所以，做好建筑施工企业会计工作可以帮助建筑施工企业对生产经营过程进行反映与控制，是建筑施工企业生产经营活动中的重要一环。

1.1.2 建筑施工企业会计的特点

建筑施工企业生产经营的特点决定了建筑产品的固定性、施工生产的流动性、产品生产的单件性和长期性等，这必然会影响建筑企业会计的各个方面，与其他行业会计相比，建筑施工企业会计具有与其他行业会计不同的特点。

（1）价格形成方面

建筑施工工程由于功能和结构不同，即使是根据同一标准施工同类型、同规模的工程，也会因自然条件、交通条件、材料要求和物价水平不同，造成施工过程中工料的不同。由于不同建筑产品之间的差异大，可比性差，建筑施工企业对待其产品不可能像对待工业产品那样为每一种产品确定一个统一的价格，而是必须逐个地通过编制施工图预算来确定其造价，并以此为基础签订工程承包合同，确定承包工程合同收入。工程合同收入就是建筑产品的价格，也是建筑施工企业主要的经营业务收入。建筑施工企业一般以单个合同作为会计核算对象。按照《企业会计准则》的规定，两份或多份合同，在满足特定条件时，应当合并为一份合同进行会计处理；一份合同包含多个单项履约义务，在履行了各单项履约义务时分别确认收入，即需要按照单项履约义务作为会计核算对象。

（2）成本考核方面

建筑施工工程具有固定性和单件性，成本核算实行订单法，按照每一单项合同工程计算成本。同时，建筑施工企业产品的多样性和施工生产的单件性，不能根据一定时期内所发生的全部施工生产费用和完成的工程数量来计算各项工程的单位成本，而必须按照承包的每项工程分别归集施工生产费用，单独计算每项工程的成本。在计算建筑安装工程成本降低任务和考核降低成本实际时，也不能像工业企业生产的可比产品那样，用上年实际平均成本进行对比和考核而必须以预算成本为依据来计算降低成本任务，用预算成本与实际平均成本相对比来考核成本节约或超支。此外，建筑施工企业除了主要计算建筑安装工程成本之外，还需要计算其附属工业产品成本、机械施工及运输单位的机械作业成本，以及企业内部非独立核算的辅助生产部门所生产的产品成本和提供的劳务成本等。

(3) 在产品与产成品划分方面

一般来说，工业企业会计核算中，产成品是指本企业已经完成全部生产过程，并已经验收入库可供销售的产品；在产品是指没有完成全部生产过程，不能作为商品销售的产品。建筑施工企业如果采取与工业企业相同的方法来划分产成品与在产品，则只有工程已全部竣工，办理了竣工验收手续并交付使用的产品，才属于产成品。但是，由于建筑施工工程施工具有周期较长的特点，按照这种划分方法，在长期的施工过程中不能对工程进度、工程质量和工程成本进行有效的监督。所以对建筑产品，需要人为地将其划分成产成品和在产品，即根据合同完工进度确认合同收入和合同费用，将合同收入与合同成本分配计入实施工程的各个会计年度，以便建筑施工企业及时统计工程进度，考核工程成本，计算财务成果。

(4) 工程价款结算方面

建筑施工企业建筑产品造价高、周期长等特点，决定了建筑施工企业在施工过程中需垫支大量的资金。因此，对工程价款结算，不能等到工程全部竣工后才进行，这样势必会影响建筑施工企业的资金周转，从而影响施工生产的正常进行。一般工程价款结算按照已完成的分部、分项工程实行分期结算。对于工程建设期短或工程承包合同价值低的建设项目，可实行分次预支、竣工后结算或工程项目（或单项工程）竣工后一次结算的办法。此外，施工企业还可根据工程承包合同规定，向发包单位预收工程备料款，以满足工程储备材料所需资金。由于施工周期长，对于跨年度施工的工程，建筑施工企业还需要根据工程的完工进度，采用完工百分比法分别计算和确认各年度的工程价款结算收入和工程施工费用，以确定各年的经营成果。

(5) 组织核算和管理方面

建筑施工企业的生产除少量预制件可以工厂化生产外，大部分都必须露天完成，而随着工地的转移，整个施工队伍也必须转移。由于建筑施工企业生产具有流动性大、施工生产分散、地点不固定等特点，为了使会计核算与施工生产有机地结合起来，直接反映施工生产的经济效果，需要采用分级核算、分级管理的办法，以避免集中核算造成会计核算与施工生产相脱节的现象。建筑施工企业一般分为公司（工程局）级、工程处（工区）级和工程队（工段）级。公司实行独立核算，是汇总核算单位；工程处实行内部独立核算，单独计算工程成本和盈亏；工程队是基层核算单位，核算实物工程量、工日和材料消耗、机械使用量等直接成本指标，并检查这些指标计划的执行情况。

1.1.3 建筑施工企业会计的核算对象

会计对象就是会计核算和监督的内容，建筑施工企业会计核算的对象就是建筑施工企业在生产经营中的各种资金运动。建筑施工企业可以借助投资者投入的资金，也可以向银行或其他金融机构等借入资金，还可以通过发行债券或权益性证券等方式筹集资金。建筑施工企业将筹集到的资金投入工程的施工生产，用于购置材料、房屋、建筑物、施工机械、生产设备等财产物资，并且随着工程的完工，将在建工程转化为已完工程，形成建筑产品，通过与发包单位进行工程结算，收回工程价款，再经过资金分配，实现建筑施工企业资金的循环和周转。建筑施工企业资金运动过程如图 1-1 所示。

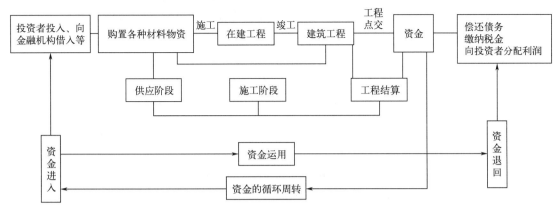

图 1-1 建筑施工企业资金运动过程

建筑施工企业的资金运动，一般要经历供应、施工生产和工程结算三个阶段。

1）供应阶段

供应阶段是建筑施工企业用货币资金购买各种材料物资，为施工生产进行必要的储备，用以保证施工生产正常运行的阶段。在这一阶段，货币资金形态转化成储备资金形态。

2）施工生产阶段

施工生产阶段是指企业耗费材料、人工、设备等的阶段。在这一阶段，材料物资不断投入施工生产，加之发生的职工薪酬和施工机械设备的折旧等相关费用，储备资金和一部分货币资金以及一部分固定资金就转化为生产资金。随着工程的完工，在建工程转化为已完工程，即建筑产品，生产资金形态转化为成品资金形态。

3）工程结算阶段

工程结算阶段是建筑施工企业将建筑产品转交给发包单位或出售给购买单位，并与之进行工程结算收回工程价款的过程。在工程结算阶段，企业的资金由成品资金形态转化为增值后的货币资金形态。企业收回的款项，大部分将再次用于维持简单再生产或扩大再生产，进行供应、施工生产、工程结算三大核心环节周而复始的生产经营活动，少部分资金将退出企业的资金循环和周转，如偿还债务、缴纳税金、向所有者分配利润等。这样，建筑施工企业的资金随着物资供应、施工生产、工程结算的不断进行，由货币资金依次转化为储备资金、生产资金、结算资金，最后又回到货币资金，称为资金循环。资金周而复始地循环，称为资金周转。

1.2 会计核算基本前提与会计核算基础

1.2.1 会计核算基本前提

会计核算的基本前提又称会计假设，是对会计核算所处的时间、空间环境等所作的合理假定，它是企业进行会计确认、计量和报告的前提。会计假设并不是毫无根据的猜想，而是会计人员在长期的会计实践中逐步认识、总结出来的不需要证明的前提条件。《企业会计准则》中所规定的各种程序和方法只能在满足会计核算基本前提的基础上选择使用。因此，会计人员在进行会计核算之前，必须对所处的经济环境是否符合会计核算的基本前提做出正确的判断。会计基本假设是企业进行会计确认、计量和报告的前提。我国《企业会计准则——基本准则》中明确规定，会计基本假设包括会计主体、持续经营、会计分期和货币计量四项内容（表1-4）。

表 1-4 会计基本假设

会计基本假设	概念及要点
会计主体	会计主体也称会计实体，是指会计工作服务的特定对象，是会计确认、计量、记录和报告的空间范围。在会计主体假设下，企业应当对其本身发生的交易或事项进行会计确认、计量、记录和报告，反映企业本身所从事的各项生产经营活动和其他相关活动。会计主体可以是法人，如企业、事业单位，也可以是非法人组织，如合伙经营组织；可以是一个企业，也可以是企业中的内部单位或企业中的一个特定部分；可以是单一企业，也可以是几个企业组成的联营公司或企业集团。 要点： ① 会计主体要求会计人员只能核算和监督所在主体的经济活动。企业在会计核算时要划清各会计主体之间的界限，只能计量、记录和报告其特定主体的资金运动和结果，每个会计主体的财务活动必须和这个会计主体的所有者个人的财务活动区分开来。 ② 法律主体必然是会计主体，但会计主体不一定是法律主体。一个单位或部门是否属于会计主体，其判定依据是看其是否能够进行独立会计核算。如果能够进行独立会计核算，则属于会计主体，如果不能进行独立会计核算，则不属于会计主体
持续经营	持续经营是指企业或会计主体的生产经营活动能以既定的经营方针、目标，持续、正常、无限期地延续下去，不会停业，不会面临破产清算，也不会大规模减资和削减业务，所持有的资产将按照预定的目标，在正常运营过程中被耗用、出售或转让，所承担的债务也将如期偿还。在持续经营假设下，企业正常经营活动中涉及的资产、负债、所有者权益、收入、费用、利润的核算，都必须按照常规的会计方法进行核算。 要点： ① 持续经营是会计分期的前提。持续经营是假设企业在可预见的未来，能够按照预期的发展目标永远经营下去，不会破产清算。正是在这一前提下，企业在会计信息的收集和处理上所使用的会计处理方法才能稳定，企业的会计记录和会计报表才能真实、可靠；否则，一些公认的会计处理方法将缺乏存在的基础，也将无法使用。 ② 当有确凿证据表明企业无法持续经营，该假设自动失效，会计核算方法改为破产清算会计。如果持续经营这样的前提假设不存在的话，企业将处于终止经营、破产清算状态，此时企业由清算小组接管，此状态下的企业会计核算将不能按照正常会计核算方法进行，需要改按清算会计进行相关业务处理
会计分期	会计分期是指将一个企业持续经营的生产经营活动划分为一个个连续的、长短相同的期间，据以结算盈亏，以便及时提供有关企业的财务状况和经营成果。根据持续经营假设，会计主体的生产经营活动是连续的，在时间上具有不间断性。不仅为了改善经营管理，更为了及时满足会计信息使用者的需要，有必要将企业持续不断的经济活动过程人为地划分为若干个连续的、长短相同的期间，分期确认、计量和报告企业的财务状况、经营成果和现金流量。会计期间的划分，使企业连续不断的生产经营活动分为若干较短的会计期间，有利于企业及时结算账目，编制会计报表，及时提供企业经营情况的财务信息，满足企业内部加强经营管理及其他有关方面进行决策的需要

续表

会计基本假设	概念及要点
会计分期	要点： ① 会计期间通常分为会计年度和中期。我国《企业会计准则——基本准则》规定，会计核算应当划分会计期间，分期结算账目和编制财务报告。我国以日历年度作为会计年度，起讫日期为公历1月1日起至12月31日止，称为历年制会计年度；中期是指短于一个完整的会计年度的报告期间，包括月度、季度和半年度。 ② 会计分期是对持续经营假设的必要补充。由于会计分期这一假设，才产生了当期与以前期间、以后期间的差别，能够正确区分各会计期间的经营业绩和经营责任，才使不同类型的会计主体有了记账的基准，进而出现了折旧、摊销等会计处理方法，并形成了权责发生制和收付实现制两种会计基础
货币计量	货币计量是指会计主体在会计确认、计量、记录和报告时主要以货币作为计量单位，记录、反映会计主体的财务状况、经营成果和现金流量。企业日常会计核算所使用的货币，应与企业生产经营活动中的交易或事项在结算时所采用的主要货币相一致。在会计的确认、计量和报告过程中选择货币作为基础进行计量，这是由货币本身的属性决定的。货币是商品一般等价物，是衡量一般商品价值的共同尺度，具有价值尺度、流通手段、贮藏手段和支付手段等特点。其他计量单位，如重量、长度、容积、台、件等，都只能从一个侧面反映企业的生产经营情况，无法在量上进行汇总和比较，不便于会计计量和经营管理。因此，为全面反映企业的生产经营活动和有关交易、事项，会计确认、计量和报告选择货币作为计量单位。 要点： ① 我国会计核算以人民币为记账本位币。在我国，企业生产经营活动中的交易或事项在结算时主要以人民币为计量单位，所以我国的企业会计核算要求采用以人民币作为记账本位币。 ② 业务收支以外币为主的单位也可以选择某种外币作为记账本位币，但编制的财务报告应当折算为人民币反映。在境外设立的中国企业向国内报送的财务报告，应当折算为人民币报送

1.2.2 会计核算基础

会计核算基础主要是针对会计人员在进行会计业务处理时，如何界定收入、费用和归属期间所作出的基础规定。由于会计分期假设，出现了不同会计期间，产生了当期与前期、后期的差别。又因为收入和费用发生时，经常会出现其相关的权责发生期与现款收付期分属不同会计期间的情况，这时，会计人员就需要遵循统一的核算基础来合理确认收入和费用的归属期间，以便正确计算不同会计期间的经营成果。会计核算基础是指会计确认、计量、记录和报告的基础，包括权责发生制和收付实现制（表1-5）。

表1-5 会计核算基础

会计基础	概念及要点
权责发生制	权责发生制也称应计制，是指以取得收取款项的权利或支付款项的义务为标志来确定本期收入和费用的会计基础。判别是否应该计入某一会计期间的收入和费用的经济业务，其标准是对企业经济资源和义务确实产生了影响，而且这种影响是以权利和责任的发生与否为依据来加以判断的。如果权责关系发生于不同的期间，就应运用应收、应付、预收、预付和待摊、预提等一系列会计处理方法，以便真实地反映某一会计期间的经营成果。权责发生制与收付实现制处理收入和费用的标准是

续表

会计基础	概念及要点
权责发生制	不一致的，由此导致本月利润计算的结果也不一致。相比而言，按权责发生制确认收入和费用，比较符合经济事项的经济实质，能够更加准确地反映会计主体的财务状况、经营成果和现金流量。企业会计、政府会计中的财务会计、民间非营利组织会计均采用权责发生制。 要点： ① 凡是当期已经实现的收入和已经发生或应当负担的费用，无论款项是否收付，都应当作为当期的收入和费用，计入利润表。 ② 凡是不属于当期的收入和费用，即使款项已在当期收付，也不应当作为当期的收入和费用
收付实现制	收付实现制与权责发生制对应，是指以款项的实际收付为标准来确定本期收入和费用的一种会计基础。这种会计处理基础，由于款项的收付实际上以现金收付为准，所以一般称为现金制。无论收入的权利与支付的义务归属于哪一期，只要款项的收付在本期，就应确认为本期的收入和费用，不考虑预收收入和预付费用以及应计收入与应计费用。到会计期末根据账簿记录确定本期的收入和费用，因为实际收到和支付的款项已经登记入账，所以不存在对账簿记录于期末进行调整的问题。这种方法核算手续简单，强调财务状况的切实性，但对各期损益的确定不够合理。在我国，政府会计由预算会计和财务会计构成，预算会计实行收付实现制（国务院另有规定的依照其规定），财务会计实行权责发生制。 要点： ① 凡是本期付出的款项，不论其是否属于本期负担的费用，都作为本期的费用处理。 ② 凡本期没有实际收到款项和付出款项，即使应归属本期，也不作为本期收入和费用处理

1.3　会计目标与会计信息质量要求

1.3.1　会计目标

会计目标是会计工作应完成的任务或达到的标准。会计目标是在一定的会计环境下，人们期望通过会计活动所要达到的结果。会计目标取决于相关的会计环境，尤其是相关会计环境中会计信息使用者的特征。一般来说，有什么样的会计环境，就有什么样的会计信息使用者，也就有什么样的会计目标。由于会计环境的不断变化，同时会计信息使用者所服务的对象类别众多，如政府、投资人、银行、证券机构、职业经理、董事会、税务机关等，而各类使用者各有其不同的信息需要，提供特定目的财务报告，满足其管理、决策的需要，才能达到会计目标的要求。我国《企业会计准则——基本准则》将会计目标确立为：向财务会计报告使用者提供与企业财务状况、经营成果和现金流量等有关的会计信息，反映企业管理层受托责任履行情况，有助于财务会计报告使用者作出经济决策。

向会计信息使用者提供对决策有用的信息。会计作为一项管理活动，要向会计信息使用者提供有助于其做出正确决策的数据化信息，包括企业的财务状况、经营成果和现金流量信息。例如，投资者进行投资决策需要大量可靠的相关会计信息，而会计信息的提供又必须依赖于会计人员所从事的工作，这时会计工作就必须以提供信息服务决策为目标取向，如果会计人员提供的会计信息对会计信息使用者的决策没有帮助，那么会计工作就失去了意义。因此，向会计信息使用者提供对决策有用的信息是会计工作的基本目标。

反映企业管理层受托责任的履行情况。在现代企业中，企业的所有权与经营权相分离，企业管理层接受受托人委托，代为经营企业及其各项资产，因而负有受托责任。由于委托人的所有者十分关注资本的保值和增值，需要定期了解企业管理层保管和使用资产的情况，决定是否需要调整投资政策，是否需要加强企业内部管理，是否需要更换管理层等。因此，会计的目标应能充分体现反映企业管理层受托责任的履行情况，以有助于委托人正确评价企业的经营管理责任和资源使用的有效性。

从更高层面看，会计目标还包括规范会计行为，保证会计资料真实、完整，加强经济管理和财务管理，提高经济效益，维护社会主义市场经济秩序，为市场在资源配置中起决定性作用和更好发挥政府作用提供基础性保障，实现经济高质量发展。

1.3.2 会计信息质量要求

会计信息质量要求是使财务报告所提供会计信息对投资者等信息使用者决策有用应具备的基本特征，如表 1-6 所列。

表 1-6 会计信息质量要求

会计信息质量要求	具体内容及要点
可靠性	可靠性是指企业应当以实际发生的交易或者事项为依据进行确认、计量、记录和报告，如实反映符合确认和计量要求的各项会计要素及其他相关信息，保证会计信息真实可靠、内容完整。 可靠性要求是对会计工作的基本要求。可靠性要求一切会计记录和会计报表都必须以客观凭证为依据，不得估算、伪造和掩饰，以保证会计信息符合实际。因为会计所提供的会计信息是投资者、债权人、政府及有关部门和社会公众的决策依据，如果会计数据不能客观、真实地反映企业经济活动的实际情况，势必无法满足各有关方面了解企业财务状况和经营成果以进行决策的需要，甚至可能导致错误的决策。企业提供会计信息的目的是满足会计信息使用者的决策需要，因此，必须做到内容真实、数字准确和资料可靠。 要点： ① 客观性：企业应当以实际发生的交易或者事项作为依据，进行会计信息的确认、计量和报告。 ② 完整性：企业应当在完全符合重要性和成本效益的前提下，保证其会计信息的完整性。 ③ 中立性：财务报告中所列示的全部会计信息应当是客观中立、无偏向的
相关性	相关性是指企业提供的会计信息应当与财务会计报告使用者的经济决策需要相关，有助于财务会计报告使用者对企业过去、现在或者未来的情况作出评价或者预测。会计信息是否有用是会计信息质量的重要标志和基本特征之一。 相关性要求会计信息具有预测价值和反馈价值。相关的会计信息应当有助于使用者评价企业过去的决策、证实或者修正过去的有关预测，有助于使用者根据财务报告所提供的会计信息预测企业未来的财务状况、经营成果和现金流量，因而具有预测价值和反馈价值。 要点： ① 要求企业在收集、加工、处理和提供会计信息过程中，充分考虑会计信息使用者的要求，尽可能披露更多的会计信息。 ② 对于某些特定用途的信息，如果不便，可不在会计报表上披露

续表

会计信息 质量要求	具体内容及要点
可理解性	可理解性原则也称为明晰性原则，是指企业提供的会计信息应当清晰明了，便于投资者等财务报告使用者理解和使用。在会计核算工作中，会计记录应当准确、清晰，填制会计凭证、登记会计账簿必须做到科目准确、关系清楚、文字完整，编制会计报表要做到勾稽关系清楚、项目完整、数字准确。 可理解性要求会计所提供的信息内容要尽量充分，表达要简明扼要，通俗易懂。对会计信息使用者来说，首先要能弄懂财务报告反映的信息内容，才能加以利用，并作为决策的依据，只有坚持可理解性原则，才能有利于会计信息使用者准确、完整地把握会计信息的内容，从而更好地利用。 要点： ① 可理解性是会计信息质量的首要要求。 ② 可理解性是一个与信息使用者有关的质量标准。会计人员应尽可能传递、表达易被人理解的会计信息，而使用者也应设法提高自身的综合素养，以增强理解会计信息的能力
可比性	可比性是指企业提供的会计信息应当相互可比，保证同一企业不同时期可比、不同企业相同会计期间可比。在会计核算中遵循可比性要求，有利于提高会计信息的使用价值，可以防止某些企业和个人利用会计方法的变动在会计核算上弄虚作假、粉饰财务报表。 要点： ① 同一企业不同时期可比（纵向可比）：同一企业在不同时期发生的相同或类似的交易或事项，应当采用前后期一致的会计政策，不得随意变更。确定需要变更的，应将变更的内容、原因及对企业财务状况和经营成果的影响等，在报表附注中说明。只有前后期均采用相同的会计核算方法，不同时期的会计信息才可以进行比较分析。 ② 不同企业相同会计期间可比（横向可比）：不同企业同一会计期间发生的相同或者类似的交易或者事项，应当采用同一会计政策，确保会计信息口径一致、相互可比，以使不同企业按照一致的确认、计量、记录和报告要求提供有关会计信息
实质重于形式	实质重于形式是指企业应当按照交易或者事项的经济实质进行会计确认、计量和报告，不应仅以交易或者事项的法律形式为依据。 要点： ① 在实际工作中，交易或事项的外在法律形式并不能真实反映其实质内容。为了使会计信息真实反映企业财务状况和经营成果，不能仅仅依据交易或事项的外在表现形式来进行核算，而要反映交易或事项的经济实质。 ② 如违背这一原则，就可能会出现误导会计信息使用者的信息。例如，会计核算将以融资租赁方式租入的资产视为企业的资产就是这个原则的具体体现。
重要性	重要性是指企业提供的会计信息应当反映与企业财务状况、经营成果和现金流量等有关的所有重要交易或者事项。在会计核算过程中，应当根据经济业务的不同重要程度而采用不同的会计处理程序和方法。具体来说，对于重要的经济业务，应单独核算，分项反映，力求准确，并在财务报告中做重点说明；对于不重要的经济业务，在不影响会计信息真实性的情况下，可适当简化会计核算或合并反映，以便集中精力抓好关键 要点： ① 判断交易或事项是否重要时，主要关注两个方面：一是性质，二是金额。当某一会计事项有可能对决策产生影响时，就属于重要事项，或者当某一项目的金额达到一定规模时，也有可能对决策产生影响，也属于重要事项。

续表

会计信息质量要求	具体内容及要点
重要性	②会计核算中遵循重要性原则的同时，要考虑提供会计信息的成本与效益问题，避免出现提供会计信息的成本大于收益的情况。在全面反映企业财务状况和经营成果的基础上，能够突出重点，简化核算，节约人力、物力和财力，提高会计核算的工作效率
谨慎性	谨慎性也称为稳健性，是指企业对交易或者事项进行会计确认、计量、记录和报告时须保持应有的谨慎，不应高估资产或者收益、低估负债或者费用。在市场经济环境下，企业的生产经营活动面临着许多风险和不确定性，如应收款项的可收回性、固定资产的使用寿命、无形资产的使用寿命、售出商品可能发生的退货或者返修等。会计信息质量的谨慎性要求，需要企业在面临不确定性因素的情况下做出职业判断，应当保持应有的谨慎，充分估计各种风险和损失，既不高估资产或者收益，也不低估负债或者费用。例如，要求企业对售出商品所提供的产品质量保证确认一项预计负债，就体现了会计信息质量的谨慎性要求。 要点： ① 对于预计会发生的损失应计算入账，对于可能发生的收益则不预计入账。 ② 遵循谨慎性原则并不意味着企业可以任意设置各种秘密准备，否则，就属于滥用谨慎性原则，需要按照重大会计差错更正的要求进行相应的会计处理
及时性	及时性是指企业对于已经发生的交易或者事项，应当及时进行确认、计量、记录和报告，不得提前或者延后。它要求当期发生的经济业务必须在当期处理，及时记账、结账、编制财务会计报告，并及时将信息传递出去，以便会计信息使用者及时使用。会计信息具有时效性，只有及时提供会计信息，才能提高会计信息的有用性，在激烈的市场竞争条件下，这一要求显得更为重要。 在实务中，为了及时提供会计信息，可能需要在有关交易或者事项的信息全部获得之前进行会计处理，这样就满足了会计信息的及时性要求，但可能会影响会计信息的可靠性；反之，如果企业等到与交易或者事项有关的全部信息获得之后再进行会计处理，这样的信息披露可能会由于时效性差，对投资者等财务报告使用者决策的有用性大大降低。这就需要在及时性和可靠性之间做相应权衡，以更好地满足投资者等财务报告使用者的经济决策需要作为判断标准。 要点： ① 及时收集会计信息，即在经济交易或者事项发生后，及时收集整理各种原始单据或者凭证。 ② 及时处理会计信息，即按照《企业会计准则》的规定，及时对经济交易或者事项进行确认或者计量，并编制财务报告。 ③ 及时传递会计信息，即按照国家规定的有关时限，及时地将编制的财务报告传递给财务报告使用者，便于及时使用和决策

会计信息质量要求包括可靠性、相关性、可理解性、可比性、实质重于形式、重要性、谨慎性和及时性等。其中，可靠性、相关性、可理解性和可比性是会计信息的首要质量要求，是企业财务报告中所提供会计信息应具备的基本质量特征；实质重于形式、重要性、谨慎性和及时性是会计信息的次级质量要求，是对可靠性、相关性、可理解性和可比性等首要质量要求的补充和完善，尤其是在对某些特殊交易或者事项进行处理时，需要根据这些质量要求来把握其会计处理原则。另外，及时性还是会计信息相关性和可靠性的制约因素，企业需要在相关性和可靠性之间寻求一种平衡，以确定信息及时披露的时间。

1.4　会计核算与会计监督

会计的职能是指会计作为一种经济管理活动客观上所固有的功能，会计具有会计核算和会计监督两项基本职能。会计核算职能和会计监督职能是密切联系、相辅相成的。如实核算是监督的必备条件和基础，而严格监督则又是核算的前提和继续。没有会计监督，会计核算就失去存在的意义；没有会计核算，会计监督就失去存在的基础。只有把两种职能结合起来，才能充分发挥会计在经济管理中的作用。

1.4.1　会计核算

会计核算是指以货币为主要计量单位，通过确认、计量、记录、报告等环节，对特定主体的经济活动进行记账、算账、报账，为相关会计信息使用者提供决策所需要的会计信息。会计核算贯穿经济活动的整个过程，是会计最基本和最重要的职能，又被称为反映职能。记账是指对特定主体的经济活动采用一定的记账方法，在账簿中进行登记，以反映在账面上；算账是指在日常记账的基础上，对特定主体一定时期内的收入、费用、利润和某一特定日期的资产、负债、所有者权益进行计算，以计算该时期的经营成果和该日期的财务状况；报账就是在算账的基础上，将特定会计主体的财务状况、经营成果和现金流量情况，以会计报表的形式向有关各方报告。会计核算具有以下特点。

（1）会计核算是对企业实际发生的经济业务进行核算

在办理各项手续，取得原始凭证的基础上，对企业发生的资金收付、财物的增减、使用、债权债务的发生和结算，收入、成本、费用、利润的形成和分配等进行核算。会计不仅要核算过去，而且要控制现在、预测未来，为管理部门进行经济决策提供依据。

（2）会计核算资料具有全面性、系统性和连续性的特点

全面性是指会计对所有的经济活动都要进行确认、计量、记录和报告，不得遗漏；系统性是指要采用科学的会计核算方法，对会计信息进行加工处理，保证所提供的会计数据资料成为一个有序的、整体的会计信息系统；连续性是指对经济活动的核算要按其发生的时间顺序进行。

（3）会计核算主要采用货币量度，辅之以实物量度和劳动量度

会计核算主要采用货币量度，辅之以实物量度和劳动量度，核算各单位的经济活动，为经济管理提供数据资料。实物度量和劳动度量主要用于内部管理和考核，货币计量信息主要用于会计信息的传递与沟通。

1.4.2　会计监督

会计监督是指以财经法律、法规及准则、制度等为准绳或标准，对企业经济活动的全过程进行合法性、合理性的审查、控制和评价。合法性审查是指保证各项经济业务符合国家的有关法律法规，遵守财经纪律，执行国家的各项方针、政策，杜绝违法乱纪行为；合理性审查是指检查各项财务收支是否符合特定对象的财务收支计划,是否有利于预算目标的实现,是否有奢侈浪费行为,是否有违背内部控制制度要求等现象,为增收节支、提高经济效益严格把关。会计监督职能有三种表现:事前监督、事中监督和事后监督。会计监督具有以下特点。

(1) 会计监督是对会计核算的恰当性和准确性进行监督

企业经营业务发生后,需要选用适当的会计准则,采用符合企业特点的方法,按照会计程序进行核算。会计主要利用货币量指标进行监督,考核经济活动效果。

(2) 会计监督是对交易的合法性和合理性进行监督

合法性依据的是国家颁布的法令、法规、财经纪律等,防止企业从事不合法的经营活动和财务活动,出具虚假的财务信息;合理性依据的是客观经济规律及经营管理方面的要求。根据这些依据审查会计资料,可以保证会计信息质量和经济活动的合法性与合理性。

(3) 会计监督是对企业经济活动的全过程进行监督

事前监督是指在经济活动开始前,审查经济方案的可行性;事中监督是指对正在进行的经济活动进行审查,纠正其偏差,使之按照预定的目标和要求进行。事后监督是指利用会计数据对已完成的经济活动进行分析和评价,以便改进工作。

1.5 会计要素与会计等式

1.5.1 会计要素

为了更好地把握企业资金及其运动的基本规律,需要对企业资金运动进行适当分类。会计要素是对会计对象的基本分类,是会计对象的具体化,是反映会计主体的财务状况和经营成果的基本单位。在不同的会计主体中,会计内容的表现形式不同,即使在同一会计主体中,由于经济活动的多样性,会计内容表现形式也多种多样。会计要素实际上是利用会计语言对会计内容类别的概括,是设定财务报表结构和内容的依据,也是进行确认和计量的依据。

会计要素是会计对象组成部分的具体化,是会计信息体系的基本分类。我国《企业会计准则》中严格定义了"资产、负债、所有者权益、收入、费用和利润"六大会计要素。这六大会计要素又可以划分为两大类,即:反映财务状况的会计要素(又称资产负债表要素)和反映经营成果的会计要素(又称利润表要素)。其中,反映财务状况的会计要素包括资产、负债和所有者权益;反映经营成果的会计要素包括收入、费用和利润。可见,会计要素是会计报表内容的基本框架,也是设置账户的基本依据。

(1) 资产

1) 资产的定义和确认条件

资产的定义和确认条件如表 1-7 所列。

表 1-7 资产的定义和确认条件

项目	具体内容
定义	资产是指企业过去的交易或事项形成的、由企业拥有或者控制的、预期会给企业带来经济利益的资源。 特征： ① 资产应为企业拥有或者控制的资源。一般情况下，企业要将一项资源确认为资产，必须对该项资源拥有所有权。但在特殊情况下，企业对某一资源虽然不拥有所有权但能对其实际控制的，也应当将其确认为企业的资产。 ② 资产预期会给企业带来经济利益。资产具有直接或间接导致现金或现金等价物等流入企业的潜力，这种潜力既可以来自企业日常的生产经营活动，也可以来自企业的非日常活动；给企业带来经济利益的形式既可以是现金或者现金等价物的形式，也可以是能够转化为现金或现金等价物的形式，还可以是减少现金或者现金等价物流出的形式。 ③ 资产是由企业过去的交易或者事项形成的。资产必须是现实资产，而不是预期的资产，未来交易或未来事项及没有发生的交易或事项可能产生的结果不能确认为企业的资产
确认条件	将一项资源确认为资产，需要符合资产的定义，还应同时满足以下两个条件。 ① 与该资源有关的经济利益很可能流入企业。根据资产的定义，能够带来经济利益是资产的一个本质特征，但是由于经济环境瞬息万变，与资源有关的经济利益能否流入企业或者能够流入企业多少，实际上带有不确定性。因此，资产的确认应当与经济利益流入的不确定程度相结合进行判断，如果根据编制财务报表时所取得的证据，与该资源有关的经济利益很可能流入企业，那么就应当将其作为资产予以确认。 ② 该资源的成本或者价值能够可靠地计量。可计量性是所有会计要素确认的重要前提，资产的确认同样需要符合这一要求。只有当有关资源的成本或者价值能够可靠地计量时，资产才能予以确认。企业取得的许多资产一般是发生了实际成本的，比如企业购买或者生产的存货、企业购置的厂房或者设备等，对于这些资产，只要实际发生的购买或者生产成本能够可靠地计量，就应视为符合了资产的可计量性确认条件

2）资产按流动性分类、定义及具体内容

资产按流动性分类、定义及具体内容如表 1-8 所列。

表 1-8 资产按流动性分类、定义及具体内容

分类	定义及具体内容
流动资产	流动资产是指可以在一年或者超过一年的一个营业周期内变现或者耗用的资产。包括：货币资金、交易性金融资产、衍生金融资产、应收票据、应收账款、预付款项、其他应收款、存货、合同资产、持有待售资产、一年内到期的非流动资产、其他流动资产等。 资产满足下列条件之一的，应当归为流动资产。 ① 预计在一个正常营业周期中变现、出售或耗用。 ② 主要为交易目的而持有。 ③ 预计在资产负债表日起一年内（含一年，下同）变现。 ④ 自资产负债表日起一年内，交换其他资产或清偿负债的能力不受限制的现金或现金等价物
非流动资产	非流动资产是指流动资产以外的资产。包括：债权投资、其他债权投资、长期应收款、长期股权投资、其他权益工具投资、其他非流动金融资产、投资性房地产、固定资产、在建工程、生产性生物资产、使用权资产、无形资产、开发支出、长期待摊费用、递延所得税资产、其他非流动资产等

(2) 负债

1) 负债的定义和确认条件

负债的定义和确认条件如表 1-9 所列。

表 1-9 负债的定义和确认条件

项目	具体内容
定义	负债是指企业由过去的交易或事项形成的，预期会导致经济利益流出企业的现时义务。 特征： ① 负债是企业承担的现时义务。现时义务是指企业在现行条件下已承担的义务。未来发生的交易或事项形成的义务不属于现时义务，不应当确认为负债。 ② 负债预期会导致经济利益流出企业。负债通常是在未来某一日期通过交付资产或提供劳务来清偿，最终一般都会导致企业经济利益的流出。 ③ 负债是由企业过去的交易或者事项形成的。负债是企业过去已经发生的交易或事项所产生的结果。如企业发行债券后形成的应付债券款、销售业务发生后形成的应交税费等
确认条件	将一项现时义务确认为负债，需要符合负债的定义，还应当同时满足以下两个条件。 ① 与该义务有关的经济利益很可能流出企业。类似于资产的确认，负债的确认应当与经济利益流出企业的不确定性程度的判断结合起来进行分析。如果根据其取得的证据，表明与现时义务有关的经济利益很可能流出企业，那么就应当将该义务确认为企业的负债；反之，不能确认为企业的负债。 ② 未来流出的经济利益的金额能够可靠地计量。负债的确认在考虑经济利益流出企业的同时，对于未来的经济利益的金额应当能够可靠地计量。 符合负债定义和负债确认条件的项目，应当列入资产负债表；符合负债定义，但不符合负债确认条件的项目，不应当列入资产负债表

2) 负债的分类、定义及具体内容

负债的分类、定义及具体内容如表 1-10 所列。

表 1-10 负债的分类、定义及具体内容

分类	定义及具体内容
流动负债	流动负债指将在 1 年（含 1 年）或超过 1 年的一个营业周期内偿还的债务。包括：短期借款、交易性金融负债、衍生金融负债、应付票据、应付账款、预收款项、合同负债、应付职工薪酬、应交税费、其他应付款、持有待售负债、一年内到期的非流动负债、其他流动负债。 负债满足下列条件之一的，应当归为流动负债。 ① 预计在一个正常营业周期内清偿。 ② 主要为交易目的而持有。 ③ 自资产负债表日起 1 年内到期应予以清偿。 ④ 企业无权自主地将清偿推迟至资产负债表日后 1 年以上
非流动负债	非流动负债是指流动负债以外的债务。包括：长期借款、应付债券、租赁负债、长期应付款、预计负债、递延收益、递延所得税负债、其他非流动负债

注意判断流动资产、流动负债时所称的"一个正常营业周期"，是指企业从购买用于加工的资产起至实现现金或现金等价物的期间。正常营业周期通常短于 1 年，在 1 年内有

几个营业周期。但是，也存在正常营业周期长于 1 年的情况，例如房地产开发企业开发用于出售的房地产产品。正常营业周期不能确定时，应当以 1 年（12 个月）作为划分流动资产或流动负债的标准。不符合流动资产或流动负债标准的，被划分为非流动资产或非流动负债。

（3）所有者权益

所有者权益的定义及具体内容如表 1-11 所列。

表 1-11 所有者权益的定义及具体内容

项目		具体内容
定义	含义	所有者权益是指企业资产扣除负债后，由所有者享有的剩余权益。公司的所有者权益又称为股东权益。所有者权益体现的是所有者在企业中的剩余权益，它是企业的资产扣除债权人权益后应由所有者享有的部分，表明企业的产权关系，即企业归谁所有。在企业清算时，资产要先清偿债务，有剩余时才会分给投资者
	来源	所有者权益的来源包括所有者投入的资本、其他综合收益、留存收益等，通常由股本（或实收资本）、资本公积（含股本溢价或资本溢价、其他资本公积）、其他综合收益、盈余公积和未分配利润等构成。 ① 所有者投入的资本是指所有者投入企业的资本部分，它既包括构成企业注册资本或者股本部分的金额，也包括投入资本超过注册资本或股本部分的金额，即资本溢价或者股本溢价，这部分投入资本作为资本公积反映。 ② 其他综合收益是指企业根据《企业会计准则》规定未在当期损益中确认的各项利得与损失。 ③ 留存收益是指企业从历年实现的利润中提取或形成的留存于企业的部分，包括盈余公积和未分配利润
确认条件		所有者权益在数量上等于企业资产总额扣除债权人权益后的净额，即为企业净资产，反映所有者在企业资产中享有的经济利益，因此，所有者权益的确认、计量主要取决于资产和负债的确认和计量

（4）收入

收入的定义、分类和确认条件如表 1-12 所列。

表 1-12 收入的定义、分类和确认条件

项目	具体内容
定义	收入是指企业在日常活动中形成的、会导致所有者权益增加的、与所有者投入资本无关的经济利益的总流入。特征如下。 ① 收入是企业在日常活动中形成的。日常活动是指企业为完成经营目标而从事的经常性活动及与之相关的其他活动。收入属于企业主要的、经常性的业务收入。但是，有些交易或事项虽然也能为企业带来经济利益，但不属于企业的日常活动，则其流入的经济利益不能确认为收入，而应当计入利得，如企业接受其他企业捐赠利得，企业处置固定资产、无形资产利得等。收入不包括为第三方或客户代收的款项，如增值税销项税额等。 ② 收入是与所有者投入资本无关的经济利益的总流入。收入的形成会导致经济利益的流入，但是，

续表

项目	具体内容
定义	经济利益的流入有时是因所有者投入资本的增加而导致的，而所有者投入资本的增加不应当确认为收入，应当将其确认为所有者权益（或股东权益）。 ③ 收入会导致所有者权益的增加。收入导致的经济利益流入，既可表现为企业资产的增加（如银行存款、应收账款等增加），也可表现为负债的减少（如预收账款、应付账款等减少），或者二者兼而有之
分类	（1）收入按经营业务的主次可分为主营业务收入、其他业务收入和投资收益等，主营业务收入和其他业务收入合计为营业收入。 ① 主营业务收入指企业日常经营活动的主要业务活动所取得的收入，如建筑企业的工程结算收入。 ② 其他业务收入指企业除主营业务以外的其他日常业务活动所取得的收入，如建筑企业的原材料销售收入。 ③ 投资收益是指企业对外投资所取得的收益减去发生投资损失后的净额，如购买股票和债券取得的收入。 （2）按性质不同，收入可分为销售商品收入、提供劳务收入、让渡资产使用权收入等。 ① 销售商品收入是指企业通过销售商品实现的收入，如工业企业生产并销售商品等取得的收入。 ② 提供劳务收入是指企业通过提供劳务实现的收入，如会计师事务所提供审计服务实现的收入。 ③ 让渡资产使用权收入是指企业通过让渡资产使用权实现的收入，如租赁公司出租资产实现的收入
确认条件	企业应当在履行了合同中的履约义务，即在客户取得相关商品控制权时确认收入。取得相关商品控制权是指能够主导该商品的使用并从中获得几乎全部的经济利益。当企业与客户之间的合同同时满足下列条件时，企业应当在客户取得相关商品控制时确认为收入。 ① 合同各方已经批准该合同并承诺将履行各自义务。 ② 该合同明确了合同各方与所转让商品或提供劳务相关的权利和义务。 ③ 该合同有明确的与所转让商品或劳务相关的支付条款。 ④ 该合同具有商业性质，即履行该合同将改变企业未来现金流量的风险、时间分布或金额。 ⑤ 企业因向客户转让商品或提供劳务而取得的款项很可能收回

（5）费用

费用的定义、分类和确认条件如表 1-13 所列。

表 1-13　费用的定义、分类和确认条件

项目	具体内容
定义	费用是指企业在日常活动中形成的、会导致所有者权益减少的、与向所有者分配利润无关的经济利益的总流出。特征如下。 ① 费用是企业在日常活动中形成的。费用必须是企业日常活动中主要的、经常性的耗费，如职工薪酬，固定资产折旧费，已售产品的销售成本、销售费用等。但是，由于有些交易或事项也能使企业发生经济利益的流出，但不属于企业的日常经营活动，其经济利益的流出不属于费用，而应当计入损失，如企业对外进行公益性捐赠、处置固定资产净损失、上缴的相关部门的罚款等。 ② 费用是与向所有者分配利润无关的经济利益的总流出。费用的发生会导致经济利益的流出，但是企业向投资者分配利润也会导致经济利益的流出，而该经济利益的流出属于所有者权益的抵减项目，不应当确认为费用。

续表

项目	具体内容
定义	③ 费用会导致所有者权益的减少。费用导致经济利益流出，既表现为企业资产的减少（如银行存款减少、固定资产耗费等），也表现为企业负债的增加（如应付利息的增加等），或者二者兼而有之。因此，与费用相关的经济利益的流出最终导致所有者权益的减少
分类	费用按经济用途可分为生产成本和期间费用。 ① 生产成本是指企业为生产一定种类和数量的产品所发生的费用，即直接材料、直接人工和制造费用的总和。 ② 期间费用是指不计入产品成本、直接计入当期损益的费用。对于确认为期间费用的费用，必须进一步划分为管理费用、销售费用和财务费用
确认条件	费用的确认除了应当符合其定义外，至少应当符合以下三个条件。 ① 与费用相关的经济利益应当很可能流出企业。 ② 经济利益流出企业的结果会导致资产的减少或者负债的增加。 ③ 经济利益的流出额能够可靠计量

（6）利润

利润的定义、分类和确认条件如表 1-14 所列。

表 1-14　利润的定义、分类和确认条件

项目	具体内容
定义	利润是指企业在一定期间的经营成果。利润包括收入减去费用后的净额、直接计入当期利润的利得和损失等。收入减去费用后的净额反映的是企业日常活动的业绩。直接计入当期损益的利得和损失是指应计入当期损益、会导致所有者权益发生增减变动、与所有者投入资本或者向所有者分配利润无关的利得或损失。其中，利得是指由非日常活动形成的、会导致所有者权益增加的、与所有者投入资本无关的经济利益的流入，如接受捐赠收入、处置固定资产净收入；损失是指企业非日常活动所发生的、会导致所有者权益减少、向所有者分配利润无关的经济利益的流出，如对外进行公益性捐赠支出、罚款支出、处置固定资产净损失等。利润为正数，表明企业实现了利润，会使企业的所有者权益增加，业绩提升；反之利润为负数，表明企业发生了亏损，会使企业的所有者权益减少，业绩下降。利润是评价企业管理层业绩的指标之一，也是投资者等财务报告使用者进行决策的重要参考依据
分类	按照构成，利润可分为营业利润、利润总额和净利润三个层次。 ① 营业利润是指企业日常经营活动所产生的利润。营业利润一般是指营业收入减去营业成本、税金及附加、管理费用、销售费用、财务费用、资产减值损失，加上公允价值变动净损益、投资净收益后的金额。 ② 利润总额是指营业利润加上营业外收入、减去营业外支出后的金额。其中：营业外收入是指企业发生的与日常经营活动无关的各项利得；营业外支出是指企业发生的与日常经营活动无关的损失。 ③ 净利润是指利润总额减去所得税费用后的金额。所得税费用是指企业应负担的所得税
确认条件	利润的确认主要依赖收入和费用以及利得和损失的确认，其金额的确定也主要取决于收入、费用、利得、损失金额的计量

1.5.2 会计等式

(1) 会计等式的含义

会计等式,又称为会计恒等式、会计方程式或会计平衡公式,是由会计要素组成,反映会计要素之间内在平衡关系的计算公式,它是制订各项会计核算方法的理论基础。会计等式是会计对象资金运动的一种形象化反映,架起了会计要素的桥梁。其可以将会计科目财务活动中所记录的各个项目联系在一起,体现了会计中的资金流动流向,也是复式记账法与编制财务报表的理论基础。从实质上看,会计等式揭示了会计主体的产权关系、基本财务状况和经营成果。

(2) 会计等式的表现形式

根据会计要素所表现的资金的运动状态,可以将会计等式的表现形式划分为财务状况等式(静态等式)、经营成果等式(动态等式)、财务状况与经营成果相结合的等式(动静结合等式),三个等式的具体内容及主要特点如表 1-15 所列。

表 1-15 会计等式的表现形式

会计等式	具体内容	主要特点
资产=负债+所有者权益 (静态等式)	任何企业要进行生产经营活动,都必须拥有一定数量和质量的、能给企业带来经济利益的经济资源,如房屋、设备、现金等,这些经济资源在会计上称为资产。资产体现了企业所拥有经济资源的种类与数量。资产一方面可以从外部借入,债权人对该资产拥有索偿权,会计上将这种权利描述为负债,即债权人权益;资产另一方面来源于投资人投入的资本,投资人一旦把资产投入企业,便对企业的资产拥有要求权,形成所有者权益	该等式反映了企业在某一特定时点资产、负债和所有者权益三者之间的平衡关系,也反映了企业资金的相对静止状态。因此,该等式又称为财务状况等式或静态等式。该等式是会计中最通用、最一般的等式,因此它通常也称为会计基本等式,该等式是复式记账法的理论基础,也是编制资产负债表的依据
收入-费用=利润 (动态等式)	企业经营的目的之一是获得收入,并最终实现盈利。企业在取得收入的同时,必然要发生相应的费用。通过收入与费用的比较,才能确定一定期间的盈利水平,确定实现的利润总额	该等式反映了企业某一时期收入、费用和利润三者之间的关系,也反映了企业资金运动的成果和利润的实现过程,被称为经营成果等式或动态会计等式,也是编制利润表的基本依据
资产+费用=负债+ 所有者权益+收入	收入可导致资产的增加或负债的减少,最终会导致所有者权益的增加;费用可导致资产的减少或负债的增加,最终会导致所有者权益的减少	一定会计期间的经营成果必然会影响一定时点的财务状况。到了会计期末,企业将收入与费用相配比,计算出利润(或亏损),并按规定的程序进行分配,剩余的部分又全部归入所有者权益项目。这样在会计期末结账之后,会计等式又恢复为会计期初即静态等式的形式

(3) 经济业务对会计等式的影响

经济业务，通常是指企业在进行生产经营活动过程中发生的、能够用货币计量的、能引起会计要素发生增减变化的事项，也称会计事项或交易事项。经济业务是会计处理的具体对象，因此，不是经济业务，不必进行会计处理，凡是经济业务，必须进行会计记录、处理并最后编制财务报告。

由于会计等式反映了经济业务事项之间的内在经济联系和客观上的数量恒等关系，所以任何一项经济业务事项的发生，尽管会引起各会计要素数量变动，但不会影响会计要素之间内在经济联系和数量上的平衡关系。

1）无论经济业务多么复杂，从会计等式的左右两方来观察，都可归纳为以下4种类型。

① 经济业务发生，只引起等式左方内部要素各项目之间发生增减变化，会计等式保持平衡。

② 经济业务发生，只引起等式右方内部要素各项目之间发生增减变化，会计等式保持平衡。

③ 经济业务发生，引起等式两方要素项目同时等额增加，会计等式保持平衡。

④ 经济业务发生，引起等式两方要素项目同时等额减少，会计等式保持平衡。

2）将上述4种类型按其对财务状况的影响不同，可分为以下9种情况：

① 一项资产增加，一项资产减少；
② 一项负债增加，一项负债增加；
③ 一项所有者权益增加，一项所有者权益增加；
④ 一项资产增加，一项负债增加；
⑤ 一项资产减少，一项负债减少；
⑥ 一项负债增加，一项所有者权益减少；
⑦ 一项负债减少，一项所有者权益增加；
⑧ 一项资产增加，一项所有者权益增加；
⑨ 一项资产减少，一项所有者权益减少。

具体经济业务对会计等式的影响如图1-2所示。

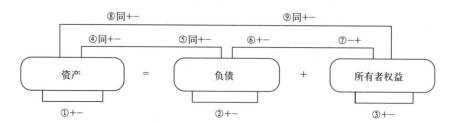

图1-2 经济业务对会计等式的影响

(4) 经济业务对会计等式影响的案例分析

甲建筑施工企业20××年7月初发生的经济业务及其对会计等式的影响如表1-16所列。

表 1-16　经济业务及其对会计等式的影响

序号	经济业务	经济业务对会计等式的影响
1	用银行存款 100 000 元购买一台机器设备	这项经济业务的发生，使资产项目银行存款减少了 100 000 元，而资产项目固定资产增加了 100 000 元，在原有平衡相等的基础上，在资产方增减同一数额 100 000 元，但双方仍然保持平衡相等关系，且总额不受影响
2	向银行借入 200 000 元短期借款，存入银行存款账户	这项经济业务的发生，使资产项目银行存款增加 200 000 元，负债项目短期借款也增加 200 000 元，在原有平衡相等的基础上，等式双方各增加同一数额 200 000 元，虽然总额增加，但双方仍然保持平衡相等关系
3	接受 A 企业投入资本 300 000 元存入银行	这项经济业务的发生，使资产项目银行存款增加 300 000 元，所有者权益项目股本也增加 300 000 元，在原有平衡相等的基础上，等式双方各增加同一数额 300 000 元，总额增加，双方仍然保持平衡相等关系
4	用银行存款 200 000 元偿还银行短期借款	这项经济业务的发生，使资产项目银行存款减少 200 000 元，负债项目短期借款也减少 200 000 元，在原有平衡相等的基础上，等式双方各减少同一数额 200 000 元，虽然总额减少，但双方仍然保持平衡相等关系
5	因缩减生产规模，向投资者退还资本 250 000 元，从银行账户划转	这项经济业务的发生，使资产项目银行存款减少 250 000 元，所有者权益项目股本也减少 250 000 元，在原有平衡相等的基础上，等式双方各减少同一数额 250 000 元，虽然总额减少，但双方仍然保持平衡相等关系
6	向银行借入 40 000 元短期借款用于偿还应付账款	这项经济业务的发生，使负债项目应付账款减少了 40 000 元，而负债项目的短期借款增加了 40 000 元，在原有平衡相等的基础上，在负债方增减同一数额 40 000 元，但双方仍然保持平衡相等关系，且总额不受影响
7	经批准将 100 000 元资本公积转增资本	这项经济业务的发生，使股东权益项目资本公积减少了 100 000 元，而所有者权益项目的实收资本（股本）增加了 100 000 元，在原有平衡相等的基础上，在所有者权益方增减同一数额 100 000 元，但双方仍然保持平衡相等关系，且总额不受影响
8	经批准将 100 000 元长期借款转为追加投资	这项经济业务的发生，使负债项目长期借款减少 100 000 元，所有者权益项目实收资本（股本）增加 100 000 元，在原有平衡相等的基础上，所有者权益与负债项目增减同一数额 100 000 元，等式双方仍然保持平衡相等关系
9	年终宣告向投资者分配利润 20 000 元	这项经济业务的发生，使负债项目应付利润增加 20 000 元，股东权益项目利润分配减少 20 000 元，在原有平衡相等的基础上，负债与所有者权益项目增减同一数额 20 000 元，等式双方仍然保持平衡相等关系

第 2 章

会计核算方法

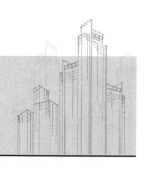

2.1 建筑施工企业会计科目与账户

建筑施工一般工期较长,且涉及的科目比较烦琐,因此,建筑施工企业采用有效的会计核算方法能够提高工程质量与速度。建筑企业会计核算方法有专门的规定,这些规定一方面能够为建筑施工企业进行会计核算提供理论依据,另一方面促进了建筑施工企业会计核算高质量、高效率地完成。

2.1.1 会计科目

(1) 会计科目的概念

会计是对经济业务的反映,仅依靠会计要素很难把业务的来龙去脉反映清楚。会计要素仅仅是对会计对象的基本分类,如果只用会计要素对会计对象进行分类会显得过于粗略,难以满足各有关方面对会计信息的需要。会计科目是对会计要素的内容进行具体分类所确定的项目名称。

(2) 会计科目的设置

1) 会计科目设置的意义

会计科目是对会计要素内容的具体分类,因此,每一个会计科目都有其特定的经济含义,对应着现实业务中具有相同特点的一类经济内容。现实中发生的经济业务错综复杂,即使同一项会计要素也具有不同的性质和内容。为了具体详细反映经济业务的全貌,说明企业资金运动的变化规律,从量上核算和监督会计要素的增减变化,就要对各项会计要素进行具体的分类。合理设置会计科目在会计核算和经济管理中具有重要意义。利用会计科目不仅可以分类反映企业的资金运动,而且,会计科目还是组织会计核算和设置账户的依据和手段,可为经济管理提供总括和详细的会计信息。会计科目是进行各项会计记录和提供各项会计信息的基础。科学、合理地设置会计科目,不但可以分类反映企业的资金及其运动,还可以为会计的后续工作如设置会计账户、规范会计核算内容、保证会计信息质量要求提供依据。

2) 会计科目设置的原则

会计科目原则上由财政部统一制定,并以会计准则或会计制度的形式颁布实施。企业所设置的会计科目应该能够涵盖所有会计要素。企业由于经济活动的具体内容、规模大小与业务繁简程度的不尽相同,在具体设置会计科目时,应考虑做到科学、合理、实用。设置会计科目一般应遵循下列原则,如表 2-1 所列。

表 2-1 会计科目的设置原则

原则	内容
合法性原则	合法性原则是指所设置的会计科目应当符合国家统一的会计制度的规定。我国现行的统一会计制度中均对企业设置的会计科目作出规定,以保证不同企业对外提供的会计信息具有可比性
相关性原则	相关性原则是指所设置的会计科目应当为提供有关各方所需要的会计信息服务,满足对外报告与对内管理的要求。根据《企业会计准则》的规定,企业设置会计科目必须服务于会计信息的提供,必须与财务报告的编制相协调、相关联
实用性原则	实用性原则指所设置的会计科目应符合单位自身特点,满足单位实际需要。在合法性的基础上,企业应根据自身特点,设置符合企业需要的会计科目
清晰性原则	会计科目作为对会计要素分类核算的项目,要求简单明确、字义相符、通俗易懂。同时,企业对每个会计科目所反映的经济内容也必须做到界限明确,既要避免不同会计科目所反映的内容重叠,也要防止全部会计科目未能涵盖企业某些经济内容

(3) 会计科目的分类

只有在设置会计科目与账户的基础上,才能对企业所发生的经济业务进行全面、连续、系统的核算与监督。会计科目可按反映的经济内容(即所属的会计要素)、提供信息的详略程度及其统驭关系进行分类。

① 会计科目按其反映的经济内容不同可以分为资产类、负债类、共同类、所有者权益类、成本类、损益类,如图 2-1 所示。

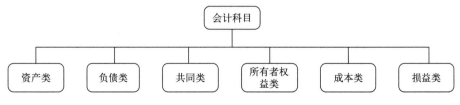

图 2-1 会计科目按反映的经济内容分类

资产类科目是对资产要素的具体内容进行分类核算的项目,其按资产流动性的不同分为反映流动资产的科目和反映非流动资产的科目。反映流动资产的科目主要有"库存现金""银行存款""其他货币资金"等科目;反映非流动资产的科目主要有"固定资产""无形资产""长期股权投资"等科目。

负债类科目是对负债要素的具体内容进行分类核算的项目,其按负债的偿还期限长短分为反映流动负债的科目和反映非流动负债的科目。反映流动负债的科目主要有"短期借款""应付账款""应付职工薪酬"等科目；反映非流动负债的科目主要有"长期借款""应付债券"等科目。

共同类科目是既可能具有资产性质，又可能具有负债性质的科目，其性质取决于科目核算的结果，即需要从其期末余额所在的方向来界定其性质。主要有"衍生工具""套期工具""被套期项目"等科目。

所有者权益类科目是对所有者权益要素的具体内容进行分类核算的项目，主要有"实收资本""资本公积""其他综合收益"等科目。

成本类科目是对可归属于产品的生产成本、劳务成本等具体内容进行分类核算的项目，建筑施工企业主要有"合同履约成本""合同取得成本""研发支出"等科目。

损益类科目是对收入、费用等要素的具体内容进行分类核算的项目。按损益的不同可以分为反映收入的科目和反映费用的科目。其中，反映收入的科目主要有"主营业务收入""其他业务收入"等科目；反映费用的科目主要有"主营业务成本""其他业务成本""销售费用""管理费用""财务费用"等科目。

② 按提供信息的详略程度及其统驭关系分类，如表 2-2 所列。

表 2-2　会计科目按详略程度及统驭关系分类

总分类科目	总分类科目又称总账科目或一级科目，是指对会计要素具体内容所做的总括分类，提供总括信息的会计科目
明细分类科目	明细分类科目又称明细科目，是指对总分类科目作进一步分类，提供更为详细、具体的会计信息的科目。它是反映会计要素的具体内容的科目
关系	总分类科目 ⇄（统驭与控制／补充和说明）明细分类科目

如果总分类科目所对应的明细分类科目较多或者较为庞杂，可在总分类科目下设置二级明细科目。在二级明细科目下设置三级明细科目。二级明细科目是对总分类科目进一步分类的科目，三级明细科目是对二级明细科目进一步分类的科目。除了《企业会计准则》明确规定设置的明细分类科目外，会计主体可以根据自身经济管理的需要和经济业务的具体内容自行设置明细分类科目。

(4) 常用会计科目表

会计科目表应满足会计核算的要求，并符合企业会计管理的需要。设置会计科目是会计核算的具体方法之一。各行业在不违反《企业会计准则》中确认、计量和报告的规定的前提下，可以根据本单位的实际情况自行增设、分拆、合并会计科目。企业不存在的交易或事项可不设置相关会计账户。明细账户企业可以自行设置，会计科目编号供企业填制会计凭证、登记会计账簿、查阅会计科目、采用会计软件系统参考。企业可结合实际情况自行确定会计科目编号。建筑施工企业会计核算的主要会计科目见表 2-3。

表 2-3 建筑施工企业主要会计科目表

序号	科目编号	科目名称
		（一）资产类科目
1	1001	库存现金
2	1002	银行存款
3	1015	其他货币资金
4	1121	应收票据
5	1122	应收账款
6	1123	预付账款
7	1124	合同资产
8	1125	合同资产减值准备
9	1131	应收股利
10	1132	应收利息
11	1233	其他应收款
12	1241	坏账准备
13	1401	材料采购
14	1402	在途物资
15	1403	原材料
16	1404	材料成本差异
17	1406	库存商品
18	1407	周转材料
19	1408	委托加工物资
20	1471	存货跌价准备
21	1506	临时设施
22	1507	临时设施摊销
23	1508	临时设施清理
24	1511	长期股权投资
25	1512	长期股权投资减值准备
26	1531	长期应收款
27	1601	固定资产
28	1602	固定资产累计折旧
29	1603	固定资产减值准备
30	1604	在建工程
31	1605	在建工程减值准备

续表

序号	科目编号	科目名称
32	1606	工程物资
33	1607	固定资产清理
34	1701	无形资产
35	1702	累计摊销
36	1703	无形资产减值准备
37	1711	商誉
38	1712	商誉减值准备
39	1801	长期待摊费用
40	1811	递延所得税资产
41	1901	待处理财产损溢
		(二) 负债类科目
42	2001	短期借款
43	2201	应付票据
44	2202	应付账款
45	2203	预收账款
46	2204	合同负债
47	2211	应付职工薪酬
48	2221	应交税费
49	2231	应付股利
50	2232	应付利息
51	2241	其他应付款
52	2243	预计负债
53	2401	递延收益
54	2501	长期借款
55	2502	应付债券
56	2701	长期应付款
57	2702	未确认融资费用
58	2703	租赁负债
59	2801	预计负债
60	2901	递延所得税负债
		(三) 共同类科目
61	3101	衍生工具

续表

序号	科目编号	科目名称
62	3201	套期工具
63	7201	被套期项目
		（四）所有者权益类
64	4001	实收资本
65	4002	资本公积
66	4003	其他综合收益
67	4004	其他权益工具
68	4101	盈余公积
69	4103	本年利润
70	4104	利润分配
71	4201	库存股
		（五）成本类
72	5001	合同履约成本
73	5101	合同履约成本减值准备
74	5111	合同取得成本
75	5112	合同取得成本减值准备
76	5201	劳务成本
77	5301	研发支出
78	5401	合同结算
79	5402	机械作业
		（六）损益类
80	6001	主营业务收入
81	6051	其他业务收入
82	6061	汇兑损益
83	6101	公允价值变动损益
84	6111	投资收益
85	6115	资产处置损益
86	6117	其他收益
87	6301	营业外收入
88	6401	主营业务成本
89	6402	其他业务成本
90	6405	税金及附加

续表

序号	科目编号	科目名称
91	6601	销售费用
92	6602	管理费用
93	6603	财务费用
94	6701	资产减值损失
95	6702	信用减值损失
96	6711	营业外支出
97	6801	所得税费用
98	6901	以前年度损益调整

2.1.2 会计账户

(1) 会计账户的概念

会计账户是根据会计科目开设的，具有一定的结构，用来分类、连续、系统地记录各项经济业务，反映各个会计要素的增减变化情况及其结果的一种格式型载体。会计科目只能在静态上表现出所需要核算的经济业务的名称、经济业务的方式，不能把发生的经济业务连续、系统地记录下来，以取得经营管理所需的信息资料。然而，会计账户可以看作是一个系统，是由若干要素组成的统一整体，是根据会计科目设置的、具有一定格式和结构的、用于分类反映会计要素的增减变动情况及其结果的载体。设置会计账户应遵循的原则是既要全面反映会计要素的内容，又要符合企业自身特点；既要符合对外报告的要求，又要满足内部经营管理的需要；既要适应经济业务发展的需要，又要保持相对稳定；统一性与灵活性相结合；简明适用，称谓规范。

(2) 会计账户的分类

企业经济业务会引起会计要素数量发生非增即减的变化，因此，用来记录经济业务的账户，在结构上也相应分为两方，一方登记金额增加，一方登记金额减少。至于哪一方登记增加，哪一方登记减少，由不同的记账方法和账户性质决定。账户可按其核算的经济内容、提供信息的详细程度及其统驭关系进行分类。具体内容如表 2-4 所列。

表 2-4 会计账户的分类

分类标准	账户类别
按照核算的经济内容	资产类账户、负债类账户、共同类账户、所有者权益类账户、成本类账户和损益类账户
按照提供信息的详细程度及其统驭关系	总分类账户和明细分类账户

每一个账户一般有四个金额要素，即期初余额、本期增加发生额、本期减少发生额和期末余额。其中，本期增加发生额和本期减少发生额可统称为本期发生额；期初余额和期

末余额可统称为余额。本期发生额是一个动态指标,它反映的是某一时期会计要素的增减变动情况的合计数;余额是一个静态指标,它反映的是资产或权益在某一时点增减变动的结果。以上四个金额要素的关系如下:

$$期末余额=期初余额+本期增加发生额-本期减少发生额$$

登记增减方向由不同的记账方法和账户性质决定。另外,账户余额还能反映金额增减变动后的结果。账户结构除了增加、减少、余额这三方面基本内容外,还应包括账户名称、日期摘要、凭证编号等几项内容。

(3)会计科目与会计账户的联系与区别

会计科目和会计账户之间既存在一定联系,又相互区别。会计科目与会计账户都是对会计对象的具体内容的分类,两者核算内容一致,性质相同。会计科目是账户的名称,也是设置账户的依据;账户是会计科目的具体运用,具有一定的结构和格式,并通过其结构反映某项经济业务的增减变动及其余额。

会计科目是会计账户的名称,两者表达的经济内容是一致的,因此会计账户的级次与会计科目的级次一样,分为总分类账户(简称总账)和明细分类账户(简称明细账),明细分类账户又可分为二级账户和三级账户。总分类账户是根据一级会计科目设置的提供概括全部主要资料的账户,明细分类账户是根据明细分类科目设置的提供详细资料的账户。总分类账户和明细分类账户是控制与被控制的关系:总分类账户是所属明细分类账户资料的综合,是所属明细分类账户的统驭性账户,对所属明细分类账户起控制作用;而明细分类账户是有关总分类账户的具体化,是总分类账户的从属账户,对其起到补充和说明作用。总分类账户和明细分类账户是相互配合的关系。总分类账户提供总括资料,而明细分类账户提供相对具体,详细反映的对象,即核算内容是相同的,账户的性质是相同的,登记所需的原始依据是相同的,二者提供的核算资料互相补充,总括又详细地说明同一经济事件。

会计科目与会计账户的主要区别是:会计科目通常由国家统一规定,是各单位设置账户、处理账务所必须遵循的依据,而会计账户则由各会计主体自行设置,是会计核算的一个重要工具;会计科目只表明某项经济内容,而会计账户不仅表明相同的经济内容,还具有一定的结构格式,并通过账户的结构反映某项经济内容的增减变动情况,即会计科目仅是对会计要素具体内容进行分类的项目名称,而会计账户还具有一定的结构、格式。由于会计账户是根据会计科目设置的,并按照会计科目命名,也就是说会计科目是账户的名称,两者的称谓及核算内容完全一致,因而在实际工作中,会计科目与账户常被作为同义语来理解,互相通用,不加区别。

2.2 复式记账法

2.2.1 复式记账法的概念

复式记账法是指对发生的每一项经济业务,都要以相等的金额同时在两个或两个以上相互联系的账户中进行登记的记账方法。

企业发生的所有经济业务都会引起会计要素的至少两个具体项目的增减变化，同时涉及资金增加和减少两个方面。为了全面、系统地核算和监督经济活动过程，对发生的每一笔经济业务，都应该以相同的金额同时在两个或两个以上的账户中进行登记，复式记账正好满足了这一要求。一部分资金的减少或增加，总是有另一部分资金的增加或减少作为其变动的原因，这样就需要在记账的时候，把每项经济业务所涉及的资金增减变化的原因和结果都记录下来，从而能完整、全面地反映经济业务引起的资金运动的来龙去脉。复式记账法恰恰适应了资金运动这一规律性的客观要求。把每一项经济业务涉及的资金在量上的增减变化，通过两个及以上账户的记录予以全面反映。

复式记账法的特点有：以会计等式"资产＝负债＋所有者权益"作为记账基础；对发生的经济业务，必须在两个或两个以上相互关联的账户中进行等额记录；必须按经济业务对会计等式的不同类型进行记录；固定期间汇总的全部账户记录有平衡关系。

复式记账法按记账符号的不同，可分为借贷记账法、增减记账法和收付记账法。借贷记账法是目前国际通用的记账方法，我国目前采用借贷记账法记账。

2.2.2 借贷记账法

（1）借贷记账法的概念

"借"和"贷"的含义，最初是从资本家的角度来解释的。借贷的主体"资本家"以货币资金为主要业务，将收入的货币记在贷主（creditor）的名下，表示自身欠人的债务的增加；将付出去的放款货币记在借主（debtor）的名下，表示一种债权即别人欠货币的增加。"借"和"贷"两个字分别表示资本家的债权、债务（欠人）及其变动。随着商品经济的发展，经济活动的内容日趋复杂化，会计记录的经济业务也不仅局限于货币资金的借贷，而逐渐扩展到财产物资、经营损益和经营资本等的增减变化。为了保持会计账簿记录的统一，也利用"借""贷"两字来记录对于非货币资金的借贷活动。借贷记账法是以"借"和"贷"作为记账符号来记录经济业务的一种复式记账法。"借"和"贷"分别作为账户的左方和右方，发展至今，"借""贷"两字已失去原有的含义，而演变为纯粹的记账符号，用来标明记账方向。

（2）借贷记账法的基本结构

借贷记账法的账户基本结构是：每一个账户都分为"借方"和"贷方"，一般规定账户的左方为"借方"，账户的右方为"贷方"。如果在账户的借方记录经济业务，可以称为"借记某账户"；在账户的贷方记录经济业务，则可以称为"贷记某账户"。

采用借贷记账法时，账户的借、贷两方必须做相反方向的记录。即对于每一个账户来说，如果规定借方用来登记增加额，则贷方就用来登记减少额；如果规定借方用来登记减少额，则贷方就用来登记增加额。究竟哪个账户的哪一方用来登记增加额、哪一方用来登记减少额，账户的具体结构怎样，要根据账户反映的经济内容（即账户的性质）而定。不同性质的账户，其结构是不同的。

1）资产类账户的结构

资产类账户的借方登记资产的增加额，贷方登记资产的减少额。在一个会计期间

(年、月、日),借方记录的合计数额称为借方发生额,贷方记录的合计数额称为贷方发生额,在每一个会计期间的期末将借贷方发生额相比较,其差额称为期末余额。资产类账户若有期末余额,一般在借方,表示资产的期末实有数额。

2) 负债类账户的结构

负债类账户的基本结构与资产类账户的基本结构正好相反。由会计平衡公式"资产=负债+所有者权益"。可见,负债在会计基本等式中所占的位置与资产在会计基本等式中所占的位置是相反的,资产在等号的左边,而负债在等号的右边,根据两者平衡的原理,此类账户的贷方登记负债的增加额、借方登记负债的减少额,很明显,贷方发生额要大于(或等于)借方发生额,期末余额一般在贷方,表示负债的现有数额。

3) 所有者权益类账户结构

所有者权益类账户的贷方登记所有者权益的增加数,借方登记所有者权益的减少数;期末余额在贷方,表示期末所有者权益的结存数。

4) 成本类账户的结构

成本类账户的借方登记成本的增加数,贷方登记成本的减少数或结存数,期末余额在借方,表示尚未完工产品的生产成本。

5) 损益类账户的结构

损益类账户反映企业发生的收入与费用,因此,可将损益类账户分为损益收入类账户和损益费用类账户。由于收入的增加一般会导致所有者权益的增加,因此,损益收入类账户结构类似所有者权益类账户,贷方登记收入的增加数,借方登记收入的减少数,以及期末结转计入"本年利润"账户贷方的数额,期末结转后该账户一般无余额。

通常而言,资产、成本和费用类账户的增加用"借"表示,减少用"贷"表示;负债、所有者权益和收入类账户的增加用"贷"表示,减少用"借"表示。备抵账户的结构与所调整的账户正好相反。账户结构如图2-2所示。

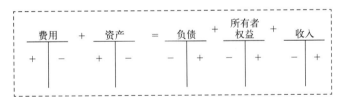

图 2-2 借贷记账法的账户结构

(3) 借贷记账法的基本规则

借贷记账法的记账规则是:"有借必有贷、借贷必相等"。运用借贷记账法记账,对每笔经济业务都要以相等的金额、相反的借贷方向,在两个或两个以上相互联系的账户中进行登记,即在一个账户中记借方,必须同时在一个或几个账户中记贷方;若在一个账户中记贷方,必须同时在另一个或几个账户中记入借方。记入借方的金额必须等于记入贷方的金额。

实际运用借贷记账法的记账规则记录每一项经济业务时,首先,要分析经济业务的性质,根据经济业务的内容确定所涉及的账户类别(资产、负债、所有者权益账户,或者收入、费用账户);其次,要确定经济业务涉及的账户金额是增加还是减少;最后,根据账户的结构确定哪个账户记借方,哪个账户记贷方。

(4) 借贷记账法下的账户对应关系与会计分录

1) 账户对应关系

账户的对应关系是指采用借贷记账法对每笔交易或事项进行记录时,任何一项经济业务都需要在两个或者两个以上的账户中进行登记,这样就在相关的账户之间发生了应借、应贷关系,通常把这种形成了应借、应贷对应关系的账户称为对应账户。

2) 会计分录的概念与类型

为了保证账户对应关系的正确性,通常会计不是直接将经济业务所引起的账户变动记入账户中去,而是在把经济业务记入账户之前先根据经济业务所涉及账户的借贷方向和金额编制会计分录。会计分录,简称分录,是用特定格式写成的,对每项经济业务列示出应借、应贷的账户名称及其金额的一种表达方式。会计分录主要包括三个要素,即会计科目、记账符号和金额。

按照所涉及账户的多少,会计分录分为简单会计分录和复合会计分录。简单会计分录只有一个借方和一个贷方,复合会计分录是指一借多贷、多借一贷或多借多贷的会计分录,如表2-5所列。

表2-5 会计分录的分类

项目	内容	举例
简单会计分录	只涉及一个账户借方和另一个账户贷方的会计分录,即一借一贷的会计分录	甲建筑施工企业将500 000元存入银行,会计分录如下: 借:银行存款　　500 000 　贷:库存现金　　　500 000
复合会计分录	有两个以上(不含两个)对应账户的会计分录,即一借多贷、多借一贷或多借多贷的会计分录	甲建筑施工企业购入原材料一批,价款200 000元,其中150 000元用于银行存款支付,50 000元尚未支付。假定不考虑增值税因素,会计分录如下: 借:原材料　　　200 000 　贷:银行存款　　　150 000 　　应付账款　　　 50 000

3) 会计分录的编制步骤

编制会计分录的具体步骤如下:分析经济业务所涉及的会计要素;确定会计要素对应的会计科目;确定会计科目的记账金额和记账方向;编制分录、检查分录中的借、贷方科目是否正确,金额是否相等。会计分录的书写格式是:先写记账符号,再写会计科目,最后是记账金额。记账符号间用冒号":"隔开。借方账户写在上面,贷方账户写在下面,而且贷方要比借方向后错开两格编写。如果有多个借方账户或多个贷方账户,应几个借方账户上下对齐,几个贷方账户上下对齐。会计分录编制步骤如图2-3所示。

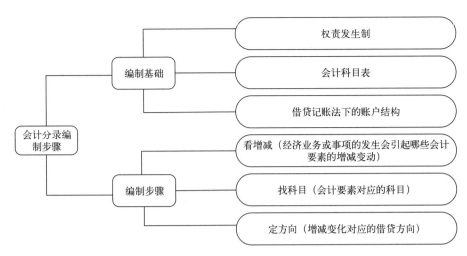

图 2-3 会计分录编制步骤

2.3 会计凭证

2.3.1 会计凭证的概念

会计凭证,简称凭证,是指用来记录经济业务发生、明确经济责任,并作为登记账簿重要依据的书面证明。任何单位对发生的每项经济业务都必须按照规定的程序和要求,由经办业务的有关人员填制或取得会计凭证,需要在会计凭证上记录经济业务的发生日期、具体内容以及数量和金额并签名或盖章,对经济业务的合法性、真实性和正确性负责。所有会计凭证都必须经过有关人员的严格审核并确认无误后,才能作为记账的依据。填制和审核会计凭证是会计核算的一种专门的方法,是会计工作的基础与依据。

会计凭证的主要作用体现在以下几个方面。

1)记录经济业务,提供记账依据

会计凭证是记录经济活动的最原始的资料,是经济信息的载体。会计凭证是登记账簿的依据,通过会计凭证的填制和审核,以及按一定方法对会计凭证整理、分类、汇总,可以为会计记账提供真实、可靠的依据。通过会计凭证的及时传递,对经济业务适时地进行记录。

2)明确经济责任,强化内部控制

会计凭证除记录有关经济业务的基本内容外,还必须由有关部门和人员签章,对会计凭证所记录经济业务的真实性、正确性、合法性、合理性负责。这样,能增强有关部门和人员的责任意识,促使他们严格按照有关政策、法令、制度、计划或预算办事,以防止舞弊行为,强化内部控制。如有违法乱纪或经济纠纷事件发生,也可借助会计凭证确定各经办部门和人员所负的经济责任,并据以进行正确的裁决和处理,从而加强经营管理。

3)监督经济活动,控制经济运行

通过会计凭证的审核,可以检查经济业务的发生是否符合有关的法律法规和制度,是否符合业务经营、财务收支的方针和计划以及预算管理的规定,以确保经济业务的合理性、合法性和真实性,监督经济业务的发生、发展,控制经济业务的实施。如果出现问题,也能及时发现,从而积极采取措施予以纠正,对经济活动进行事前、事中、事后控制,保证经济活动的健康运行,有效发挥会计的监督作用。

2.3.2 会计凭证的分类

(1) 原始凭证

1) 原始凭证的概念及分类

原始凭证也称单据,是指在经济业务发生和完成时取得或者填制,用作记账原始依据的会计凭证。原始凭证按照不同分类标准,如取得来源、格式、填制手续与内容分类如图 2-4 所示。

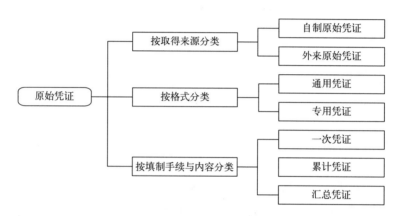

图 2-4 原始凭证分类

2) 原始凭证的基本内容

由于各项经济业务的内容和经济管理的要求不同,各个原始凭证的名称、格式和内容也多种多样。无论何种原始凭证,都必须详细载明有关经济业务的发生或完成情况,必须明确经办单位和人员的经济责任。因此,各种原始凭证都应具备一些共同的基本内容,原始凭证所包括的基本内容通常称为凭证要素,一般应具备以下基本内容。

① 原始凭证的名称。

② 填制原始凭证的日期。

③ 凭证的编号。

④ 接受原始凭证的单位名称(抬头人)。

⑤ 经济业务的内容(含数量、单价和金额等)。

⑥ 填制单位签章。

⑦ 填制凭证的单位名称或者填制人姓名。

⑧ 有关人员(部门负责人、经办人员)签章。

⑨ 凭证附件。

3) 原始凭证的填制要求

① 记录真实。凭证上记载的经济业务，必须与实际情况相符合，决不允许有任何歪曲或弄虚作假。对于实物的数量、质量和金额，都要经过严格的审核，确保凭证内容真实可靠。从外单位取得的原始凭证如有丢失，应取得原签发单位盖有"财务专用章"的证明，并注明原凭证的号码、所载金额等内容，由经办单位负责人批准后，可代作原始凭证。

② 手续完备。原始凭证的填制手续，必须符合内部控制的要求。凡是填有大写和小写金额的原始凭证，大写与小写金额必须相符；购买实物的原始凭证，必须有实物的验收证明；支付款项的原始凭证，必须有收款方的收款证明。经有关部门批准办理的某些特殊业务，应将批准文件作为原始凭证的附件或在凭证上注明批准机关名称、日期和文件字号。

③ 内容齐全。凭证中的基本内容和补充内容都要详尽地填写齐全，不得漏填或省略不填。如果项目填写不全，则不能作为经济业务的合法证明，也不能作为有效的会计凭证。为了明确经济责任，原始凭证必须由经办部门和人员签章。从外单位取得的原始凭证，必须有填制单位的公章或财务专用章；从个人取得的原始凭证，必须有填制人员的签名或盖章。自制原始凭证必须有经办部门负责人或其指定人员的签名或盖章。对外开出的原始凭证，必须加盖本单位的公章或财务专用章。

④ 书写规范。原始凭证上的文字，要按规定书写，字迹要工整、清晰，易于辨认，不得使用未经国务院颁布的简化字。合计的小写金额前要冠以人民币符号"￥"（用外币计价、结算的凭证，金额前要加注外币符号，如"HK＄""US＄"等），币值符号与阿拉伯数字之间不得留有空白；所有以元为单位的阿拉伯数字，除表示单价等情况外，一律填写到角分，无角分的要以"0"补位。汉字大写金额数字，一律用正楷字或行书字书写，如壹、贰、叁、肆、伍、陆、柒、捌、玖、拾、佰、仟、万、亿、元（圆）、角、分、零、整（正）。大写金额最后为"元"的应加写"整"（或"正"）字断尾。

阿拉伯金额数字中间有"0"时，汉字大写金额要写"零"字，如￥2 409.50，汉字大写金额应写成"人民币贰仟肆佰零玖元伍角整"。阿拉伯金额数字中间连续有几个"0"时，汉字大写金额中可以只写一个"零"字。原始凭证记载的各项内容均不得涂改。原始凭证有错误的应当由出具单位重开或者更正，更正处应当加盖出具单位印章。对于支票等重要的原始凭证若填写错误，一律不得在凭证上更正，应按规定的手续注销留存，另行重新填写。

⑤ 填制及时。每笔经济业务发生或完成后，经办业务的有关部门和人员必须及时填制原始凭证，做到不拖延、不积压，并要按规定的程序将其送交会计部门。

4）原始凭证的审核

原始凭证记载的内容仅仅是会计信息的原始数据，而原始数据必须经过会计确认后才能进入会计信息系统进行加工处理。为了保证原始凭证的真实性、完整性和合法性，企业会计部门对各种原始凭证都要进行严格的审核，只有经过严格审核合格的原始凭证才能作为编制记账凭证和登记账簿的依据。对原始凭证的审核，不仅是会计人员应履行的法定义务，也是会计监督的重要组成部分。对原始凭证的审核，主要是通过形式和实质上的审核，确保原始凭证的真实性、完整性和合法性。原始凭证的审核主要包括以下三个方面。

① 审核经济业务的真实性。包括凭证日期、业务内容和数据是否真实；外来原始凭

证是否有填制单位公章、填制人员签章；自制原始凭证是否有经办人员的签名或盖章等。审核中发现假冒、伪造的凭证必须拒绝办理。

② 审核经济业务的合法性与合理性。包括所记录的经济业务是否有违反国家法律法规的问题，是否符合规定的审核权限，是否履行了规定的凭证传递和审核程序，是否符合企业生产经营活动的需要，是否符合计划、预算等。

③ 审核凭证填制的正确性。包括原始凭证内容是否完整，手续是否完备，计算是否准确，项目填写是否齐全，数字书写是否清楚、正确。

上述审核完毕后，对于完全符合要求的原始凭证，应及时据以填制记账凭证入账；对于真实、合法、合理但内容上不够完整或计算有误的原始凭证，可退回经办人员，更正后再进行有关会计处理；对于不真实、不合法的原始凭证，会计人员应拒绝受理，并制止、纠正其不法行为。

（2）记账凭证

1）记账凭证的概念

记账凭证是根据原始凭证编制的，用作确定会计分录，据以直接登记账簿的会计凭证。

2）记账凭证的种类

记账凭证按其所反映的经济内容不同分为收款凭证、付款凭证和转账凭证。

收款凭证是指用于记录现金和银行存款收入业务的记账凭证。收款凭证根据有关现金和银行存款收入业务的原始凭证填制，是登记现金日记账、银行存款日记账以及有关明细账和总账等账簿的依据，也是出纳人员收讫款项的依据。收款凭证格式如图 2-5 所示。

收款凭证

借方科目：银行存款(或库存现金)　　　年　月　日　　　　银收（或现收）第　号

对方单位(或交款人)	摘要	贷方科目		金额									记账符号
		总账科目	明细科目	千	百	十	万	千	百	十	元	角	分	
合计金额														

会计主管：　　　　记账：　　　　复核：　　　　出纳：　　　　制证：

图 2-5　收款凭证的格式

付款凭证是用于记录库存现金和银行存款付款业务的记账凭证。付款凭证根据有关库存现金和银行存款支付业务的原始凭证填制，是登记库存现金日记账、银行存款日记账以及有关明细分类账和总分类账等账簿的依据，也是出纳人员支付款项的依据。付款凭证格式如图 2-6 所示。

转账凭证是指用于记录不涉及现金和银行存款业务的记账凭证。转账凭证根据有关转账业务的原始凭证填制，是登记有关明细账和总账等账簿的依据。转账凭证格式如图 2-7 所示。

付款凭证

贷方科目：银行存款(或库存现金)　　　　　年　　月　　日　　　　　　银付（或现付）第　　号

对方单位(或交款人)	摘要	借方科目		金额										记账符号
		总账科目	明细科目	千	百	十	万	千	百	十	元	角	分	
合计金额														

会计主管：　　　　　记账：　　　　　复核：　　　　　出纳：　　　　　制证：

图 2-6　付款凭证的格式

转账凭证

年　　月　　日　　　　　　　　　　　　　　　转账第　　号

摘要	借方科目		贷方科目		金额										记账符号
	总账科目	明细科目	总账科目	明细科目	千	百	十	万	千	百	十	元	角	分	
合计金额															

会计主管：　　　　　记账：　　　　　复核：　　　　　出纳：　　　　　制证：

图 2-7　转账凭证的格式

收款凭证、付款凭证、转账凭证的划分，有利于对不同经济业务进行分类管理，有利于经济业务的检查，但工作量较大，适用于规模较大、收付款业务较多的单位。对于经济业务较简单、规模较小、收付款业务较少的单位，还可采用通用记账凭证来记录所有经济业务。采用通用记账凭证不再区分收款、付款及转账业务，而是将所有经济业务统一编号，在同一格式的凭证中进行记录。通用记账凭证的格式与转账凭证基本相同。

3）记账凭证的基本内容

记账凭证的重要作用是将审核无误的原始凭证中所载有的原始数据，通过运用账户和复式记账系统编制会计分录，转换为会计账簿所能接受的专有语言，从而成为登记账簿的直接依据，完成第一次会计确认。因此，作为登记账簿直接依据的记账凭证，虽然种类不同，格式各异，但一般都具备以下的基本内容。

① 记账凭证的名称。如"收款凭证""付款凭证""转账凭证"等。

② 记账凭证的填制日期。一般用年、月、日表示，要注意的是记账凭证的填制日期不一定就是经济业务发生的日期。

③ 记账凭证的编号。

④ 经济业务的内容摘要。

⑤ 经济业务所涉及的会计科目及金额。

⑥ 所附原始凭证的张数。

⑦ 会计主管、记账、审核、出纳、制单等有关人员的签字盖章。收款凭证和付款凭证还应有出纳人员的签名或盖章。

4) 记账凭证的填制要求

各种记账凭证的填制，除按原始凭证的填制要求填制外，还应严格遵循以下要求。

① 摘要简明。记账凭证的摘要应用简明扼要的语言，概括出经济业务的主要内容。既要防止简而不明，又要避免过于烦琐。为了满足登记明细分类账的需要，对不同性质的账户，其摘要填写应有所区别。

② 科目运用准确。必须按会计制度统一规定的会计科目填写，不得任意简化或改动，不得只写科目编号，不写科目名称；同时，二级和明细科目也要填列齐全。应"借"、应"贷"的记账方向和账户对应关系必须清楚。

③ 连续编号。采用通用记账凭证，可按全部经济业务发生的先后顺序编号，每月从第1号编起；采用专用记账凭证，可按凭证类别分类编号，每月从收字第1号、付字第1号和转字第1号编起。若一笔经济业务需填制多张记账凭证，可采用"分数编号法"，即按该项经济业务的记账凭证数量编列分号，每月月末最后一张记账凭证的编号旁边要加注"全"字，以免凭证散失。

④ 附件齐全。记账凭证所附的原始凭证必须完整无缺，并在凭证上注明所附原始凭证的张数，以便核对摘要及所编会计分录是否正确无误。若两张或两张以上的记账凭证依据同一原始凭证编制，则应在未附原始凭证的记账凭证上注明"原始凭证×张，附于×年×月第×号凭证之后"，以便日后查阅。

5) 记账凭证的审核

正确地编制记账凭证是正确地进行会计处理的前提，所以，记账凭证填制完成以后，必须由会计主管人员或其他指定人员进行严格审核。因此，为了正确地登记账簿和监督经济业务，除了在记账凭证的编制过程中，有关人员应认真负责、正确填制、加强自审之外，还要对记账凭证建立综合审核制度。严格地说，记账凭证的审核同原始凭证一样，共同组成会计确认的一个环节，都是在会计账簿上正式加以记录之前的必要步骤。在记账凭证的审核过程中，如果发现了差错，应查明原因，按照规定的办法及时处理和更正，并由更正人员在更正处签章。只有经过审核无误的记账凭证，才能作为登记账簿的直接依据。

2.4 会计账簿

2.4.1 会计账簿的概念与基本内容

会计账簿简称账簿，是由具有一定格式、相互联系的账页组成的，以会计凭证为依据，用于全面、系统、连续、科学地记录各项经济业务的簿籍。账簿的基本单位是账页，相互联系的账页集合构成了账簿。会计账簿基本内容如表2-6所列。

表 2-6　会计账簿基本内容

项目	具体内容
封面	主要用来表明账簿的名称，比如库存现金日记账、银行存款日记账、各种明细分类账
扉页	主要用来列示会计账簿的使用信息，如科目索引、账簿启用和经管人员一览表
账页	是会计账簿用来记录经济业务的主要载体，包括账户名称、日期栏、凭证种类和编号栏、摘要栏、金额栏，以及总页次和分页次

在整个会计核算体系中，会计账簿起着中心环节的作用：一方面，它与会计凭证相关，要把会计凭证上的信息转移到账簿中来；另一方面，它又与财务报表相关，报表上的项目及数据也都来自会计账簿。因此，会计账簿起着承前启后的作用。会计账簿是会计信息的主要载体，它能够把大量分散的会计信息进行分类处理，然后再把已经分类的信息进行整理和汇总，从而对独立的各项交易和事项进行全面、连续、系统的反映，进而向管理者提供必要的信息。设置会计账簿，可以为编制财务报告提供依据。另外，账簿里所承载的信息还是进行会计检查的必要基础，通过对账户信息的筛查，审计人员可以找出企业是否执行了国家的相关政策和法规，是否执行了统一的会计制度，是否合理使用了资金，费用开支是否符合标准等。

设置会计账簿，可以为企业内部考核和评价提供依据。会计账簿全面、系统地对企业会计信息进行了分类，这样就给管理者提供了必要的有关每个内部单位的财务信息。管理者可以使用这些信息对内部各有关单位进行审查，从而为其业绩考核和评价提供依据。

2.4.2　会计账簿的种类

会计账簿的种类很多，不同类别的会计账簿可以提供不同的信息，满足不同的需要。会计账簿的具体分类如图 2-8 所示。

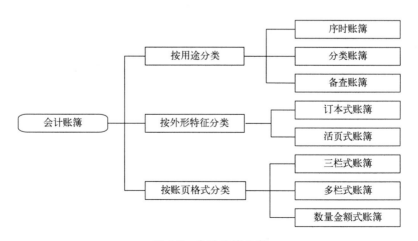

图 2-8　会计账簿分类

(1) 序时账簿

序时账簿是指按照经济业务发生或完成时间的先后顺序，逐日逐笔登记经济业务的账簿，亦称日记账。按其登记内容的不同，日记账又分为普通日记账和特种日记账两种。普通日记账是将各企业单位全部经济业务不分类别，依照业务发生时间顺序逐笔登记的日记账。特种日记账是用来专门登记某一类经济业务发生情况的日记账。为了避免重复，设置普通日记账的单位，一般情况下不再单独设置特种日记账；但是，在绝大多数情况下，各个单位只对现金和银行存款的收付业务，设置库存现金日记账和银行存款日记账进行登记，以便加强对货币资金的管理。普通日记账（表2-7）没有专门用途，是根据时间先后顺序，对企业发生的全部经济业务进行全面记录的账簿。

表 2-7 普通日记账

年		凭证编号	摘要	账户名称	记账	借方	贷方
月	日						

(2) 分类账簿

分类账簿是对全部经济业务事项按照会计要素的具体类别而设置的分类账户进行登记的账簿。分类账簿按其提供核算指标的详细程度不同，又分为总分类账和明细分类账。总分类账是根据总分类科目开设账户，用来登记全部经济业务，进行总分类核算，提供总括核算资料的分类账簿。明细分类账是根据明细分类科目开设账户，用来登记某一类经济业务，进行明细分类核算，提供明细核算资料的分类账簿。总分类账对所属明细分类账起统驭作用，明细分类账对总分类账进行补充和说明。

(3) 备查账簿

备查账簿也称辅助账簿，是指用来对某些在序时账簿和分类账簿等主要账簿中未能登记的事项或记载不全的经济业务，进行补充登记的账簿，亦称备查登记簿。它可以为某经济业务提供必要的参考资料，如租入固定资产登记簿、委托加工材料登记簿等。备查账簿由各单位根据需要自行设置。

(4) 订本式账簿

订本式账簿是在启用前将编有顺序页码的一定数量账页装订成册的账簿。这种账簿一般适用于重要的和具有统驭性的总分类账、现金日记账和银行存款日记账。它的优点是：可以避免账页散失，防止账页被抽换，因而比较安全。缺点是：同一账簿在同一时间只能由一人登记，这样不便于会计人员分工协作记账，也不便于计算机打印记账。

(5) 活页式账簿

活页式账簿是指由若干零散的具有专门格式的账页组成的账簿，亦称活页账。其特点是在启用之前不能固定地装订在一起，年终时才装订成册。活页式账簿的优点是，可以根据实际需要增减账页，不会浪费账页，还便于同时分工记账。其缺点是账页容易散失和被抽换。为了防止散失和被抽换，空白账页使用时必须编号，安置在账夹内或临时装订成册，并由有关人员在账页上盖章；到一定时期（如1年）记账告一段落后，将所有账页加以汇总装订，然后才编列账簿号数，以便保存。活页式账簿一般适用于明细分类账。

（6）三栏式账簿

三栏式账簿是指其账页格式设有"借方""贷方"和"余额"三个金额栏的账簿。一般适用于只进行金额核算的资本、债权、债务明细账，如总账、库存现金日记账、银行存款日记账以及债权债务明细账等。三栏式账页的格式，以银行存款总分类账为例，如表 2-8 所列。

表 2-8 银行存款总分类账

年		凭证编号	摘要	借方	贷方	借或贷	余额
月	日						

（7）多栏式账簿

多栏式账簿是指在账簿的两个基本栏目"借方"和"贷方"按照需要分设若干个专栏的账簿，反映借、贷方金额的组成情况。多栏式账簿一般适用于收入、成本、费用、利润和利润分配明细账，如"管理费用""营业外收入""应交税费"等账户的明细分类核算。具体格式如表 2-9～表 2-11 所列。

表 2-9 管理费用明细账（借方多栏式）

年		凭证编号	摘要	借方							贷方	余额
月	日			工资及福利费	机械使用费	消耗材料	低值易耗品	办公费	水电费	合计		

表 2-10 营业外收入明细账（贷方多栏式）

年		凭证编号	摘要	贷方						借方	余额
月	日			处置非流动资产利得	非货币性资产交换利得	债务重组利得	罚没利得	政府补助利得	合计		

表 2-11　应交税费——应交增值税明细账（借贷方多栏式）

年		凭证编号	摘要	借方			贷方				余额
月	日			合计	进项税额	已交税额	合计	销项税额	出口退税	进项税额转出	

（8）数量金额式账簿

数量金额式账簿是指在账簿账页的借方、贷方和余额三大栏内，又分别设置了数量、单价、金额三个小栏的账簿。原材料、库存商品等明细账一般采用数量金额式账簿。具体格式如表 2-12 所列。

表 2-12　原材料明细账

类别：　　　　　　　　存放地点：　　　　　　　　品名或规格：
计量单位：　　　　　　金额单位：　　　　　　　　储备定额：　　　　　　编号：

年		凭证编号	摘要	借方			贷方			余额		
月	日			数量	单价	金额	数量	单价	金额	数量	单价	金额

2.4.3　会计账簿的格式与登记方法

会计账簿的设置原则有：按照《会计法》和国家的统一规定设置，企业发生的各项经济业务应当依法在账簿上进行登记和核算，企业不得违反国家统一的会计制度，少设或多设会计账簿；按照会计业务的需要设置，会计账簿的设置要符合企业特点和管理的要求；在设置时，既要防止账簿设置的重叠，又要防止过于繁复或简化，总账和明细账的设置更要清楚、明晰。

各种账簿一般都需要具备封面、扉页和账页。封面（含封底）对账页起到一定的保护作用，封面上一般要写明账簿的名称（如"银行存款日记账""应收账款总账""在途物资明细账"等）和记账单位的名称。账簿的扉页是很重要的组成部分，主要包括账户目录和账簿启用及经管人员表等。账页是账簿最重要的组成部分，是账簿记录的主体。账页的基本内容包括账户的名称、记账日期（包括年、月、日）、凭证种类和号数栏、摘要栏、金额栏（借方、贷方、余额）以及页次（包括总页次和分户页次）等。

（1）日记账的格式与登记方法

日记账是按照经济业务发生或完成的时间先后顺序逐日、逐笔进行登记的账簿，设置日记账的目的是使经济业务的时间顺序清晰地反映在账簿中。日记账按其核算和监督经济业务的范围，可分为特种日记账和普通日记账。在我国，大多数企业只设置现金日记账和银行存款日记账。日记账的登记格式与方法如表 2-13 所列。

表 2-13　日记账的登记格式与方法

账簿名称	账簿分类	登记方法
日记账	库存现金日记账	①三栏式库存现金日记账由出纳人员根据库存现金收款凭证、库存现金付款凭证，按照业务发生时间的先后顺序逐日逐笔登记。②每日终了，结出收支合计和余额，与库存现金核对库存现金日记账
	银行存款日记账	①银行存款日记账应按企业在银行开立的账户和币种分别设置，每个银行账户设置一本日记账。由出纳人员根据与银行存款收付业务有关的记账凭证，按时间先后顺序逐日逐笔进行登记。②每日结出存款余额

库存现金日记账的登记如表 2-14 所列。

表 2-14　库存现金日记账（三栏式）　　　　　单位：元

2023 年		凭证编号	摘要	对方科目	收入	支出	结余
月	日						
6	1		月初余额				30 000
	5	现收 1	李某归还借款	其他应收款	5 000		35 000
	8	银付 1	从银行提取现金	银行存款	15 000		50 000
	5	现付 1	支付材料费	直接材料费用		20 000	30 000
6	30	现收 15	收到销售材料款	其他业务收入	18 000		48 000
6	30		本月合计		38 000	20 000	48 000

银行存款日记账的登记如表 2-15 所列。

表 2-15　银行存款日记账（三栏式）　　　　　单位：元

2023 年		凭证编号	摘要	结算凭证		对方科目	收入	支出	余额
月	日			种类	号数				
6	1		月初余额						360 000
6	2	银收 1	预收工程备料款	转账支票	300156	预收账款	140 000		500 000

续表

2023年		凭证编号	摘要	结算凭证		对方科目	收入	支出	余额
月	日			种类	号数				
6	8	银付1	提取现金	现金支票	106345	库存现金		30 000	470 000
6	16	银付2	预付分包单位备料款	转账支票	203654	预付账款		70 000	400 000
6	30	银收20	收到工程价款	转账支票	300864	应收账款	185 000		585 000
6	30		本月合计				325 000	100 000	585 000

(2) 明细分类账的登记格式与方法

明细分类账是根据有关明细分类账设置并登记的账簿。它能提供交易或事项较详细、具体的核算资料，并补充总账所提供核算资料的不足，因此，各企业单位设置总账的同时，还应设置必要的明细账。明细分类账一般采用活页式账簿。明细分类账常用格式主要有三栏式、多栏式、数量金额式、横线登记式4种类型。

三栏式账簿是设置借方、贷方和余额三个基本栏目的账簿。各种日记账、总分类账户以及资本、债权、债务明细账都可以采用三栏式账簿。三栏式明细账的登记如表2-16所列。

表2-16 应付账款明细账

明细科目：A公司　　　　　　　　　　　　　　　　　　　　　　　　　单位：元

2023年		凭证编号	摘要	借方	贷方	借或贷	余额
月	日						
8	1		月初余额			贷	80 000
	5	略	偿还借款	40 000		贷	40 000
	8		赊购材料欠款		50 000	贷	90 000
8	31		本月合计	40 000	50 000	贷	90 000

多栏式账簿是在账簿的两个基本栏目借方、贷方或借方和贷方按需要分设若干专栏的账簿。如多栏式日记账、多栏式明细账。但是，专栏设在借方，还是设在贷方，或是两方同时设专栏，设多少栏，则根据需要确定。收入、费用明细账一般采用这种格式的账簿。以借方多栏式为例说明多栏式明细账的登记如表2-17所列。

表2-17 管理费用明细账（借方多栏式）　　　　　　　　　　　　　单位：元

2023年		凭证编号	摘要	借方						贷方	余额
月	日			工资及福利费	消耗材料	低值易耗品	办公费	水电费	折旧及修理费	合计		
8	1	略	购买办公用品				400			400		

续表

2023年		凭证编号	摘要	借方							贷方	余额
月	日			工资及福利费	消耗材料	低值易耗品	办公费	水电费	折旧及修理费	合计		
	3		摊销低值易耗品			700				700		
	8		消耗材料		5 000					5 000		
	12		水电费					2 500		2 500		
	25		工资费用	80 000						80 000		
	28		计提折旧						3 000	3 000		
	31		本月合计	80 000	5 000	700	400	2 500	3 000	91 600		

数量金额式账簿的借方、贷方和余额三个栏目内，需设数量、单价、金额三栏，用以反映财产物资的实物数量和价值量。如原材料、库存商品等明细账一般都采用数量金额式账簿。数量金额式明细账如表2-18所列。

表2-18 原材料明细账（数量金额式）

类别：水泥　　　　　　　存放地点：　　　　　　　品名或规格：
计量单位：t　　　　　　金额单位：元　　　　　　储备定额：　　　　　　编号：

20××年		凭证编号	摘要	借方			贷方			余额		
月	日			数量	单价	金额	数量	单价	金额	数量	单价	金额
8	1		期初余额							2 000	100	200 000
	3	1	购入	500	100	50 000				2 500	100	250 000
	10	3	工程领用				1 500	100	150 000	1 000	100	100 000
	15	4	购入	700	100	70 000				1 700	100	170 000
8	31		本月合计	1 200	100	120 000	1 500	100	150 000	1 700	100	170 000

（3）会计账簿的登记规则

为了保证账簿记录的正确性，必须根据审核无误的会计凭证登记会计账簿，并符合下列要求。

① 登记账簿时，应当将会计凭证日期、编号、业务内容摘要、金额和其他有关资料逐项记入账内，做到数字准确、摘要清楚、登记及时、字迹工整。

② 登记完毕后，要在记账凭证上签名或者盖章，并注明已经登账的符号，表示已经记账。

③ 账簿书写的文字和数字上面适当留有空格，不要写满格，一般应占格距的1/2。

④ 登记账簿要用蓝墨水或者碳素墨水书写，不得使用圆珠笔（银行的复写账簿除外）或者铅笔书写。

⑤ 特殊记账可以用红墨水，包括：按照红字冲账的记账凭证，冲销错误记录；在不设借贷等栏的多栏式账页中登记减少数；在三栏式账户的余额栏前，如未印明余额方向的，在余额栏内登记负数余额；根据国家统一会计制度的规定可以用红字登记的其他会计记录。

⑥ 各种账簿按页次顺序连续登记，不得跳行、隔页。如果发生跳行、隔页，应当将空行、空页画线注销，或者注明"此行空白""此页空白"字样，并由记账人员签名或盖章。

⑦ 凡需要结出余额的账户，结出余额后，应当在"借或贷"等栏内写明"借"或者"贷"字样。没有余额的账户，应当在"借或贷"等栏内写"平"字，并在余额栏内用"0"表示。库存现金日记账和银行存款日记账必须逐日结出余额。

⑧ 每一账页登记完毕结转下页时，应当结出本页合计数及余额，写在本页最后一行和下页第一行有关栏内，并在摘要栏内注明"过次页"和"承前页"字样；也可以将本页合计数及金额只写在下页第一行有关栏内，并在摘要内注明"承前页"字样。

对需要结计本月发生额的账户，结计"过次页"的本页合计数应当为自本月初起至本页末止的发生额合计数；对需要结计本年累计发生额的账户，结计"过次页"的本页合计数应当为自年初起至本页末止的累计数；对既不需要结计本月发生额也不需要结计本年累计发生额的账户，可以只将每页末的余额结转次页。

⑨ 账簿记录发生错误，不准涂改、挖补、刮擦或者用药水消除字迹，不准重新抄写，必须按照规定的错账更正方法进行更正。

实行会计电算化的单位应定期打印总账和明细账，如发生收款和付款业务的，在输入收款凭证和付款凭证的当天必须打印出库存现金日记账和银行存款日记账，并与库存现金核对无误。

2.4.4 结账与对账

（1）结账

1）结账的含义

结账就是把一定时期内所发生的经济业务，在全部登记入账的基础上，结算出每个账户的本期发生额和期末余额，并将期末余额转入下期或下年新账（期末余额结转到下期即为下期期初余额）。根据会计分期的不同，结账工作相应地可以在月末、季末、年末进行，但不能为减少本期的工作量而提前结账，也不能将本期的会计业务推迟到下期或编制报表之后再进行结账。对资产、负债和所有者权益等实账户可以在会计期末直接结账，而对那些收入、费用等虚账户，因为它们在结账前应按权责发生制要求先进行调整，所以，应在调整之后再结账。权责发生制要求以应收和应付为标准确认本期收入和费用，即凡是属于本期应该赚取的收入或发生的费用，不论款项是否收到或付出，均应作为本期的收入和费用入账；反之，凡是不属于本期应该赚取的收入或发生的费用，即使款项在本期收到或支付，也不应作为本期的收入或费用入账。根据权责发生制，只有将企业发生的收入和费用按照会计期间正确划分其归属后，才能真实反映企业本期的财务状况和经营成果。

为了保证结账工作的顺利进行，结账前应该做好一些准备工作，具体包括检查凭证和账簿的正确性、进行相应的账项调整，如收入的确认、成本的结转等。简单地说，结账工作主要由两部分构成：一是结出总分类账和明细分类账的本期发生额和期末余额（包括本期累计发生额），并将余额在本期和下期之间进行结转；二是损益类账户，即收入、成本费用类账户的结转，并计算本期利润或亏损（利润的确定一般在年结时进行）。

结账有利于企业管理者定期总结生产经营情况，对不同会计期间的数据资料进行比较分析，以便发现问题，采取措施及时解决；结账也有利于编制报表，提供报表所需的数据资料，满足与企业有利益关系的投资者、债权人作出正确的投资决策，满足国家的宏观调控要求。另外，企业因撤销、合并而办理账务交接时，也需要办理结账手续。

2）结账的步骤

① 检查结账日止以前所发生的全部经济业务是否都已经登记入账。检查账簿记录的完整性和正确性，不能漏记、重记每一项经济业务，也不能有错误的记账分录。值得注意的是，各种收入和费用应该按照权责发生制的要求进行处理。

② 编制结账分录。在有关经济业务都已经登记入账的基础上，要将各种收入、费用等账户的余额进行结转，编制各种转账分录，结转到利润账户，再编制利润分配的分录。

③ 计算发生额和余额。计算出各账户的发生额和余额，并进行结转，最终计算出资产、负债和所有者权益类账户的本期发生额和余额。

3）结账的方法

结账分为月结、季结和年结三种。

① 月度结账时，应该结出本月借、贷双方的月内发生额和期末余额，在摘要栏内注明"本期发生额及期末余额"，同时，在"本期发生额及期末余额"行的上、下端各画一条红线，表示账簿记录已经结束。

② 季度结账应在本季度最后一个月的结账数字的红线下边一行，把本季度三个月的借、贷双方月结数汇总，并在摘要栏内注明"本季发生额合计及季末余额"，同样在数字下端画一条红线。

③ 年度结账时，应将四个季度的借、贷双方季结加以汇总，在摘要栏内注明"本年发生额及年末余额"，并在数字下端画双红线，表示本年度账簿记录已经结束。年度结账后，各账户的年末余额应转入下年度的新账簿。

（2）对账

所谓对账，就是核对账目，是对账簿记录的正确与否进行的核对工作。通过对账，保证各种账簿记录的正确、真实、完整。会计对账工作的主要内容包括以下几点。

1）账证核对

账证核对是指将各种账簿记录与会计凭证进行核对。这种核对主要在日常编制凭证和记账过程中进行。必要时，也可以采用抽查核对和目标核对的方法进行。核对的重点是凭证所记载的业务内容、金额和分录是否与账簿中的记录一致。若发现差错，应重新对账簿记录和会计凭证进行复核，直到查出错误的原因为止，以保证账证相符。

2）账账核对

账账核对是对各种账簿之间的有关数字进行核对。账账核对包括以下内容。

① 总分类账各账户的借方期末余额合计数与贷方期末余额合计数核对相符。

② 明细分类账各账户的余额合计数与有关的总分类账的余额核对相符。

③ 日记账的余额与总分类账各账户的余额核对相符。

④ 会计部门各种财产物资明细分类账的期末余额与保管或使用部门的财产物资明细分类账的期末余额核对相符。

⑤ 本单位会计部门有关账簿的发生额和余额应该与外单位相应账簿的发生额和余额核对相符。

3）账实核对

账实核对就是将账面数字和实际的物资、款项进行核对。账实核对包括库存现金日记账账面余额与库存现金实有数相互核对；银行存款日记账账面余额与开户银行出具的银行对账单相互核对；各种材料物资明细账账面余额与材料物资实存数额相互核对；各种应收、应付款项明细账账面余额与有关的债权、债务单位相互核对。保证账实相符，一般通过财产清查来进行。

4）账表核对

账表核对是指将账簿记录与各种会计报表相互核对。

通过上述的对账工作，就能做到账证相符、账账相符、账实相符和账表相符，使会计核算资料真实、正确、可靠。

2.5 财产清查概述

2.5.1 财产清查的概念

财产清查就是根据账簿记录，对企业的货币资金、存货、固定资产、债权债务、票据等的盘点或核对，查明各项财产的实存数与账面结存数是否相符的一种方法。财产清查不但是会计核算的一种专门方法，也是财产管理的一项重要制度。准确反映财产物资和债权债务的真实情况，是会计核算的基本准则，也是经济管理对会计核算的客观要求。

实际工作中，即使通过加强会计凭证的日常审核，定期进行账证和账账核对，也难以保证各项财产物资的账存数同实存数不发生差异。造成差异的原因，可能有以下几个方面。

① 收发物资时，因经办人疏忽，发生计量、检验不准，引起品种、数量、质量的差错。

② 物资收入、发出时，漏办或重办入账手续，或入账时计算、登记发生差错。

③ 财产物资在保管中，发生自然损溢。

④ 财产物资保管不善或工作人员失职，发生财产物资损失、短缺。

⑤ 不法分子营私舞弊、贪污盗窃，发生财产物资的损失。

⑥ 发生人力不可抗拒的自然灾害和战争等的意外损失。

2.5.2 财产清查的种类

财产清查是在一定范围和时间、地点进行的，为了合理地组织和安排财产清查，规范使用财产清查方法，必须对财产清查进行科学的分类。财产清查可以按不同的标准进行分类。

（1）按被清查的对象和范围分类

1）全面清查

全面清查是指对属于本企业或存放在本企业的所有财产物资进行清查。

全面清查涉及企业的全部财产，包括货币资金及有价证券、存货、固定资产、债权债务等，因而，全面清查具有清查范围广泛、工作量庞大、清查时间较长、涉及人员较多等特点。为了不影响企业的正常生产经营活动，需要进行全面清查的情况通常包括以下几种。

① 年终决算之前。

② 企业破产、撤销、合并、资产重组或改变隶属关系前。

③ 企业股份制改制前。

④ 开展全面的资产评估、清产核资前。

⑤ 单位主要领导调离工作或离任前等。

2）局部清查

局部清查是指根据需要对企业的部分财产物资进行盘点与核对。局部清查主要针对重要财产和流动性较大的财产，具有清查范围较小、工作量不大、涉及的人员也较少等特点。局部清查一般在符合以下几种情况下进行。

① 对流动性较大的物资，如原材料、在产品、产成品（或库存商品）等，除了年度清查外，年内还要轮流盘点、抽查。

② 对于贵重物资，每月都应清查盘点一次。

③ 对于库存现金，每日终了时，应由出纳人员自行清点，主管人员随时进行抽查。

④ 对于银行存款和银行借款，每月要同银行核对一次。

⑤ 对于债权、债务等，每年至少要核对1～2次。

（2）按清查的时间分类

1）定期清查

定期清查就是按照预先计划安排的时间，对财产物资进行的清查，它既可以是全面清查，也可以是局部清查。一般年末进行全面清查，季末或月进行局部清查。

2）不定期清查

不定期清查是指事先没有计划安排，而是根据临时需要进行的清查。

不定期清查同样既可以是全面清查，也可以是局部清查。不定期清查主要在以下几种情况下进行。

① 更换财产物资和现金保管人员时，便于分清经济责任。

② 上级主管部门和财政及审计部门要对本单位进行会计检查时，以验证会计资料真实性、准确性以及有无违纪违法行为。

③ 作抵押贷款标的物，受理银行或金融机构需要核查时。

④ 发生战争或自然灾害和意外损失时，以查明损失情况。

⑤ 按照董事会要求临时性需要清查时等。不定期清查的目的主要是验证会计资料的真实性，是否存在违法违纪行为。

(3) 按清查的执行单位分类

1) 内部清查

内部清查是指本企业内部自行组织清查工作小组所进行的财产清查工作，大多数财产清查属于内部清查。

2) 外部清查

外部清查是指外部有关单位，如上级主管部门、审计机关、司法部门注册会计师等，根据国家有关规定或情况需要对本企业所进行的财产清查，一般情况下，进行外部清查时应有本企业内部相关人员参加。

2.5.3 财产物资的盘存制度

财产物资的盘存制度是指在日常会计核算中采用什么方法确定各项财产物资的盘存数的制度。企业对财产物资的盘存制度通常有实地盘存制和永续盘存制。

(1) 实地盘存制

实地盘存是在期末通过盘点实物，来确定存货的数量，并据以计算出期末存货成本和本期发出存货成本的一种存货盘存制。采用这种方法，平时只根据会计凭证在账簿中登记财产物资的增加数，不登记减少数，到月末，对各项财产物资进行盘点，根据实地盘点确定的实存数，倒挤出本月各项财产物资的减少数，再登记有关账簿。所以，每月末对各项财产物资进行实地盘点的结果，是计算、确定本月财产物资减少数的依据。实地盘存制下本期发出的存货数量和成本的计算公式如下。

本期发出存货数量＝期初存货结存数量＋本期增加存货数量－期末存货结存数量

本期发出存货金额＝期初存货结存金额＋本期增加存货金额－期末存货结存金额

实地盘存制的优点：不需要每天记录存货的发出和结存数量，可以简化日常核算工作。

实地盘存制的缺点：核算手续不严密，不能通过账簿随时反映和监督各项存货的增加、减少和结余情况；倒挤出的销售或耗用成本不一定符合实际情况，可能还包括一部分毁损、差错、盗窃或丢失等，因而不利于发挥账簿记录对存货的控制作用，不利于加强存货的管理和保护财产的安全。

实地盘存制一般只适用于一些价值低、品种杂、进出频繁的材料物资，以及数量不稳定、损耗大且难以控制的鲜活商品，其他存货一般不宜采用实地盘存制。

(2) 永续盘存制

永续盘存制也称账面盘存制，是平时对企业单位各项财产物资分别设立明细账，根据会计凭证连续记载其增减变化并随时结出余额的一种管理制度。这种盘存制度能从账簿资料中及时反映企业各项财产物资的结存数额，为及时掌握企业的财产增减变动情况和余额提供可靠依据，以便加强对财产物资的管理。永续盘存制下期末存货结存的计算公式如下。

期末存货结存数量＝期初存货结存数量＋本期增加存货数量－本期发出存货数量

期末存货结存金额＝期初存货结存金额＋本期增加存货金额－本期发出存货金额

永续盘存制的优点：通过存货明细账，可以随时掌握存货的收入、发出和结存情况，并能进行数量和金额的双重控制,有利于加强存货管理;明细账的结存数量,可以与实际盘存数进行核对,如发生盘盈、盘亏现象可查明原因,及时纠正;明细账上的结存数,可以随时与预定的最高和最低库存限额进行比较,取得库存积压和不足的信息,从而有利于管理者采取相应对策。

与实地盘存制相比,永续盘存制能更好地控制和保护财产物资的安全完整,因此在实际工作中,除少数特殊情况外,一般都应采用永续盘存制。

2.5.4 货币资金的清查方法

(1) 库存现金的清查

库存现金的清查采用实地盘点法,即通过点数确定库存现金的实有数额。在做到库存现金日记账与总分类账账账相符的前提下,与库存现金日记账的账面余额进行核对。若实有余额大于库存现金日记账账面余额,为现金溢余数,反之为短缺数,凡现金出现溢余或短缺都要说明原因。将库存现金盘点情况填入库存现金盘点报告表内,该表是重要的原始凭证,既是库存现金的盘存单,也是实存账存对比表,如表2-19所列。

表2-19 库存现金盘点报告表

单位名称:　　　　　　　　　　　　　　　　　　　　　　　　　年　月　日

实存金额	账存金额	清查结果		备注
		盘盈(长款)	盘亏(短款)	

盘点人签章:　　　　　　　　　　　　　　　　　　　　　出纳员签章:

库存现金盘点必须有出纳员在场,并同盘点人一起在库存现金报告表上签字。库存现金盘点时,还应注意清查有无白条抵充现金、超过库存限额等情况,发现此类情况应在备注栏内注明。现金的清查方法也适用于对各种有价证券的清查。

(2) 银行存款的清查

银行存款的清查,与实物、现金的清查方法不同,它采用的是账目核对法,即采用与开户银行核对账目的方法来进行。其具体做法是:在同银行核对账目之前,先仔细检查企业银行存款日记账的正确性、完整性,然后根据银行送来的对账单,逐笔核对。银行对账单尽管全部记录了本单位存款的收、支和结余额,但是银行对账单上的存款余额与企业银行存款日记账上的存款余额,即使双方记账无差错,也往往会出现账面记录不一致的情况。这种差异,可能是由未达账项造成的。

未达账项是指由于双方收付款结算凭证的传递和双方入账时间的不同,所出现的一方已经入账,而另一方尚未记账的款项。未达账项总体来说有两大类型:一是企业已经入账而银行尚未入账的款项;二是银行已经入账而企业尚未入账的款项。具体来讲有以下4种情况。

① 企业已经收款入账,银行未收款入账的款项。

② 企业已经付款入账,银行未付款入账的款项。

③ 银行已经收款入账，企业未收款入账的款项。
④ 银行已经付款入账，企业未付款入账的款项。

上述任何一种未达账项存在，都会使企业银行存款日记账余额与银行转来的对账单的余额不符。在与银行对账时，应首先查明有无未达账项，如果存在未达账项，可编制银行存款余额调节表。银行存款余额调节表的编制应在企业银行存款日记账余额和银行对账单余额的基础上，分别加减未达账项，调整后的双方余额应该相符，并且是企业当时实际可以动用的款项。其计算公式如下：

企业银行存款日记账余额＋银行已收企业未收款项－银行已付企业未付款项＝
银行对账单余额＋企业已收银行未收款项－企业已付银行未付款项

【例 2-1】甲建筑施工企业 2023 年 3 月 31 日银行存款日记账的余额为 130 800 元，而银行转来的对账单的余额为 82 900 元，经过逐笔核对发现有以下未达账项：

① 3 月 29 日，企业委托银行代收的款项 164 050 元，银行已经收妥入账，企业尚未接到银行的收款通知；

② 3 月 29 日，企业因采购材料开出转账支票 159 950 元，持票人尚未到银行办理转账；

③ 3 月 30 日，企业销售商品并收到转账支票，列明金额 360 200 元，银行尚未入账；

④ 3 月 31 日，银行代企业支付某项公用事业费用 11 700 元，企业尚未接到银行的付款通知。

要求：编制银行存款余额调节表。

【解】银行存款余额调节表如表 2-20 所列。

表 2-20　银行存款余额调节表

2023 年 3 月 31 日　　　　　　　　　　　　　　　　　　　　　　　　　　　单位：元

项目	金额	项目	金额
银行存款日记账余额	130 800	对账单余额	82 900
加：银行已收、企业未收	164 050	加：企业已收、银行未收	360 200
减：银行已付、企业未付	11 700	减：企业已付、银行未付	159 950
调节后的存款余额	283 150	调节后的存款余额	283 150

2.5.5　实物资产的清查方法

实物资产主要包括固定资产、存货等。实物资产的清查就是对实物资产在数量和质量上所进行的清查。由于实物资产的形态、体积、重量、码放方式等不相同，因而所采用的清查方法也不相同。常用的实物资产的清查方法主要有以下四种。

（1）实地盘点法

实地盘点法是指在实物资产堆放现场进行逐一清点数量或用计量仪器确定实存数的一种方法，如逐一清点有多少台机床，用秤计量库存了多少吨钢材等。这种方法适用范围广，要求严格，数字准确可靠，清查质量高，但工作量大。

(2) 技术推算盘点法

技术推算盘点法是指利用技术方法，例如量方计尺等，对实物资产的实存数进行推算的一种方法。一般适用于散装的、大量成堆且难以逐一过磅、点数的材料物资，可以在抽样盘点的基础上，进行技术推算，从而确定其实存数量，如煤、砂石、盐、化肥、饲料等的清查。

(3) 抽样盘存法

抽样盘存法是指采用抽取一定数量样品的方式对实物资产的实有数进行估算确定的一种方法。它一般适用于数量多、重量和体积比较均衡的实物资产的清查。

(4) 函证核对法

函证核对法是指通过向对方发函的方式对实物资产的实有数进行确定的一种方法。它一般适用于对委托外单位加工或保管的实物资产的清查。

2.5.6 往来款项的清查方法

往来款项的清查是指对各项债权、债务进行清查。各种结算往来款项的清查一般采用电函、信函或面询等方式，单位的应收、应付和预收、预付等款项，在财产清查中应区别情况，采用不同的方法加以核查，并根据查询结果，填制往来款项对账单（表 2-21），经过分析研究后做出处理。对账单应按明细账户设置，核对时将往来款项对账单（一式两份，其中一份作为回联单）寄送各经济往来单位，对方经核对相符后，在回联单上加盖公章寄回、表示已核对无误；如果经核对内容或数字不相符，对方应在回联单上注明情况，或抄附账单回复本单位，以进一步查明原因、再进行核对、直到相符为止。

表 2-21　往来款项对账单

××公司：
　　贵公司于××××年××月××日在我公司购入乙商品 30 件，货款 75 000 元尚未支付，请核对后将回联单寄回。

清查单位：（盖章）
年　月　日

　　如果核对相符，请在数据无误处盖章确认；如数据存在差异，请注明贵公司记载的金额，并沿此虚线剪开，将以下回联单寄回。

××清查单位：
　　贵单位寄来的"往来款项对账单"已收到，经核对与本公司财务记录相符。

××单位：（盖章）
年　月　日

收到对方单位回单后，要据此编制往来款项清查报告表（表 2-22），由清查人员和记账人员共同签名盖章，注明核对相符与不相符的款项，对不相符的款项按有争议、未达账项、无法收回等情况及时采取措施解决。

表 2-22 往来款项清查报告表

编制单位：　　　　　　　　　　　　　　年　月　日　　　　　　　　　　单位：

总分类账户	明细分类账户	账面余额	清查结果		核对不符原因		其他	备注
			核对相符金额	核对不符金额	未达账项金额	有争议款项金额		

清查人员签章：　　　　　　　　　　　　　　　　　　　　记账人员签章：

对于财产清查中所发现的各种差异以及对这些差异的处理，都应当及时调整有关的账簿记录，以达到账实相符。由于对财产清查中发现的盘盈、盘亏和毁损等情况，须按规定的程序报请有关机构审批才能处理，所以清查结果的账务处理应当按照下列两步进行。

① 在报请有关机构审批前，根据有关财产盈亏毁损报告表等原始凭证中所列明的财产盘盈、盘亏和毁损的数字，编制记账凭证，并据以登记有关账簿，以使各项财产的账存数与实存数保持一致。

② 有关机构审批后，根据发生差异的原因及批复意见，编制记账凭证，并据以登记入账。

需要说明的是，报请有关机构批准后，应当在期末结账前处理完毕。如在期末结账前尚未经批准的，应在对外提供财务会计报告时先按有关处理规定进行账务处理，并在财务报表附注中做出说明。如果其后批准处理的金额与已处理的金额不一致，应按其差额调整财务报表相关项目的年初数。

2.6 账务处理程序

2.6.1 账务处理程序概述

账务处理程序也称会计核算组织程序或会计核算形式，是指会计凭证、会计账簿、财务报表相结合的方式。该程序包括会计凭证和账簿的种类、格式；会计凭证与账簿之间的联系方法；由原始凭证到编制记账凭证、登记明细分类账和总分类账、编制财务报表的工作程序和方法等。会计凭证、会计账簿和财务报表是记录、储存和反映会计核算资料的三个主要环节。为了全面、连续、系统地反映和监督企业的经济业务，就有必要综合地运用各种会计核算方法，并把这些方法科学地、完善地结合在一起，建立一套科学的会计核算形式。在实际工作中，设置账户、填制和审核会计凭证、登记账簿和编制财务会计报表等会计方法都不是孤立运用的，而是以一定的形式相互联系、相互结合，组成了一个完整的会计方法体系。为使会计工作有条不紊地进行，确保账簿记录能及时地提供管理所需要的会计信息，就必须明确规定各种凭证、各种账簿和各种报表之间的衔接关系，并把它们有机地结合起来。

会计凭证、会计账簿、财务报表之间的结合方式不同，形成了不同的账务处理程序。不同的账务处理程序又有不同的方法、特点和适用范围。一个单位由于业务性质、规模大小和经济业务的繁简程度各异，其适用账务处理程序也不同。为了更好地反映和监督企业和行政、事业等单位的经济活动，为经济管理提供系统的核算资料，必须综合运用会计核算的专门方法，采用一定的账务处理程序，规定会计凭证、账簿及会计报表的种类和格式；规定各种凭证之间、各种账簿之间、各种报表之间的相互关联；规定各种凭证、账簿及各种报表之间的相互关系、填制方法和登记程序等。这是设计会计制度的一个重要内容。科学、合理地选择适用于本单位的账务处理程序，对于有效地组织会计核算具有重要意义。

2.6.2 账务处理程序的种类

目前，单位会计核算一般采用的主要账务处理程序有以下三种：记账凭证账务处理程序、汇总记账凭证账务处理程序和科目汇总表账务处理程序。以上三种账务处理程序既有共同点，又有各自的特点。其中，记账凭证账务处理程序是最基本的一种，其他账务处理程序都是由此发展、演变而来的。在实际工作中，单位可根据实际需要选择其中一种账务处理程序，也可以将多种账务处理程序的优点结合起来使用。

2.6.3 记账凭证账务处理程序

（1）记账凭证账务处理程序的概念

记账凭证账务处理程序是指对发生的经济业务，先根据原始凭证或汇总原始凭证填制记账凭证，再直接根据记账凭证登记总分类账的一种账务处理程序。记账凭证账务处理程序是最基本的账务处理程序，是其他账务处理程序的基础。记账凭证账务处理程序下，在记账凭证选用方面，可以采用收款凭证、付款凭证和转账凭证，也可以选择通用记账凭证。在会计账簿的设置方面，需要设置库存现金日记账、银行存款日记账、有关总分类账和明细分类账。现金日记账和银行存款日记账一般采用三栏式账簿；明细分类账可以分别采用三栏式、多栏式和数量金额式账簿；总分类账一般采用三栏式账簿。

（2）记账凭证账务处理程序的一般步骤

① 根据原始凭证填制汇总原始凭证。

② 根据原始凭证或汇总原始凭证填制收款凭证、付款凭证和转账凭证，也可以填制通用记账凭证。

③ 根据记账凭证逐笔登记现金日记账和银行存款日记账。

④ 根据原始凭证、汇总原始凭证和记账凭证登记各种明细分类账。

⑤ 根据记账凭证逐笔登记总分类账。

⑥ 期末，将现金日记账、银行存款日记账和明细分类账的余额与有关总分类账的余额核对直至相符。

⑦ 期末，根据总分类账和明细分类账的记录编制财务报表。

(3) 记账凭证账务处理程序的优缺点及适用范围

1) 记账凭证账务处理程序的优点

在记账凭证上能够清晰地反映账户之间的对应关系。在记账凭证账务处理程序下，所采用的是专用记账凭证或通用记账凭证，当一笔经济业务发生以后，利用一张记账凭证就可以编制出该笔经济业务的完整会计分录，涉及几个会计科目（账户的名称）就填写几个会计科目。因而，在记账凭证上，账户之间的对应关系一目了然、简单明了、易于理解，总分类账可以较详细地反映交易或重要的发生情况，便于查账、对账。

2) 记账凭证账务处理程序的缺点

总分类账登记工作量过大。对发生的每一笔经济业务都要根据记账凭证逐笔地在总分类账中进行登记，实际上与登记日记账和明细分类账的做法一样，是一种简单的重复登记，势必要增大登记总分类账的工作量，特别是在经济业务量比较多的情况下更是如此。账页耗用多，预留账页多少难以把握。在业务较多的情况下，登记总分类账的工作量较大。

3) 记账凭证账务处理程序的适用范围

记账凭证账务处理程序一般只适用于规模较小、经济业务量比较少、会计凭证不多的单位。

2.6.4 汇总记账凭证账务处理程序

(1) 汇总记账凭证账务处理程序的概念

汇总记账凭证账务处理程序是指先根据原始凭证或汇总原始凭证填制记账凭证，定期根据记账凭证分类编制汇总记账凭证，再根据汇总记账凭证登记总分类账的一种账务处理程序。

(2) 汇总记账凭证账务处理程序的一般步骤

① 根据原始凭证或汇总原始凭证编制记账凭证。

② 根据原始凭证或汇总原始凭证填制收款凭证、付款凭证和转账凭证，也可以填制通用记账凭证。

③ 根据原始凭证、汇总原始凭证、记账凭证登记各种明细分类账。

④ 根据一定时期内的收款凭证、付款凭证和转账凭证分别编制汇总收款凭证、汇总付款凭证和汇总转账凭证。

⑤ 根据定期编制的汇总收款凭证、汇总付款凭证、汇总转账凭证登记总分类账。

⑥ 期末，将库存现金日记账、银行存款日记账的余额，以及各种明细分类账的余额合计数分别与总分类账中有关账户的余额核对相符。

⑦ 期末，根据核对无误的总分类账和各种明细分类账的记录编制会计报表。

(3) 汇总记账凭证账务处理程序的优缺点及适用范围

1) 汇总记账凭证账务处理程序的优点

总记账凭证账务处理程序的优点是减少了登记总分类账的工作量，能够清晰地反映账户之间的对应关系，便于查对和分析账目。

2）汇总记账凭证账务处理程序的缺点

定期编制汇总记账凭证的工作量比较大，对汇总过程中可能存在的错误难以发现。

3）汇总记账凭证账务处理程序的适用范围

汇总记账凭证账务处理程序适用于规模较大、经济业务较多的企业，转账业务少，而收、付款业务较多的企业更为适合。

2.6.5 科目汇总表账务处理程序

(1) 科目汇总表账务处理程序的概念

科目汇总表账务处理程序又称记账凭证汇总表账务处理程序，是根据记账凭证定期编制科目汇总表，再根据科目汇总表登记总分类账的一种账务处理程序。

(2) 科目汇总表账务处理程序的一般步骤

① 根据原始凭证填制汇总原始凭证。

② 根据原始凭证或汇总原始凭证填制记账凭证。

③ 根据记账凭证逐笔登记现金日记账和银行存款日记账。

④ 根据原始凭证、汇总原始凭证和记账凭证登记各种明细分类账。

⑤ 根据各种记账凭证编制科目汇总表。

⑥ 根据科目汇总表登记总分类账。

⑦ 期末，将现金日记账、银行存款日记账和明细分类账的余额同有关总分类账的余额核对直到相符。

⑧ 期末，根据总分类账和明细分类账的记录编制财务报表。

(3) 科目汇总表账务处理程序的优缺点及适用范围

1）科目汇总表账务处理程序的优点

科目汇总表账务处理程序的优点是减轻了登记总分类账的工作量，易于理解，方便学习。

2）科目汇总表账务处理程序的缺点

编制科目汇总表的工作量比较大，科目汇总表不能够清晰地反映账户之间的对应关系。

3）科目汇总表账务处理程序的适用范围

科目汇总表账务处理程序适用于经济业务较多的企业。

第 3 章

设立阶段会计实务

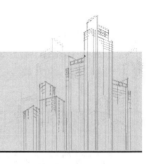

企业设立阶段会计实务具有重要作用,为企业的顺利起步和后续发展提供了有力保障。本章对建筑施工企业的设立条件进行概述,主要涉及有限责任公司和股份有限公司,同时对建筑施工企业设立阶段的会计核算进行分析,最后结合具体案例,为建筑施工企业在实践中处理好设立阶段的会计实务事项提供了有益参考。

3.1 建筑施工企业设立阶段概述

3.1.1 有限责任公司的设立条件

根据《公司法》的规定,设立有限责任公司,应当具备下列 5 个条件。

(1) 股东符合法定人数

设立有限责任公司的法定人数分两种情况:一是通常情况下,法定股东数须是 50 人以下;二是特殊情况下,国家授权投资的机构或国家授权的部门可以单独设立国有独资的有限责任公司。

(2) 股东出资达到法定资本最低限额

法定资本是指公司向公司登记机关登记时,实缴的出资额,即经法定程序确认的资本。在中国,法定资本又称为注册资本,既是公司成为法人的基本特征之一,又是企业承担亏损风险的资本担保,同时也是股东权益划分的标准。有限责任公司的注册资本为在公司登记机关登记的全体股东认缴的出资额。公司全体股东的首次出资额不得低于注册资本的 20%,也不得低于法定的注册资本最低限额,其余部分由股东自公司成立之日起两年内缴足;其中,投资公司可以在五年内缴足。有限责任公司注册资本的最低限额为人民币 3 万元。法律、行政法规对有限责任公司注册资本的最低限额有较高规定的,从其规定。股东可以用货币出资,也可以用实物、知识产权、土地使用权等可以用货币估价并可以依法转让的非货币财产作价出资;但是,法律、行政法规规定不得作为出资的财产除外。对作为出资的非货币财产应当评估作价,核实财产,不得高估或者低估作价。法律、行政法规对评估作价有规定的,从其规定。全体股东的货币出资金额不得低于有限责任公司注册资本的 30%。

（3）**股东共同制订章程**

公司章程是关于公司组织及其活动的基本规章。制订公司章程既是公司内部管理的需要，也是便于外界监督管理和交往的需要。根据《公司法》的规定，公司章程应当载明的事项有：公司名称和住所、公司经营范围、公司注册资本、股东姓名或名称、股东的权利和义务、股东的出资方式和出资额、股东转让出资的条件、公司的机构及其产生办法和职权及议事的规则、公司的法定代表人、公司的解散事项与清算办法、其他事项。

（4）**有公司名称，建立符合有限责任公司要求的组织机构**

公司作为独立的企业法人，必须有自己的名称。公司设立名称时还必须符合法律、法规的规定。有限责任公司的组织机构是指股东会、董事会或执行董事、监事会或监事。

（5）**有固定的生产经营场所和必要的生产经营条件**

生产经营场所可以是公司的住所，也可以是其他经营地。生产经营条件是指与公司经营范围相适应的条件。它们都是公司从事经营活动的物质基础，是设立公司的起码要求。设立公司必须要符合《公司法》中的条件，但是设立有限责任公司与股份有限公司，在条件的要求上却不完全一样。所以，设立不同类型的公司，就要注意满足不同的条件。股东出资总额必须达到法定资本的最低限额。特定行业的有限责任公司注册资本最低限额需高于前述所定限额的，由法律、行政法规另行规定。

3.1.2 股份有限公司的设立条件

根据《公司法》的规定，设立股份有限公司，应当具备下列 7 个条件。

（1）**股东符合法定人数**

设立股份有限公司，应当有 2 个以上 50 个以下股东，其中 1 人可以作为发起人。

（2）**有符合公司章程规定的全体股东认缴的出资额**

股份有限公司注册资本的最低限额为人民币 500 万元。

（3）**股东共同制订公司章程**

公司章程是公司组织和活动的基本准则，由股东共同制订，并报公司登记机关备案。

（4）**有公司名称，建立符合股份有限公司要求的组织机构**

设立股份有限公司应当有公司名称，并建立股东会、董事会、监事会等组织机构，其中董事会是公司的决策机构，监事会则是公司的监督机构。

（5）**有公司住所**

设立股份有限公司需要有固定的住所，以便于公司的日常管理和业务活动。

（6）**股东共同承担责任**

股份有限公司的股东以其认购的股份为限对公司承担责任，公司以其全部财产对公司的债务承担责任。

（7）**资产来源合法**

设立股份有限公司的资金来源应当合法，不得以欺诈手段筹集资金。

总之，设立股份有限公司需要满足一定的条件和要求，包括股东人数、出资额、公司章程、组织机构、住所、股东责任和资产来源等方面。在设立过程中，应当遵循相关法律法规和规定，确保合法、规范地完成设立程序。

3.2 建筑施工企业设立阶段会计核算

3.2.1 设立阶段应设置的会计账户

设立阶段应设置的会计账户主要有"实收资本""资本公积""库存现金""银行存款""其他货币资金""原材料""固定资产""无形资产""管理费用"等账户。

（1）"实收资本"账户

该账户属于所有者权益类账户，本账户用于核算企业投资者投入资本的增减变动及其结存情况。借方登记企业按法定程序报经批准减少的资本，贷方登记收到投资者投入的资本，期末余额在贷方，反映企业实有的资本数额。股份有限公司应设置"股本"账户。"股本"与"实收资本"只是针对不同的组织形式，账户名称不同而已，二者的账户结构是一致的。

（2）"资本公积"账户

该账户属于所有者权益类账户，本账户用于核算企业资本公积增减变动及其结存情况。借方登记企业以资本公积转增资本以及直接计入所有者权益的损失，贷方登记企业收到投资者出资超过其在注册资本或股本中所占份额的部分，以及直接计入所有者权益的利得，期末余额在贷方，反映企业资本公积实有数额。该账户设置"资本溢价"（或"股本溢价"）和"其他资本公积"进行明细核算。

（3）"库存现金"账户

该账户属于资产类账户，库存现金是指存放于企业财会部门、由出纳人员经营管理的货币。借方登记企业库存现金的增加，贷方登记企业库存现金的减少，期末余额在借方反映期末实际持有的库存现金的金额。企业内部各部门周转使用的备用金，可以单独设置"备用金"账进行核算。为了全面、连续地核算和监督库存现金的收支和结存情况，企业应当设置现金总账和现金日记账，分别进行库存现金的总分类核算和明细分类核算。

库存现金是企业流动性最强的资产，应当遵守国家有关现金管理制度，正确进行现金收支的核算，监督现金使用的合法性与合理性。库存现金日记账由出纳人员根据收付款凭证，按照业务发生顺序逐笔登记。每日终了，应当在库存现金日记账上计算出当日的现金收入合计额、现金支出合计额和结余额，并将现金日记账的余额与实际库存现金额相核对，保证账款相符。月度终了，现金日记账的余额与现金总账的余额核对，做到账账相符。

（4）"银行存款"账户

该账户属于资产类账户，用于核算企业存入银行或其他金融机构的各种款项。借方登记银行存款增加数，贷方登记减少数，期末余额在借方，反映企业存在银行或其他金融机构的各种款项。该账户按开户银行和其他金融机构、存款种类等分别设置明细核算。企业增加银行存款，借记本账户，贷记"库存现金""应收账款"等账户；减少银行存款做相反的会计分录。

银行存款是企业存放在银行或其他金融机构的货币资金。企业应当根据业务需要，按照规定在其所在地银行开设账户，运用所开设的账户，进行存款、取款以及各种转账业务。银行存款的收付应严格执行银行结算制度的规定。为了核算和监督企业银行存款的收入、支出和结存情况，企业应当设置"银行存款"账户，借方登记企业银行存款的增加，贷方登记企业银行存款的减少，期末借方余额反映期末实际持有的银行存款的金额。企业应当设置银行存款总账和银行存款日记账，分别进行银行存款的总分类核算和明细分类核算。企业可按开户银行和其他金融机构、存款种类等设置银行存款日记账，根据收付款凭证，按照业务发生顺序逐笔登记。每日终了，应结出余额。

（5）"其他货币资金"账户

该账户属于资产类账户，用于反映和监督其他货币资金的收支和结存情况。其他货币资金是指企业除现金、银行存款之外的其他各种货币资金，主要包括银行汇票存款、银行本票存款、信用卡存款、信用证保证金存款、存出投资款和外埠存款。账户借方登记其他货币资金的增加，贷方登记其他货币资金的减少，期末余额在借方，反映企业实际持有的其他货币资金的金额。

① 银行汇票存款。银行汇票存款是指由出票银行签发的，由其在见票时按实际结算金额无条件支付给收款人或者持票人的票据。银行汇票的出票银行为银行汇票的付款人。单位和个人各项款项的结算，均可使用银行汇票。银行汇票可以用于转账，填明"现金"字样的银行汇票也可以用于支取现金。

② 银行本票存款。银行本票存款是指由出票银行签发的，承诺自己在见票时支付确定的金额给收款人或者持票人的票据。单位和个人在同一票据交换区域需要支付的各种款项，均可使用银行本票。银行本票可以用于转账，填明"现金"字样的银行本票也可以用于支取现金。

③ 信用卡存款。信用卡存款是指企业为取得信用卡面额存入银行信用卡专户的款项。信用卡也是银行卡的一种。

④ 信用保证金存款。信用保证金存款是指采用信用证结算方式的企业为开具信用证而存入银行信用证保证金专户的款项。企业向银行申请开立信用证，应按规定向银行提交开证申请书、信用证申请人承诺书和购销合同。

⑤ 存出投资款。存出投资款是指企业为购买股票、债券、基金等根据有关规定存入在证券公司指定银行开立的投资款专户的款项。

⑥ 外埠存款。外埠存款是指企业为了到外地进行临时或零星采购，而汇往采购地银行开立采购专户的款项。

（6）"原材料"账户

该账户属于资产类账户，用于核算企业库存的各种材料，包括原料及主要材料、辅助材料、外购半成品（外购件）、修理用备件（备品备件）、包装材料、燃料等的成本。借方登记企业因各种途径增加并已验收入库的库存材料成本；贷方登记企业因各种原因减少的库存材料成本，期末余额在借方，反映企业库存材料的成本。该账户按材料保管地点、类别、品名和规格，分别进行数量、金额的明细核算。

(7)"固定资产"账户

该账户属于资产类账户,用于核算建筑施工企业持有固定资产的原价,借方登记从不同渠道增加的固定资产原价;贷方登记因各种原因而减少的固定资产原价,期末余额在借方,反映企业期末固定资产的账面原价。该账户按固定资产类别、使用部门和每项固定资产等分别设置"固定资产登记簿"和"固定资产卡片"进行明细核算。

(8)"无形资产"账户

该账户属于资产类账户,用于核算企业持有专利权、非专利技术、商标权、著作权、土地使用权等无形资产的成本,借方登记企业以各种方式取得的无形资产的成本,贷方登记无形资产处置时转出的账面余额,期末余额在借方,反映企业无形资产的成本。该账户按无形资产项目进行明细账核算。

(9)"管理费用"账户

该账户属于损益类账户,用于核算企业行政管理部门为组织和管理生产经营活动而发生的各种费用,包括企业在筹建期间内发生的开办费,包括人员工资、办公费、培训费、差旅费、印刷费、注册登记费以及不计入固定资产成本的借款费用等。在实际发生时,其借方登记本账户,贷方登记"银行存款"等账户。期末,应将该账户的余额转入"本年利润"账户,结转后本账户应无余额。该账户可按费用项目进行明细核算。

3.2.2 建筑施工企业不同出资方式的会计核算

建筑施工企业不同出资方式包括以货币资金出资和以非货币性资产出资两类,其中以非货币性资产出资又主要有接受原材料投资、接受固定资产投资、接受无形资产投资等方式。

(1)以货币资金出资

出资企业将款项存入银行时,以货币资金出资,借记"银行存款"账户,贷记"实收资本"账户。

【例 3-1】甲建筑施工企业由 A、B、C 三家公司共同出资组建,注册资本 6 000 000 元,按照合同约定,各出资 2 000 000 元,现收到 A 公司、B 公司和 C 公司投入的款项存入银行。会计分录如下。

```
借:银行存款                            6 000 000
    贷:实收资本——A 公司                    2 000 000
            ——B 公司                    2 000 000
            ——C 公司                    2 000 000
```

(2)以非货币性资产出资

1)受原材料投资

接受原材料投资,借记"原材料"账户,贷记"实收资本"账户。

【例 3-2】甲建筑施工企业收到乙企业投入的原材料一批,双方协议材料作价为 46 000 元,材料已入库,全部作为实收资本入账。会计分录如下。

```
借:原材料                               46 000
    贷:实收资本——乙企业                     46 000
```

2）接受固定资产投资

接受固定资产投资，借记"固定资产"账户，贷记"实收资本"账户。

【例3-3】甲建筑施工企业收到投资者C企业投入不需要安装的全新设备一台，投资各方确认的设备价值为260 000元。会计分录如下。

借：固定资产 260 000
　　贷：实收资本——C企业 260 000

3）接受无形资产投资

接受无形资产投资，借记"无形资产"账户，贷记"实收资本"账户。

【例3-4】甲建筑施工企业接受乙企业以一项专利权作为投资，该项专利权经双方商定确认其价值为80 000元。会计分录如下。

借：无形资产——专利权 80 000
　　贷：实收资本——乙企业 80 000

3.2.3　建筑施工企业所有者权益变动的会计核算

建筑施工企业所有者权益变动分为资本公积转增资本、盈余公积转增资本，建筑施工企业投资者追加投资几个方面，具体阐述如下。

(1) 建筑施工企业资本公积转增资本的会计核算

资本公积转增资本，借记"资本公积"账户，贷记"实收资本"账户。

【例3-5】甲建筑施工企业经营5年后，办理了注册资金变更手续，将企业的资本公积400 000元转增资本。

借：资本公积 400 000
　　贷：实收资本 400 000

(2) 建筑施工企业投资者追加投资的会计核算

建筑施工企业投资者追加投资，款项存入银行，借记"银行存款"账户，贷记"实收公积""资本公积"账户。

【例3-6】承【例3-1】甲建筑施工企业现办理注册资本变更手续，注册资本增加到2 000 000元，D公司作为投资者出资2 200 000元加入建筑施工企业，款项已存入银行。D公司与A公司、B公司、C公司一样各享有企业净资产1/4的份额。

借：银行存款 2 200 000
　　贷：实收资本——D公司 2 000 000
　　　　资本公积——资本溢价 200 000

3.2.4　建筑施工企业开办费的会计核算

筹建期是从企业开始筹建之日起到取得营业执照之日止的期间。开办费是指企业在筹建期间发生的各种费用支出。建筑施工企业在筹建期间发生的开办费，包括人员工资、办公费、培训费、差旅费、印刷费、注册登记费以及不计入固定资产和无形资产购建成本的借款费用等。

按照企业会计准则的规定，企业在筹建期间发生的开办费，统一作为企业开业当年的管理费用处理，一次性计入管理费用。借记"管理费用"账户，贷记"库存现金""银行存款"等账户。

【例 3-7】甲建筑施工企业以现金支付筹建期间注册登记费 2 500 元、办公费 5 000 元、工资 2 000 元。

借：管理费用——开办费　　　　　　　　　　　　　　9 500
　　贷：库存现金　　　　　　　　　　　　　　　　　　　　9 500

3.3 案例分析

3.3.1 案例内容

南北建筑施工企业由甲、乙、丙三家共同出资组建，注册资本 3 000 000 元，按照合同约定，各出资 1 000 000 元，现收到甲、乙和丙投入的款项存入银行，同时南北建筑施工企业收到甲公司投入的一批原材料，双方协议材料作价为 23 000 元，材料已入库，全部作为实收资本入账；收到乙公司投入不需要安装的全新设备一台，投资各方确认的设备价值为 130 000 元；接受丙公司以一项专利权作为投资，该项专利权经双方商定确认其价值为 40 000 元。南北建筑施工企业经营 6 年后，办理了注册资金变更手续，将企业的资本公积 200 000 元转增资本，现办理注册资本变更手续，注册资本增加到 1 000 000 元，丁公司作为投资者出资 1 100 000 元加入南北建筑施工企业，款项已存入银行，丁与甲、乙、丙一样各享有企业净资产 1/4 的份额。在筹建期间，南北建筑施工企业以现金支付注册登记费 1 250 元、办公费 2 500 元、工资 1 000 元。根据以上业务，做出会计分录。

3.3.2 案例解析

① 南北建筑施工企业由甲、乙、丙三家公司共同出资组建，注册资本 3 000 000 元，按照合同约定，各出资 1 000 000 元，现收到甲、乙和丙投入的款项存入银行。

借：银行存款　　　　　　　　　　　　　　　　　　　3 000 000
　　贷：实收资本——甲公司　　　　　　　　　　　　　　1 000 000
　　　　　　　　——乙公司　　　　　　　　　　　　　　1 000 000
　　　　　　　　——丙公司　　　　　　　　　　　　　　1 000 000

② 收到甲公司投入的原材料一批，双方协议材料作价为 23 000 元，材料已入库，全部作为实收资本入账。

借：原材料　　　　　　　　　　　　　　　　　　　　　23 000
　　贷：实收资本——甲公司　　　　　　　　　　　　　　　23 000

③ 收到乙公司投入不需要安装的全新设备一台，投资各方确认的设备价值为 130 000 元。

借：固定资产 130 000
　　贷：实收资本——乙公司 130 000

④ 接受丙公司以一项专利权作为投资，该项专利权经双方商定确认其价值为 40 000 元。

借：无形资产——专利权 40 000
　　贷：实收资本——丙公司 40 000

⑤ 经营 6 年后，办理了注册资金变更手续，将企业的资本公积 200 000 元转增资本。

借：资本公积 200 000
　　贷：实收资本 200 000

⑥ 丁公司作为投资者出资 1 100 000 元加入南北建筑施工企业，款项已存入银行。

借：银行存款 1 100 000
　　贷：实收资本——丁公司 1 000 000
　　　　资本公积——资本溢价 100 000

⑦ 在筹建期间，南北建筑施工企业以现金支付注册登记费 1 250 元、办公费 2 500 元、工资 1 000 元。

借：管理费用——开办费 4 750
　　贷：库存现金 4 750

第 4 章

招投标阶段会计实务

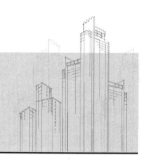

招投标阶段是建筑施工企业施工过程中必不可少的阶段,也是建筑施工企业具体施工前期管理的关键阶段。本章分析了招标投标政策相关内容及建筑施工企业投标阶段会计核算的问题,对投标费用、投标保证金和履约保证金的会计核算进行了分析,最后结合具体案例,为建筑施工企业在实践中处理好招投标阶段的会计实务事项提供了有益参考。

4.1 招标与投标政策概述

4.1.1 招标与投标的含义

招标投标简称招投标,工程项目招投标工作分为招标工作和投标工作,总体来说,招投标工作的开展是由招标方发出邀请,投标人参加并作出承诺,最终签订相关合同的过程。

招标是为某项工程建设或大宗商品的买卖,对有意承包或交易的供应商进行招标,并从中挑选出承包商或交易者的活动。

投标是应招标人的邀请,根据招标公告或投标邀请书所规定的条件,在指定的时间内,向招标人递盘的行为。

根据《中华人民共和国招标投标法》(简称《招投标法》)和《中华人民共和国招标投标法实施条例》(国务院令第 613 号)(简称《招标投标法实施条例》)的有关规定,建设工程与工程建设有关的货物、工程建设有关的服务按规定必须招投标的,应当依法依规进行招投标。其中,建设工程是指建筑物和构筑物的新建、改建、扩建及其相关的装修、拆除、修缮等;工程建设有关的货物是指构成工程不可分割的组成部分,且为实现工程基本功能所必需的设备、材料等;工程建设有关的服务是指为完成工程所需的勘察、设计、监理等服务。

4.1.2 招投标程序及其政策规定

（1）招投标程序

招投标程序一般分为以下 4 个步骤。

① 招标者发布广告或者有选择性地邀请相关的厂家，发出标书或者附图、附样。
② 投标者根据所需提交标书。
③ 在公证人的监督下当众开标、评标，经过综合评价合格的供应商成为中标人。
④ 双方签订承包或交易合同。

（2）招投标政策文件概述

在《招投标法》中对招标条件、公开招标、邀请招标、投标、联合体投标及开标、评标、中标等方面作出明确规定，具体政策文件如下。

1) 招标条件

① 必须进行招标的项目

根据《招投标法》的有关规定，在我国境内进行下列工程建设项目包括项目的勘察、设计、施工、监理以及与工程建设有关的重要设备、材料等的采购，必须进行招标。

a. 大型基础设施、公用事业等关系社会公共利益、公众安全的项目；
b. 全部或者部分使用国有资金投资或者国家融资的项目；
c. 使用国际组织或者外国政府贷款、援助资金的项目。

根据《必须招标的工程项目规定》（国家发展改革委 2018 年第 16 号令）第二条及第五条，全部或者部分使用国有资金投资或者国家融资的项目包括以下内容。

a. 使用预算资金 200 万元人民币以上，并且该资金占投资额 10% 以上的项目；
b. 使用国有企业事业单位资金，并且该资金占控股或者主导地位的项目。

上述规定范围内的项目，其勘察、设计、施工、监理以及与工程建设有关的重要设备、材料等的采购达到下列标准之一的，必须招标。

a. 施工单项合同估算价在 400 万元人民币以上；
b. 重要设备、材料等货物的采购，单项合同估算价在 200 万元人民币以上；
c. 勘察、设计、监理等服务的采购，单项合同估算价在 100 万元人民币以上。

同一项目中可以合并进行的勘察、设计、施工、监理以及与工程建设有关的重要设备、材料等的采购，合同估算价合计达到前款规定标准的，必须招标。

② 可以不进行招标的项目

a. 需要采用不可替代的专利或者专有技术；
b. 采购人依法能够自行建设、生产或者提供；
c. 已通过招标方式选定的特许经营项目投资人依法能够自行建设、生产或者提供；
d. 需要向原中标人采购工程、货物或者服务，否则将影响施工或者功能配套要求；
e. 国家规定的其他特殊情形。

涉及国家安全、国家秘密、抢险救灾或者属于利用扶贫资金实行以工代赈、需要使用农民工等特殊情况，不适宜进行招标的项目，按照国家有关规定可以不进行招标。

依法必须进行招标的项目，其招标投标活动不受地区或者部门的限制。任何单位和个人不得违反限制或者排斥本地区、本系统以外的法人或者其他组织参加投标，不得以任何方式非法干涉招标投标活动。依法必须进行招标的项目，招标人自行办理招标事宜的，应当向有关行政监督部门备案。招标人应当确定投标人编制投标文件所需要的合理时间；但是，依法必须进行招标的项目，自招标文件开始发出之日起至投标人提交投标文件截止之日止，最短不得少于二十日。

2）公开招标

《招投标法》明确规定招标分为公开招标和邀请招标两种方式。公开招标是指招标人以招标公告的方式邀请不特定的法人或者其他组织投标。

国有资金占控股或者主导地位的依法必须进行招标的项目，招标人应当确定排名第一的中标候选人为中标人。排名第一的中标候选人放弃中标、因不可抗力不能履行合同、不按照招标文件要求提交履约保证金，或者被查实存在影响中标结果的违法行为等情形，不符合中标条件的，招标人可以按照评标委员会提出的中标候选人名单排序依次确定其他中标候选人为中标人，也可以重新招标。

招标人采用公开招标方式的，应当发布招标公告。依法必须进行招标的项目的招标公告，应当通过国家指定的报刊、信息网络或者其他媒介发布。

《建筑法》第二十二条规定，建筑工程实行招标发包的，发包单位应当将建筑工程发包给依法中标的承包单位。建筑工程实行直接发包的，发包单位应当将建筑工程发包给具有相应资质条件的承包单位。

3）邀请招标

邀请招标是指招标人以投标邀请书的方式邀请特定的法人或者其他组织投标。招标人采用邀请招标方式的，应当向三个以上具备承担招标项目的能力、资信良好的特定的法人或者其他组织发出投标邀请书。投标邀请书应当载明招标人的名称和地址、招标项目的性质、数量、实施地点和时间以及获取招标文件的办法等事项。按照《招投标法》必须进行施工招标的工程，全部使用国有资金投资或国有资金投资占比控股或者主导地位的，应当公开招标。

根据《中华人民共和国政府采购法》符合下列情形之一的货物或者服务，可以采用邀请招标方式采购。

① 具有特殊性，只能从有限范围的供应商处采购的；

② 采用公开招标方式的费用占政府采购项目总价值的比例过大的。

非国有资金（含民营、私营、外商投资）投资或非国有资金投资占控股或占主导地位且关系社会公共利益、公众安全的建设项目可以邀请招标，但招标人要求公开招标的可以公开招标。招标条件包括建设项目已审批、核准或备案；建设项目的招标事项已核准；有相应资金或资金来源已落实；有满足需要的技术资料。

4）投标

投标是指经资格审查合格的投标人，按招标文件的规定编制投标文件，在招标限定的时间内送达招标人的活动。投标人是响应招标、参加投标竞争的法人或者其他组织。

根据招标文件载明的项目实际情况，投标人如果准备在中标后将中标项目的部分非主体、非关键工程进行分包的，应当在投标文件中载明。在招标文件要求提交投标文件的截止时间前，投标人可以补充、修改或者撤回已提交的投标文件，并书面通知招标人。补充、修改的内容为投标文件的组成部分。

《招投标法》第二十八条规定，投标人应当在招标文件要求提交投标文件的截止时间前，将投标文件送达投标地点。招标人收到投标文件后，应当签收保存，不得开启。投标人少于三个的，招标人应当依照本法重新招标。在招标文件要求提交投标文件的截止时间后送达的投标文件，招标人应当拒收。

投标人不得相互串通投标报价，不得排挤其他投标人的公平竞争，损害招标人或者其他投标人的合法权益；不得损害国家利益、社会公共利益；投标人不得以向招标人或者评标委员会成员行贿的手段谋取中标；不得以低于成本的报价竞标，也不得以他人名义投标或者以其他方式弄虚作假，骗取中标。

注意：与招标人存在利害关系可能影响招标公正性的法人、其他组织或者个人，不得参加投标；单位负责人为同一人或者存在控股、管理关系的不同单位，不得参加同一标段投标或者未划分标段的同一招标项目投标。违反以上规定的，相关投标均无效。

5）联合体投标

《招投标法》第三十一条规定，两个以上法人或者其他组织可以组成一个联合体，以一个投标人的身份共同投标。

联合体各方均应当具备承担招标项目的相应能力；国家有关规定或者招标文件对投标人资格条件有规定的，联合体各方均应当具备规定的相应资格条件。由同　专业的单位组成的联合体，按照资质等级较低的单位确定资质等级。

联合体各方应当签订共同投标协议，明确约定各方拟承担的工作和责任，并将共同投标协议连同投标文件一并提交招标人。联合体中标的，联合体各方应当共同与招标人签订合同，就中标项目向招标人承担连带责任。

招标人不得强制投标人组成联合体共同投标，不得限制投标人之间的竞争。

6）开标、评标、中标

开标应当在招标人的主持下，在招标文件确定的提交投标文件截止时间的同一时间、招标文件中预先确定的地点公开进行。应邀请所有投标人参加开标。

评标由招标人依法组建的评标委员会负责。评标委员会由招标人的代表和有关技术、经济等方面的专家组成，成员人数为5人以上单数。其中，技术、经济等方面的专家不得少于成员总数的2/3。一般招标项目可以采取随机抽取方式，特殊招标项目可以由招标人直接确定。

中标是指招标人向经评选的投标人发出中标通知书，并在规定的时间内与之签订书面合同的行为。根据《招投标法》第四十一条规定，中标人的投标应当符合下列条件之一。

① 能够最大限度地满足招标文件中规定的各项综合评价标准；

② 能够满足招标文件的实质性要求，并且经评审的投标价格最低；但是投标价格低于成本的除外。

评标委员会经评审，认为所有投标都不符合招标文件要求的，可以否决所有投标。

评标委员会完成评标后，应当向招标人提出书面评标报告，并推荐合格的中标候选人。招标人据此确定中标人。招标人也可以授权评标委员会直接确定中标人。在确定中标人前，招标人不得与投标人就投标价格、投标方案等实质性内容进行谈判。

《招投标法》第四十八条规定，中标人应当按照合同约定履行义务，完成中标项目。中标人不得向他人转让中标项目，也不得将中标项目肢解后分别向他人转让。中标人按照合同约定或者经招标人同意，可以将中标项目的部分非主体、非关键性工作分包给他人完成。接受分包的人应当具备相应的资格条件，并不得再次分包。中标人应当就分包项目向招标人负责，接受分包的人就分包项目承担连带责任。《中华人民共和国招标投标法实施条例》中与中标相关的法律依据详见表4-1。

表4-1　《中华人民共和国招标投标法实施条例》中与中标相关的法律依据

法律依据	条文
第五十七条	招标人和中标人应当依照招标投标法和本条例的规定签订书面合同，合同的标的、价款、质量、履行期限等主要条款应当与招标文件和中标人的投标文件的内容一致。招标人和中标人不得再行订立背离合同实质性内容的其他协议。 招标人最迟应当在书面合同签订后5日内向中标人和未中标的投标人退还投标保证金及银行同期存款利息
第五十八条	招标文件要求中标人提交履约保证金的，中标人应当按照招标文件的要求提交。履约保证金不得超过中标合同金额的10%
第五十九条	中标人应当按照合同约定履行义务，完成中标项目。中标人不得向他人转让中标项目，也不得将中标项目肢解后分别向他人转让。 中标人按照合同约定或者经招标人同意，可以将中标项目的部分非主体、非关键性工作分包给他人完成。接受分包的人应当具备相应的资格条件，并不得再次分包。 中标人应当就分包项目向招标人负责，接受分包的人就分包项目承担连带责任

4.2　招投标阶段的会计核算

4.2.1　应设置的会计账户

应设置的会计账户主要有"管理费用""其他应收款""应收账款""应交税费""银行存款"等账户，其中"管理费用""银行存款"账户详见本书第3章。

（1）"其他应收款"账户

该账户属于资产类账户，用于核算应收票据、应收账款、预付账款以外的其他各种应收、暂付款项，包括各种应收的赔款和罚款、备用金、为其他方垫付的费用、出租的包装物租金等，借方登记企业发生其他各种应收、暂付款项时，贷方登记收回或转销各种款项，期末余额在借方，反映企业尚未收回的其他应收款项。该账户分别设置"罚款/赔款""保证金/出租包装物""员工借支/代垫费""其他"等进行明细核算。

（2）"应收账款"账户

该账户属于资产类账户，用于核算企业因销售商品、提供劳务等日常活动应收取的款项，借方登记企业发生的应收账款，贷方登记已收回的应收账款、改用商业汇票结算的应收账款、已结转坏账损失的应收账款和以债务重组方式收回的债权等。期末余额一般在借方，反映企业尚未收回的应收账款，期末如为贷方余额，反映企业预收的账款。该账户按客户单位分别设置"应收工程款"和"应收销货款"进行明细核算。

(3)"应交税费"账户

该账户属于负债类账户，用于核算企业按照税法等规定计算应缴纳的各种税费，包括增值税、消费税、所得税、资源税、土地增值税、城市维护建设税、房产税、土地使用税、车船使用税、教育费附加、矿产资源补偿费及企业代扣代缴的个人所得税等。该账户期末贷方余额，反映企业尚未缴纳的税费，期末如为借方余额，反映企业多交或尚未抵扣的税费。该账户按照税种进行明细核算。

其中，增值税会计处理，增值税一般纳税人应在"应交税费"账户下设置"应交增值税""未交增值税""预交增值税""待认证进项税额""待转销项税额""简易计税""转让金融商品应交增值税""代扣代交增值税"等明细账户。

①"应交增值税"账户。增值税一般纳税人应在"应交增值税"明细账内设置"进项税额""销项税额抵减""已交税金""转出未交增值税""转出多交增值税""减免税款""出口抵减""内销产品应纳税额""销项税额""出口退税""进项税额转出"等账户。

②"未交增值税"账户。本账户用于核算一般纳税人月度终了从"应交增值税"明细账户转入当月应交未交的增值税额，或从"预交增值税"明细账户转入的多交或预缴的增值税额，以及当月交纳以前期间未交的增值税额。

③"预交增值税"账户。本账户用于核算一般纳税人转让不动产、提供不动产经营租赁服务、提供建筑服务、采用预收款方式销售自行开发的房地产项目等，以及其他按现行增值税制度规定应预缴的增值税额。

④"待认证进项税额"账户。本账户用于核算一般纳税人由于未经税务机关认证而不得从当期销项税额中抵扣的进项税额。

⑤"待转销项税额"账户。本账户用于核算一般纳税人销售货物、加工修理修配劳务、服务、无形资产或不动产，已确认相关收入（或利得）但尚未发生增值税纳税义务而需于以后期间确认为销项税额的增值税额，如预售购物卡。

⑥"简易计税"账户。本账户用于核算一般纳税人采用简易计税方法发生的增值税计提、扣减、预缴、缴纳等业务。

⑦"转让金融商品应交增值税"账户。本账户用于核算增值税纳税人转让金融商品发生的增值税额。

⑧"代扣代缴增值税"账户。本账户用于纳税人购进在境内未设经营机构的境外单位或个人在境内的应税行为代扣代缴的增值税。

其中，"应交税费"账户下设置"应交税费-应交增值税"的三级账户，各三级明细账户具体核算内容如下。

①"进项税额"账户。本账户用于核算一般纳税人购进货物、加工修理修配劳务、服务、无形资产或不动产而支付或负担的、准予从当期销项税额中抵扣的增值税额。

②"销项税额抵减"账户。本账户用于核算一般纳税人按照现行增值税制度规定因扣减销售额而减少的销项税额，如差额计税时。

③"已交税金"账户。本账户用于核算一般纳税人当月已缴纳的应交增值税额。

④"转出未交增值税"和"转出多交增值税"账户。本账户用于核算一般纳税人月度终了转出当月应交未交或多交的增值税额。

⑤"减免税款"账户。本账户用于核算一般纳税人按现行增值税制度规定准予减免的增值税额。企业按规定直接减免的增值税额,借记本账户,贷记"营业外收入——政府补贴"账户。

⑥"出口抵减内销产品应纳税额"账户。本账户用于核算实行"免、抵、退"办法的一般纳税人按规定计算的出口货物或应税服务的进项税抵减内销产品的应纳税额,借记本账户,贷记"应交税费——应交增值税(出口退税)"账户。

⑦"销项税额"账户。本账户用于核算一般纳税人销售货物、加工修理修配劳务、服务、无形资产或不动产应收取的增值税额。

⑧"出口退税"账户。本账户用于核算一般纳税人出口货物、加工修理修配劳务、服务、无形资产按规定退回的增值税额。出口企业当期按规定应退税额,借记"其他应收款——增值税退税款"账户,贷记本账户。

⑨"进项税额转出"账户。本账户用于核算一般纳税人购进货物、加工修理修配劳务、服务、无形资产或不动产等发生非正常损失以及由于其他原因而不应从销项税额中抵扣、按规定转出的进项税额。税法规定,对出口货物不得抵扣税额的部分,应借记"主营业务成本"账户,同时贷记本账户。

4.2.2 投标费用的会计核算

投标费用是投标单位进行投标时所产生的一定的交易成本。在投标过程中,有购买招标文件、制作投标文件、缴纳投标保证金以及参加投标等活动,从而产生标书印刷费、中标服务费、公证费、人员差旅费、住宿费等费用。投标费用在进行会计处理时涉及"管理费用""银行存款"账户。

无论建筑施工企业最终是否取得合同,在取得合同前建筑施工企业制作标书、标书印刷等准备投标资料时以及差旅时均会产生费用,应当直接计入当期损益,借记"管理费用"账户,贷记"银行存款"账户。

【例4-1】2022年12月,甲建筑施工企业参加某次投标活动,该建筑施工企业为增值税一般纳税人,制作标书及相关费用1 000元,按银行存款支付;人员差旅费用共计2 608元(含增值税金额),其中交通费取得一张增值税专用发票,增值税款108元,当期取得所有增值税专用发票均已认证,其余均为增值税普通发票,做如下会计分录。

```
借:管理费用——办公费                        1 000
         ——差旅交通费                       2 500
    应交税费——应交增值税(进项税额)           108
    贷:银行存款                              3 608
```

4.2.3 投标保证金的会计核算

(1)投标保证金概述

1)投标保证金

投标保证金是指投标人在投标过程中,将其连同投标文件一起提交给招标人的一定形式、一定金额的投标责任担保。其本质是防止投标人在投标期限内随意撤回或撤销投标，或在中标后无法递交履约保证金或无法签订合同，从而造成招标人损失。

2）投标有效期

投标有效期是以提交投标文件的截止之日为起点，以招标文件中规定的时间为终点的一段时间。在此期间，投标人必须对提交的标书承担全部责任，并接受该标书的约束，并且在投标期限开始生效以前（即递交投标文件的截止之日以前），投标人有权决定是否进行投标，对投标文件进行补充和修改，或将已递交的投标文件收回。在标书到期后，投标人可以不受到任何限制或处罚而拒绝其发出的中标通知书，招标人最迟应当在书面合同签订后5日内向中标人和未中标的投标人退还投标保证金及银行同期存款利息。

3）投标保证金形式

投标保证金的形式有现金、银行汇票、银行本票、现金支票及投标保函。通常情况下，投标保证金不使用现金结算，最好选择票据结算。投标保函是由投标人申请银行开立的保证函，保证投标人在中标人确定之前不得撤销投标，在中标后应当按照招标文件和投标文件与招标人签订合同。如果投标人违反规定，开立保证函的银行将根据招标人的通知，支付银行保函中规定数额的资金给招标人。《房屋建筑和市政基础设施工程施工招标投标管理办法》（建设部令第89号）第二十六条规定，招标人可以在招标文件中要求投标人提交投标担保。投标担保可以采用投标保函或者投标保证金的方式。投标保证金可以使用支票、银行汇票等，一般不得超过投标总价的2%，最高不得超过50万元。投标人应当按照招标文件要求的方式和金额，将投标保函或者投标保证金随投标文件提交招标人。

（2）投标保证金核算

投标保证金的会计处理涉及投标保证金的支付、退回及中标，同时还涉及投标保证金被转成履约保证金的形式，需要根据不同情形分别进行会计核算。投标保证金在会计核算时涉及"其他应收款""应收账款"会计账户。

1）交付投标保证金时

借：其他应收款——投标保证金
　　贷：银行存款

2）退还投标保证金时

借：银行存款
　　贷：其他应收款——投标保证金

3）中标时

借：应收账款（抵作工程款）
　　贷：其他应收款

4）投标保证金直接转作履约保证金时

借：其他应收款——履约保证金
　　贷：其他应收款——投标保证金

建筑施工企业向对方支付投标保证金，从银行提款时，借记"其他应收款"账户，贷记"银行存款"账户；将款项存入银行存款，借记"银行存款"账户，贷记"其他应收款"账户。

【例4-2】 2022年6月，乙项目需要甲建筑施工企业支付保证金290 000元，已向招标代理机构提供关于此项目的投标保函。项目结算后,招标人退还保证金 160 000 元,做如下会计分录。

　　　　借:其他应收款——投标保证金　　　　　　　　　　　290 000
　　　　　　贷:银行存款　　　　　　　　　　　　　　　　　　　　290 000
　　　　借:银行存款　　　　　　　　　　　　　　　　　　　160 000
　　　　　　贷:其他应收款——投标保证金　　　　　　　　　　　　160 000

4.2.4　履约保证金的会计核算

在实务中,建设招标单位须在招标文件中明确规定中标单位提交履约保证金,未规定者,中标后不得追加。履约保证金为定金,合同顺利履行完毕后,招标单位应约定退还期限和条件返还,若中标违约,将丧失收回的权利,履约保证金作为招标单位的损失补偿。

在工程招标项目中,履约保证金是为了保障发包人与承包人之间的合作顺利,预防承包人违约,弥补发包人的经济损失。其形式有履约保证金、履约银行保函和履约担保书三种。履约保证金可采取履约担保、保兑支票、银行汇票或现金支票等形式,比例根据工程总造价的不同,通常在 5%~10%之间,但不得超过 10%。

中标人不按照与招标人订立的合同履行义务,情节严重的,取消其二年至五年内参加依法必须进行招标的项目的投标资格并予以公告,直至由工商行政管理机关吊销营业执照,因不可抗力不能履行合同的除外。

建筑施工企业向发包方支付履约保证金时,借记"其他应收款——履约保证金"等账户,贷记"银行存款"账户,收回履约保证金时,做相反会计分录即可。

【例 4-3】2022 年 8 月,甲建筑施工企业的某项建筑项目已收到中标通知书,按标额的 7%支付履约保证金以电汇的方式向乙公司银行账户付款 210 000 元,做如下会计分录。

　　　　借:其他应收款——履约保证金　　　　　　　　　　　210 000
　　　　　　贷:银行存款　　　　　　　　　　　　　　　　　　　　210 000

4.3　案例分析

4.3.1　案例内容

基础设施建设项目投标报价 29 000 000 元。2022 年 6 月,甲建筑施工企业向乙项目支付保证金 290 000 元,甲建筑施工企业向开户行中国工商银行申请开具投标保函 740 000 元,并提供企业营业执照、财务报表、公司的决议等文件办理投标保函,手续费为 740 元,当期取得所有增值税专用发票 120 元,均已认证。2022 年 10 月,该建筑施工企业中标乙项目后,招标人退还保证金及银行保函共计 1 030 000 元,保证金及银行保函产生 3 000 元利息。

项目结算后,履约保证金或保函收回时,中标单位提出提交退还履约保证金或保函的申请，退还保函由项目经办人与中标单位收回，保函人在保函复印件上签名确认保函原件退回后，财务人员将保函原件退还中标单位，而退还履约保证金按汇款审批程序执行。

4.3.2 案例解析

甲建筑施工企业财务人员根据银行回单，做如下会计分录。

借：其他货币资金——银行保函　　　　　　　　　　　　　　740 000
　　财务费用——手续费支出　　　　　　　　　　　　　　　　740
　　应交税费——应交增值税（进项税额）　　　　　　　　　　120
　　贷：银行存款　　　　　　　　　　　　　　　　　　　740 860
借：银行存款　　　　　　　　　　　　　　　　　　　　1 033 000
　　贷：其他应收款——投标保证金　　　　　　　　　　　290 000
　　　　其他货币资金——投标保函　　　　　　　　　　　740 000
　　　　财务费用——利息收入　　　　　　　　　　　　　　3 000

第 5 章

合同签订阶段会计实务

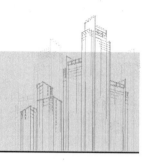

合同签订阶段的会计处理有助于建筑施工企业有效规避潜在的纠纷风险,确保各方共同理解并履行合同义务,对保障质量和工期的顺利进行具有重要作用。本章分析了建筑施工企业合同签订阶段的会计处理问题,对设备租赁、签订分包合同和签订借款合同的会计核算进行了分析,最后结合具体案例,为建筑施工企业在实践中处理好合同签订阶段的会计实务事项提供了有益参考。

5.1 合同签订阶段主要合同概述

5.1.1 设备租赁合同

(1) 设备租赁合同的定义

设备租赁合同是指当事人一方将特定设备交给另一方使用,另一方支付租金并于使用完毕后返还原物的协议,属于财产租赁合同的一种。其中,出租财产的一方为出租人,租赁财产的一方为承租人。

(2) 设备租赁合同的要素

设备租赁合同的要素主要有以下内容:租赁设备的名称、规格、型号;租赁设备的数量和质量;租赁设备的用途;租赁期限;租金和租金缴纳期限;如设备在异地,应约定设备的运输、拆卸、安装等事项及相关费用;如需出租方提供技术咨询、服务,应约定具体的时间和费用;租赁期间设备维修、保养的责任,一般由出租方负责,也可另行约定;违约责任;争议的解决方式,一般应先协商,协商不成,再申请仲裁或提起诉讼。

(3) 租赁识别标准

判断合同是否为租赁或包含租赁,需要同时满足以下 3 个条件。

① 存在一定租赁期间;

② 存在已识别资产;

③ 资产供应方向客户转移对已识别资产使用权的控制。

5.1.2 分包合同

(1) 分包合同的定义

分包合同是指总承包人承包建设工程后,经过发包人的同意,将其承包的某一非主要及专业性较强的部分工程,再另行发包给其他承包人,并与其签订的合同。

(2) 分包合同的业务流程

首先,分包企业或个人应按照合同约定与原承包商签订分包合同并支付预付款或保证金。在资金流方面,分包企业或个人应在收到预付款或保证金后及时开立专门的分包工程账户,并在分包合同执行过程中,将分包费用及时入账。其次,分包企业或个人要对分包工程的成本进行核算。分包成本由直接成本、间接成本和管理费用三部分组成。直接成本包括人工成本、材料成本、机械设备租赁费用等;间接成本包括水电费、耗材费、住宿费等;管理费用包括税费、保险费等。最后,在分包合同的履行过程中,分包企业或个人要及时开具发票,并按照税法规定进行税务处理及报税。同时,在工程分包合同履行完毕后,应将合同的账务处理完毕并进行结算。

5.1.3 借款合同

(1) 借款合同的定义

借款合同是借款人向贷款人借款,到期还款的合同,主要是在合同上规定借款的金额、利息和还款的时间的合同。

(2) 借款费用的确认

借款费用的确认主要解决的是将每期发生的借款费用资本化、计入相关资产的成本,还有将有关借款费用化、计入当期损益的问题。根据借款费用准则的规定,借款费用确认的基本原则是:企业发生的借款费用,可直接归属于符合资本化条件的资产的购建或者生产的,应当予以资本化,计入相关资产成本;其他借款费用,应当在发生时根据其发生额确认为费用,计入当期损益。

企业只有对发生在资本化期间内的有关借款费用,才允许资本化,资本化期间的确定是借款费用确认和计量的重要前提。借款费用资本化期间是指从借款费用开始资本化时点到停止资本化时点的期间,但不包括借款费用暂停资本化的期间。

1) 借款费用的确认原则

① 企业发生的借款费用可直接归属于符合资本化条件的资产购建或者生产的,应当予以资本化,计入相关资产成本。

② 其他借款费用应当在发生时根据其发生额确认为费用,计入当期损益。

2) 借款费用开始资本化的时点

① 资产支出已经发生的界定

资产支出已经发生是指企业已经发生了支付现金、转移非现金资产或者承担带息债务形式所发生的支出,赊购但承担的是不带息债务形式所发生的支出不属于资产支出。

a. 支付现金是指用货币资金支付符合资本化条件的资产的购建或者生产支出。

建筑施工企业用现金或者银行存款购买为建造符合资本化条件的资产的工程项目所需材料，支付有关职工薪酬，向劳务队伍支付劳务款等，这些支出均属于资产支出。

b. 转移非现金资产是指企业将自己的非现金资产直接用于符合资本化条件的资产的购建或者生产。

建筑施工企业用以货币资金购买的水泥，向某钢铁企业换取用于符合资本化条件的资产的工程项目建造所需用钢材，水泥成本属于资产支出。

c. 承担带息债务是指企业为了购建或者生产符合资本化条件的资产所需用物资等而承担的带息应付款项（如带息应付票据）。

建筑施工企业为购建或者生产符合资本化条件的资产而承担的带息债务应当作为资产支出（如果承担的是不带息债务，就不应当将购买价款计入资产支出），当该带息债务发生时，视同资产支出已经发生。

② 借款费用已经发生的界定

借款费用已经发生是指企业已经发生了因购建或者生产符合资本化条件的资产而专门借入款项的借款费用，或者所占用的一般借款的借款费用。

为使资产达到预定可使用或者可销售状态所必要的购建或者生产活动已经开始的界定，主要是指为使资产达到预定可使用或者可销售状态所必要的购建或者生产活动已经开始，符合资本化条件的资产的实体建造或者生产工作已经开始。

值得注意的是，一般借款利息资本化金额的计算与资产支出挂钩，承担带息债务形式发生的支出，如果不算资产支出，则无法计算一般借款利息资本化金额。赊购承担不带息债务不涉及利息资本化金额的计算，所以不算资产支出。

5.2 合同签订阶段的会计核算

5.2.1 合同签订阶段应设置的会计账户

合同签订阶段的会计核算涉及"其他业务收入""其他业务成本""累计折旧""长期应付款""合同履约成本""原材料""固定资产""合同负债""应付职工薪酬""短期借款""应交税费""其他应收款""管理费用""银行存款""应收账款"账户。其中"固定资产""银行存款""管理费用"账户，详见本书第3章；"应交税费""应收账款""其他应收款"账户，详见本书第4章。

(1)"其他业务收入"账户

该账户属于损益类账户，用于核算企业确认的除主营业务活动以外的其他经营活动实现的收入，包括出租固定资产、出租无形资产、出租包装物和商品、销售材料等实现的收入。借方登记期末结转的其他业务收入，贷方登记企业当期确认的各项其他业务收入，期末应将本账户余额全部转入"本年利润"账户后无余额。

(2)"其他业务成本"账户

该账户属于损益类账户，用于核算企业确认的除主营业务活动以外的其他经营活动所发生的支出，包括销售材料成本、出租固定资产的折旧额、出租无形资产的摊销额、出租包装物的成本或摊销额等。借方登记施工企业发生的其他业务成本，贷方登记期末结转的其他业务成本，期末应将本账户的余额全部转入"本年利润"账户后无余额。

（3）"累计折旧"账户

该账户属于资产类账户，用于核算建筑施工企业固定资产的累计折旧，借方登记企业因各种原因减少固定资产而相应转出的账面已提折旧，贷方登记企业按月计提的固定资产折旧和因增加固定资产而转入的折旧，期末余额在贷方，反映企业提取的固定资产折旧累计数。该账户可按固定资产的类别或项目进行明细核算，处置固定资产时应同时结转累计折旧。

（4）"长期应付款"账户

该账户属于负债类账户，是在较长时间内应付的款项，会计业务中的长期应付款是指除了长期借款和应付债券以外的其他多种长期应付款，主要有应付融资租入固定资产租赁费等内容。该账户借方登记应付款项的归还数额，贷方登记应付款项的发生数额，期末余额一般在贷方，反映企业尚未支付的各种长期应付款。

（5）"合同履约成本"账户

该账户属于资产类账户，用于核算建筑施工企业为履行当前或预期取得的合同所发生的、不属于其他会计准则规范、按照《企业会计准则第14号——收入》应当确认为一项资产的成本。建筑施工企业应在"合同履约成本"账户下设"工程施工"二级明细账户，核算各项工程施工合同发生的实际成本。同时按照建筑施工企业合同履约成本项目设置"直接人工""直接材料""机械使用费""其他直接费用""间接费用"三级明细账户。建筑施工企业存在分包工程时，还应按成本核算对象进行归集，设置"分包成本"三级明细账户。其中，将属于直接人工、直接材料、机械使用费和其他直接费用等的直接成本费用，直接计入有关合同履约成本。

（6）"原材料"账户

该账户属于资产类账户，是指企业购入的主要材料、结构件、机械配件和其他材料等，借方登记外购、自制、委托外单位加工完成、发包单位转账拨入、其他单位投入、盘盈等原因增加的材料物资；贷方登记领用、发出加工、对外销售以及盘亏、毁损等原因减少的材料；期末余额在借方，反映库存的材料物资。

（7）"合同负债"账户

该账户属于负债类账户，用于核算企业已收或应收客户对价而应向客户转让商品的义务。借方登记企业向客户转让相关商品时按照收入确认的金额；贷方登记企业在向客户转让商品之前，客户已经支付了合同对价或企业已经取得了无条件收取合同对价的权利，企业应当在客户实际支付款项与到期应支付款项孰早时点，登记该已收或应收的金额；期末余额在贷方，反映企业在向客户转让商品之前，已收到的合同对价或已经取得的无条件收取合同对价的权利的金额，该账户按合同进行明细核算。

（8）"应付职工薪酬"账户

该账户属于负债类账户，是用于核算企业应当支付给职工的工资、奖金、津贴和补贴的负债类账户。借方登记支付数额，贷方登记发生数额，期末余额在贷方，表示应付未付职工薪酬金额。

（9）"长期借款"账户

该账户属于负债类账户，是指企业向银行或其他金融机构借入的期限在1年以上（不含1年）的各种借款。借方登记还本付息的数额，贷方登记借入的款项及预计的应付利息，期末余额在贷方，表示尚未偿还的长期借款本息数额。

（10）"短期借款"账户

该账户属于负债类账户，是指企业根据生产经营的需要，从银行或其他金融机构借入的偿还期在一年以内的各种借款，包括生产周转借款、临时借款等。借方登记偿还的各种短期借款，贷方登记企业借入的各种短期借款，期末余额在贷方，反映企业尚未偿还的短期借款的本金。该账户按债权人设置明细账，并按借款种类、贷款人和币种进行明细核算。

5.2.2 签订设备租赁合同相关的会计核算

租赁涉及将设备租给他人和租入设备，下面介绍这两种情形下的会计核算。

（1）建筑施工企业租赁设备给他人

当建筑施工企业租赁给他人设备时，各期租金收入的确认如下：

借记"应收账款"或"其他应收款"等账户，贷记"其他业务收入——租赁收入"账户。当设备出租后实际收到租金时：借记"银行存款"账户，贷记"应收账款"或"其他应收款"等账户。

【例5-1】甲建筑施工企业将设备以3 000元每月的价格出租，出租后对方将租赁款打至本公司银行账户，做如下会计分录。

（1）租金收入的确认

借：应收账款　　　　　　　　　　　　　　　　　　　　　　3 000
　　贷：其他业务收入——租赁收入　　　　　　　　　　　　　　　　3 000

（2）设备出租后收到租金时

借：银行存款　　　　　　　　　　　　　　　　　　　　　　3 000
　　贷：应收账款　　　　　　　　　　　　　　　　　　　　　　　3 000

（2）建筑施工企业经营租赁方式租入设备

以经营租赁方式租入的固定资产不属企业的财产，不可以作为自有固定资产核算，通过设置"租入固定资产备查簿"进行登记。

每月或每年支付租金：借记"管理费用——租金"等账户，贷记"银行存款"账户。

【例5-2】甲建筑施工企业以经营租赁的方式租赁一台机器设备，每月租金3 500元，做如下会计分录。

借：管理费用——租金　　　　　　　　　　　　　　　　　　3 500
　　贷：银行存款　　　　　　　　　　　　　　　　　　　　　　　3 500

5.2.3 签订承包合同相关的会计核算

此阶段涉及合同负债事项，合同负债是指企业已收或者应收客户的对价而应向客户转让商品的义务，如企业在转让承诺的商品之前已收取的款项。工程承包是具有施工资质的承包者通过与工程项目的项目法人签订承包合同，负责承建工程项目的过程，具体会计核算内容如下。

① 收到预收备料款和预收工程款时：借记"银行存款"账户，贷记"合同负债"账户。

② 预收款预缴增值税时：借记"应交税费——预交增值税或简易计税"账户，贷记"银行存款"账户。

③ 收到客户拨来材料抵预付工程款时：借记"原材料""应交税费——应交增值税（进项税额）"账户，贷记"合同负债"账户。

④ 扣还预收的备料款（预付款）和工程款时：借记"合同负债"账户，贷记"应收账款"账户。

⑤ 退还多收的预收备料款（预付款）和预收工程款时：借记"合同负债"账户，贷记"银行存款"账户。

【例 5-3】甲建筑施工企业跨县市区签订工程承包合同，为乙企业完成工程项目，在转让承诺的承包项目之前已收取客户拨付的工程款 600 000 元和抵作备料款的钢材不含税价款 100 000 元，应预缴的增值税已通过银行支付。增值税按一般计税方法计税，增值税税率为 13%，预收工程款和钢材时，做如下会计分录。

借：银行存款　　　　　　　　　　　　　　　　　　　　　600 000
　　原材料　　　　　　　　　　　　　　　　　　　　　　100 000
　　应交税费——应交增值税（进项税额）　　　　　　　　 13 000
　贷：合同负债——预收工程款　　　　　　　　　　　　　713 000

5.2.4　签订借款合同的会计核算

企业经营需要生产设备、流动资金、对外投资等，建筑施工企业也不例外。从事各种经营活动需要大量货币资金，而建筑施工企业资本积累缓慢，靠权益性资金不能完全满足企业运营的资金需要，建筑施工企业通常会向金融机构借款来筹措生产资金。

【例 5-4】甲建筑施工企业向银行借款 1 000 000 元缓解资金短缺，借款期 3 年，做如下会计分录。

借：银行存款　　　　　　　　　　　　　　　　　　　　1 000 000
　贷：长期借款——本金　　　　　　　　　　　　　　　 1 000 000

【例 5-5】甲建筑施工企业向银行借款 1 000 000 元，借款期 6 个月，该笔借款产生印花税 500 元，做如下会计分录。

（1）借到款项存入银行时

借：银行存款　　　　　　　　　　　　　　　　　　　　1 000 000
　贷：短期借款　　　　　　　　　　　　　　　　　　　 1 000 000

（2）交印花税时

借：管理费用　　　　　　　　　　　　　　　　　　　　　　 500
　贷：银行存款　　　　　　　　　　　　　　　　　　　　　 500

5.3 案例分析

5.3.1 案例内容

乙公司将一工程承包给甲建筑施工企业,约定工程价款为 6 000 000 元(不含增值税),工期 2 年。增值税按照一般计税方法计算。做出甲建筑施工企业以下业务的会计分录。

① 乙公司与甲建筑施工企业签订工程合同,支付预付款 3 000 000 元并提供抵作备料款的板材价款 1 000 000 元,增值税税额 130 000 元。

② 丙公司向甲建筑施工企业租赁机器设备,约定租金为 2 000 元每月按月支付,设备原值为 50 000 元,使用年限为 10 年,按直线法计提折旧。该月款项已打至甲企业银行存款账户。

③ 因企业资金需要,甲建筑施工企业将原有的机器设备以 100 000 元的价格售卖给丁公司,并约定向丁公司回租该设备,机器剩余使用寿命 5 年,约定租金为每月 2 000 元,一直租到设备报废。

④ 甲建筑施工企业将与乙公司签订的工程合同一部分分包出去,与分包商约定该部分价款 4 000 000 元。

5.3.2 案例解析

甲建筑施工企业上述业务的会计分录如下。

(1) 甲乙公司业务的会计分录

签订合同收取预收款和备料款。

借:银行存款　　　　　　　　　　　　　　　　　　　　　　　3 000 000
　　原材料　　　　　　　　　　　　　　　　　　　　　　　　1 000 000
　　应交税费——应交增值税(进项税额)　　　　　　　　　　　　130 000
　　贷:合同负债——预收工程款　　　　　　　　　　　　　　　4 130 000

(2) 甲丙公司业务的会计分录

① 租金收入的确认。

借:应收账款　　　　　　　　　　　　　　　　　　　　　　　　2 000
　　贷:其他业务收入——租赁收入　　　　　　　　　　　　　　　2 000

② 设备出租后收到租金。

借:银行存款　　　　　　　　　　　　　　　　　　　　　　　　2 000
　　贷:应收账款　　　　　　　　　　　　　　　　　　　　　　　2 000

③ 按照直线法计提该设备折旧,月折旧额 = 50 000÷10÷12 = 416.67(元)。

借:其他业务成本　　　　　　　　　　　　　　　　　　　　　　416.67

贷：累计折旧　　　　　　　　　　　　　　　　　　　　　　　　　416.67

（3）甲丁公司业务的会计分录

① 固定资产融资性售后回租。

借：固定资产　　　　　　　　　　　　　　　　　　　　　　　　　120 000
　　贷：长期应付款——应付融资租赁款　　　　　　　　　　　　　120 000

② 机器剩余使用寿命5年，约定租金为每月2 000元，一直租到设备报废，所以该融资性售后回租设备，计提月折旧额2 000元。

借：管理费用　　　　　　　　　　　　　　　　　　　　　　　　　2 000
　　贷：累计折旧　　　　　　　　　　　　　　　　　　　　　　　　2 000

③ 每月支付租赁款时。

借：长期应付款——应付融资租赁款　　　　　　　　　　　　　　　2 000
　　贷：银行存款　　　　　　　　　　　　　　　　　　　　　　　　2 000

（4）甲与分包商之间业务的会计分录

① 与分包商签订分包合同时。

借：合同履约成本——工程施工　　　　　　　　　　　　　　　　　4 000 000
　　贷：应付账款　　　　　　　　　　　　　　　　　　　　　　　　4 000 000

② 完工付款时。

借：应付账款　　　　　　　　　　　　　　　　　　　　　　　　　4 000 000
　　贷：银行存款　　　　　　　　　　　　　　　　　　　　　　　　4 000 000

第 6 章

物资采购和资产管理阶段会计实务

物资采购和资产管理是建筑施工企业施工过程中必不可少的环节,对保证建筑施工企业生产和运营活动的有序开展起重要作用。本章阐述了建筑施工企业在物资采购和资产管理阶段的会计处理问题,对存货、固定资产和无形资产的会计核算进行了分析,最后结合具体案例,为建筑施工企业在实践中处理好物资采购和资产管理阶段的会计实务事项提供了有益参考。

6.1 存货概述及其会计核算

6.1.1 存货概述

(1) 存货的含义

存货是指建筑施工企业日常工作中持有以备出售的产品、处在生产过程中的在产品、在生产过程或提供劳务过程中耗用的材料或物料等,包括各类材料、在产品、半成品、产成品、包装物、低值易耗品、委托加工物资等。存货具有较强的流动性和变形能力,在企业中存货经常处于不断销售、耗用、购买及重置中。存货的确认和计量对建筑施工企业具有重大意义,建筑施工企业必须加强对存货的管理与核算。

(2) 存货的分类

建筑施工企业在物资采购和资产管理阶段,存货可分为库存材料、周转材料、在途材料、委托加工物资、在建施工产品和施工产品。

1) 库存材料

库存材料是指建筑施工企业为保证生产和经营顺利进行,在其生产和经营活动中采购而未经直接转化、处理的各种原材料、半成品、备品备件等物品,存放在仓库、储藏室等专门的储存设施中,并且这些物品的购买和存储是为了降低生产成本及保证生产和经营顺利开展所必需的。库存材料包括主要材料、结构件、机械配件、其他材料等。

2) 周转材料

周转材料是指建筑施工企业在施工生产中能够多次使用,并可基本保持原来的物质形态，但价值逐渐转移的各种材料，主要包括钢模板、木模板、脚手架、其他周转材料和低值易耗品等。周转材料按其在施工生产过程中的用途可以分为几类，如表 6-1 所列。

表 6-1 周转材料的分类

分类	主要说明
模板	指浇灌混凝土使用的木模、组合钢模以及配合模板使用的支撑材料、滑模材料、构件等，按固定资产管理的固定钢模和现场固定大型钢模板不包括在内
挡板	指土方工程使用的挡土板等，包括支撑材料在内
脚手架	指搭脚手架的竹竿、木杆、竹木跳板，钢管脚手架及其附件等
其他周转材料	指除以上各类之外，作为存货管理的其他周转材料，如塔吊使用的轻轨、枕木等
低值易耗品	指不作为固定资产核算的各种用具物品，如工具、管理用具、玻璃器皿等

3）在途材料

在途材料是指建筑施工企业已经支付货款，但尚未运到企业，正在运输途中的各种材料，以及虽已运到企业，但尚未办理验收入库手续的各种材料。

4）委托加工物资

委托加工物资是指企业提供材料、商品委托外单位代为加工的各种物资。建筑施工企业委托外单位加工物资的成本包括加工中实际耗用物资的成本、支付的加工费用及应负担的运杂费、支付的税费等。

5）在建施工产品

在建施工产品是指已经进行施工生产，但月末尚未完成预算定额规定的全部工序和工作内容的工程。

6）施工产品

施工产品是指建筑施工企业已经完成预算定额规定的全部工序并验收合格，可以按照合同规定的条件移交建设单位或发包单位的工程。

6.1.2 库存材料的会计处理

（1）库存材料核算应设置的会计账户

库存材料核算应设置的会计账户主要有"原材料""在途物资""应付票据""预付账款""应付账款"和"应交税费"账户，其中"原材料"账户详见本书第 3 章，"应交税费"账户详见本书第 4 章。

1）"在途物资"账户

该账户属于资产类账户，本账户用于核算企业货款已付，但尚未验收入库的在途材料、商品等物资的采购成本。借方登记已支付货款而尚未到达或尚未验收入库的各种存货的实际成本，贷方登记已验收入库的各种存货的实际成本，期末余额在借方，反映企业在途材料、商品等物资的采购成本。

2)"应付票据"账户

该账户属于负债类账户,用来核算企业因购买材料、商品和接受劳务供应等开出、承兑的商业汇票(包括商业承兑汇票和银行承兑汇票),该账户借方登记收到银行付款通知后实际支付的款项,贷方登记企业已开出、承兑的汇票或以承兑汇票抵付的货款,月末余额在贷方,表示尚未到期的商业汇票的票面余额。

3)"预付账款"账户

该账户属于资产类账户,是指企业按照购货合同的规定,由购货方预先支付一部分货款给供应方而发生的一项债权。预付账款按实际付出的金额入账,如预付的材料、商品采购货款等。建筑施工企业预付账款主要包括预付工程款、预付备料款等。借方登记企业向供货商预付的货款,贷方登记企业收到所购物品应结转的预付货款,期末借方余额反映企业向供货单位预付而尚未发出货物的预付货款;期末如为贷方余额,反映企业尚未补付获得商品和劳务的款项。本账户按可供应单位和分包单位设置明细账户进行明细核算。

4)"应付账款"账户

该账户属于负债类账户,本账户用于核算企业因购买材料、商品或接受劳务供应等发生的债务,即由买卖双方的物资劳务与支付货款在时间上的不一致而产生的负债。本账户借方表示应付账款的减少,贷方表示应付账款的增加。本账户期末贷方余额,反映企业尚未支付的应付账款。

(2)库存材料的会计核算

① 对于已经验收入库但发票账单尚未到达的材料物资,在月份内可暂不入账,待发票账单到达时再按发票账单的金额记账。如果月终发票账单仍未到达,企业应按合同价格或计划、预算价格暂估入账直接借记"原材料"账户,贷记"应付账款"账户,以便在月份会计报表上真实反映库存材料物资的结存情况。但下月初,要用红字冲回,待收到发票账单付款或开出承兑商业汇票时,按正常程序,借记"原材料"和"应交税费——应交增值税(进项税额)"账户,贷记"银行存款"或"应付票据"等账户。

② 企业根据合同规定预付给供应单位的购货定金或部分货款,应作为预付供应单位款在"预付账款"账户核算,不能将预付款作为购入材料物资的价款入账。企业只有在收到购货发票账单后,才能根据发票账单列示的金额登记"材料采购"账户,同时将预付的货款转入"应付账款"账户。

③ 若发票账单已经收到并已支付或承付货款,但材料尚未到达,应按支付或承付的数额,记入"在途物资"或"材料采购"和"应交税费——应交增值税(进项税额)"账户,待材料到达并验收入库后,再按材料的实际成本或计划成本转入"原材料"等账户。

④ 采购的材料物资在运输途中发生的短缺和毁损,应根据不同情况做相应的账务处理。属于定额内的合理损耗计入材料的采购成本;属于供应单位、运输机构、保险公司或其他过失人负责赔偿的损失,应根据赔偿请求单所列的索赔金额,借记"应收账款""其他应收款"等账户,贷记"材料采购"等账户。

【例6-1】 甲建筑施工企业经税务部门核定为一般纳税人,2022年4月2日,购入木材一批,尚未入库,取得的增值税专用发票上注明的价款为8 000元,增值税额为900元,按实际成本计价,发票等结算凭证已经收到,货款已通过银行转账支付。4月15日,该批木材已验收入库,该批木材按实际成本记账,做如下会计分录。

(1) 木材尚未入库，支付价款时

借：在途物资——木材　　　　　　　　　　　　　　　　　8 000
　　应交税费——应交增值税（进项税额）　　　　　　　　900
　　贷：银行存款　　　　　　　　　　　　　　　　　　　　　　8 900

(2) 木材验收入库时

借：原材料——木材　　　　　　　　　　　　　　　　　　8 000
　　贷：在途物资——木材　　　　　　　　　　　　　　　　　　8 000

【例6-2】 假设甲建筑施工企业于2022年7月2日领用木材4 000元用于施工生产，管理部门领用木材3 600元，按实际成本计价，木材领用做如下会计分录。

结转各消耗单位耗用材料的计划成本。

借：合同履约成本——工程施工——直接材料　　　　　　4 000
　　管理费用　　　　　　　　　　　　　　　　　　　　　3 600
　　贷：原材料——木材　　　　　　　　　　　　　　　　　　7 600

【例6-3】 甲建筑施工企业向水泥厂采购水泥一批，价款200 000元，增值税额18 000元，按照合同规定，甲建筑施工企业应向水泥厂预付100 000元，按实际成本计价，验收货物后补付余款。甲建筑施工企业做如下会计分录。

借：预付账款——水泥厂　　　　　　　　　　　　　　　100 000
　　贷：银行存款　　　　　　　　　　　　　　　　　　　　　100 000

【例6-4】 上述【例6-3】中水泥到货，验收入库，余款通过银行存款支付，会计分录如下。

借：原材料　　　　　　　　　　　　　　　　　　　　　200 000
　　应交税费——应交增值税（进项税额）　　　　　　　18 000
　　贷：预付账款——水泥厂　　　　　　　　　　　　　　　218 000

借：预付账款——水泥厂　　　　　　　　　　　　　　　118 000
　　贷：银行存款　　　　　　　　　　　　　　　　　　　　　118 000

6.1.3　周转材料的会计处理

(1) 周转材料核算应设置的会计账户

周转材料会计处理应设置的会计账户有"周转材料"账户，本账户用于核算企业周转材料，包括包装物、低值易耗品，以及建筑施工企业的钢模板、木模板、脚手架等的成本。

1) 采用一次转销法时

"周转材料"账户借方登记企业库存及在用周转材料的计划成本或实际成本以及报废周转材料的累计已提摊销额，贷方登记周转材料摊销价值以及因盘亏、报废、毁损等原因减少的周转材料价值。期末借方余额反映建筑施工企业所有在库周转材料的成本，以及在用周转材料的摊余价值，本账户应按周转材料的种类设置明细账进行核算。

2) 采用其他摊销法时

在"周转材料"账户下设置"在库周转材料""在用周转材料"和"周转材料摊销"

明细账户。领用时应按其账面价值借记本账户（在用），贷记本账户（在库）；摊销时应按摊销额，借记"管理费用""合同履约成本——工程施工"等账户，贷记本账户（摊销）。周转材料报废时应补提摊销额，借记"管理费用""合同履约成本——工程施工"等账户，贷记本账户（摊销）；同时，按报废周转材料的残料价值，借记"原材料"等账户，贷记"管理费用""合同履约成本——工程施工"等账户，并转销全部已提摊销额。借记本账户（摊销），贷记本账户（在用）。

（2）周转材料的会计核算

1）周转材料购入的会计核算

建筑施工企业购入或委托外单位加工完成并已验收入库的周转材料、建筑施工企业接受的债务人以非现金资产抵偿债务方式取得的周转材料、非货币性交易取得的周转材料等，以及周转材料的清查盘点，按照原材料的核算方法进行会计处理。

2）周转材料领用、摊销的核算

① 一次摊销法。一次摊销法指在领用周转材料时，将其全部价值一次计入工程成本或有关费用的摊销方法。这种方法一般适用摊销易腐、易潮、易损坏或价值较低、使用期限较短的周转材料，如安全网等。

【例 6-5】甲建筑施工企业施工现场领用一次摊销的玻璃器皿，成本 1 400 元，按实际成本计价，做如下会计分录。

借：合同履约成本——工程施工——直接材料　　　　　　　　　　　1 400
　　贷：周转材料——在库其他周转材料　　　　　　　　　　　　　　1 400

② 分次摊销法。分次摊销法指根据周转材料的预计使用次数、原值、预计残值确定每次摊销额，将其价值分次计入工程成本或有关费用的摊销方法。这种方法适用于摊销预制钢筋混凝土构件时所使用的定型模板、模板、挡板等周转材料。其计算公式为：

$$本期摊销额 = 每次摊销额 \times 本期使用次数$$

$$周转材料每次摊销额 = \frac{周转材料原料 \times (1 - 残值率)}{预计使用次数}$$

【例 6-6】甲建筑施工企业本月施工现场领用分次摊销的模板，成本 36 000 元，按实际成本计价，预计使用 5 次，本月使用三次预计残值率 10%，做如下会计分录。

（1）本月领用时

借：周转材料——在用模板　　　　　　　　　　　　　　　　　　　36 000
　　贷：周转材料——在库模板　　　　　　　　　　　　　　　　　　36 000

（2）本月应提摊销额

计算本月应计提摊销额 = 36 000 × (1 - 10%) ÷ 5 = 6 480

借：合同履约成本——工程施工——直接材料　　　　　　　　　　　6 480
　　贷：周转材料——在用模板摊销　　　　　　　　　　　　　　　　6 480

③ 五五摊销法。五五摊销法指的是第一次领用周转材料时摊销一半价值，当报废时再摊销另一半价值的方法。根据这种方法应在"周转材料"总账账户下，分设"周转材料——在库低值易耗品""周转材料——在用低值易耗品""周转材料——摊销低值易耗品"二级账户，其账务处理如下。

从仓库领用发交使用部门时，根据低值易耗品的成本借记"低值易耗品——在用低值易耗品"账户,贷记"低值易耗品——在库低值易耗品"账户;同时按其价值的50%,借记"制造费用""管理费用""其他业务成本"等账户,贷记"低值易耗品——低值易耗品摊销"账户。

报废时应根据报废低值易耗品价值的另外50%,借记"合同履约成本——工程施工——间接费用""管理费用""其他业务成本"等账户,贷记"低值易耗品——低值易耗品摊销"账户。同时注销低值易耗品成本及其已摊销价值,借记"低值易耗品——低值易耗品摊销"账户,贷记"低值易耗品——在用低值易耗品"账户。

如有残值,应计价入库,借记"原材料"等账户,贷记"合同履约成本——工程施工——间接费用""管理费用""其他业务成本"等账户。

3) 周转材料报废、退库的核算

【例6-7】甲建筑施工企业2022年领用脚手架一批用于某工程,其账面价值为50 000元,实际收回残料价值为3 000元,脚手架已提摊销额47 000元,将残料验收入库,做如下会计分录。

借:原材料　　　　　　　　　　　　　　　　　　　　　　　　3 000
　　周转材料——周转材料摊销　　　　　　　　　　　　　　　47 000
　贷:周转材料——周转材料在用　　　　　　　　　　　　　　　　　50 000

6.1.4 存货清查的会计处理

存货清查是指通过对存货的实地盘点,确定存货的实有数量,并与账面结存数核对,从而确定存货实存数与账面结存数是否相符的一种专门方法。存货清查的方法采用实地盘点法,按照清查的对象和范围不同,分为全面清查和局部清查;按清查时间,分为定期清查与不定期清查。

存货盘盈指的是存货的实存数超过账面结存数量;存货盘亏是指存货的实存数量少于账面结存数量。通过对存货的清查,确定各类存货的实际库存量,并将其与账面余额进行核对,找出盘盈、盘亏、毁损的数量及原因,使建筑施工企业明确责任。并根据清查结果编制存货盘点报告表,按规定程序报经有关部门批准后,进行相关的会计处理。对在清查中发现过剩的、积压的、呆滞的材料,要及时处理以加快存货资金的周转。

(1) 存货清查核算应设置的会计账户

存货清查的会计处理应设置"待处理财产损溢"账户。本账户用于核算企业在清查财产过程中已经查明的各种财产物资的盘盈、盘亏和毁损。应在本账户下设置"待处理流动资产损溢"明细账户。其借方登记盘亏的存货和经批准后转销的存货盘盈数;贷方登记盘盈的存货、经批准后转销的存货盘亏和毁损数。本账户月末如为借方余额,反映尚未处理的各种财产物资的净损失;如为贷方余额,反映尚未处理的各种财产物资的净溢余。

(2) 存货盘盈的会计核算

存货盘盈指的是存货的实存数超过账面结存数量的差额。存货发生盘盈时,应按照同类或相似存货的市场价格作为实际成本及时登记入账,借记相关存货账户,贷记"待处理财产损溢——待处理流动资产损溢"账户;待查明原因报经批准处理后,冲减当期管理费用。

【例 6-8】甲建筑施工企业 2022 年 8 月在存货清查中发现一批甲材料盘盈，甲材料市场价格为 3 500 元，按实际成本计价，做如下会计分录。

(1) 发现盘盈时

借：原材料　　　　　　　　　　　　　　　　　　　　　　　　3 500
　　贷：待处理财产损溢——待处理流动资产损溢　　　　　　　　　　3 500

(2) 报经批准处理后

借：待处理财产损溢——待处理流动资产损溢　　　　　　　　　　　3 500
　　贷：管理费用　　　　　　　　　　　　　　　　　　　　　　　3 500

(3) 存货盘亏的会计核算

存货盘亏是指存货的实存数量少于账面结存数量的差额。存货发生盘亏，应及时转销其账面成本，借记"待处理财产损溢——待处理流动资产损溢"账户，贷记"原材料""周转材料""库存商品"等存货账户。待查明原因报经批准后，根据导致盘亏的原因，分别按照以下情况进行会计处理。

① 属于因管理不善造成的货物被盗、丢失、霉烂变质，以及因违反法律法规或者被依法没收、销毁、拆除造成的存货短缺，应先扣除其残料价值、可以收回的保险赔偿或其他过失人的赔偿，然后，对因管理不善造成的损失存货已抵扣的增值税进项税额予以转出，将净损失计入管理费用。

② 属于自然灾害等非正常原因造成的损失，损失存货已抵扣的增值税进项税额不需要转出，应将扣除处置收入、过失人赔偿和可以收回的保险赔款后的净损失计入营业外支出。

【例 6-9】甲建筑施工企业在财产清查中发现损毁木材 150 千克，实际成本为 22 000 元，相关增值税专用发票上注明的增值税税额为 2 860 元。经查属于材料保管员的过失，按规定由其个人赔偿 16 000 元。建筑施工企业做如下会计分录。

(1) 批准处理前

借：待处理财产损溢——待处理流动资产损溢　　　　　　　　　　24 860
　　贷：原材料——木材　　　　　　　　　　　　　　　　　　　　22 000
　　　　应交税费——应交增值税（进项税额转出）　　　　　　　　　2 860

(2) 批准处理后

借：其他应收款——材料保管员　　　　　　　　　　　　　　　　16 000
　　管理费用　　　　　　　　　　　　　　　　　　　　　　　　　8 860
　　贷：待处理财产损溢——待处理流动资产损溢　　　　　　　　　24 860

6.2　固定资产概述及其会计处理

6.2.1　固定资产的含义及其分类

(1) 固定资产的含义

固定资产是指使用期限较长，单位价值较高，并且在使用过程中保持原有实物形态的资产，它是建筑施工企业从事施工生产活动的主要劳动资料。建筑施工企业中固定资产的取得、折旧、清理等会计业务全关重要，因此企业应加强对固定资产的核算和管理。固定资产具有以下 3 个特征。

① 固定资产为生产商品、提供劳务、出租或经营管理而持有。固定资产属于非流动性资产。企业持有固定资产的目的是生产商品、提供劳务、出租或经营管理，而不是直接用于出售，这是固定资产最基本的特征。

② 固定资产使用寿命超过一个会计年度。固定资产通常表现为机器、机械、房屋建筑物、运输工具等实物形态，其使用年限超过一年，或者超过长于一年的一个营业周期，并且能多次参加施工生产经营过程而不改变其原有的实物形态。

③ 固定资产为有形资产。固定资产具有实物形态，这一特征将固定资产与无形资产区别开来，这是固定资产最本质的特征。

（2）固定资产的分类

固定资产按其经济用途、使用情况、所有权可以分为几类，如表 6-2 所列。

表 6-2 固定资产的分类

按经济用途分类	① 生产经营用固定资产，是指在使用中的、直接用于施工生产过程或为生产经营提供服务的各类固定资产。 ② 非生产经营用固定资产，是指在使用中的、不直接使用于施工生产过程和不直接使用于生产经营的各类固定资产
按使用情况分类	① 使用中的固定资产，是指投入使用中的固定资产，包括经营性固定资产和非经营性固定资产。 ② 未使用固定资产，是指已完工或已购买建造的尚未交付使用的新增固定资产，以及因为改扩建等原因停止使用的固定资产。 ③ 不需用固定资产，是指本企业多出的或不适用的，需要调配处理的固定资产
按所有权分类	① 自有固定资产，是指企业拥有的可随意支配的固定资产。一般情况下，除经营性租入固定资产外，企业拥有或掌控的固定资产都是企业的自有固定资产。 ② 租入固定资产，是指企业采用租赁方式从外面单位租入的固定资产。租赁可分为经营性租赁和融资租赁

6.2.2 固定资产核算应设置的会计账户

固定资产核算应设置的会计账户主要有"固定资产""累计折旧""固定资产清理""工程物资""在建工程""待处理固定资产损溢""营业外收入""营业外支出""应付票据""预付账款""应付账款""利润分配"和"应交税费"账户。其中"固定资产"账户详见本书第 3 章；"应交税费""应付票据""预付账款""应付账款"账户详见本书第 4 章；"累计折旧"账户详见本书第 5 章。

（1）"固定资产清理"账户

该账户属于资产类的账户，用来核算企业因出售、报废和毁损等原因转入清理的固定资产价值以及在清理过程中所发生的清理费用和清理收入。借方登记因各种原因转入清理的固定资产账面价值、清理过程中发生的费用和清理后的净收益，贷方登记清理过程中收回的出售固定资产的价款、残料价值、变价收入等，以及应由保险公司或过失人赔偿的损失和清理后的净损失。结转固定资产清理净收益或净损失后，本账户应无余额。

（2）"工程物资"账户

该账户属于资产类账户，本账户用于核算企业为在建工程准备的各种物资的成本。借方登记企业购入为工程准备物资的实际成本、企业为购置大型设备而预付的款项以及工程完工后对领出的剩余物资办理退库手续的金额等，贷方登记工程领用物资、工程完工将为生产准备的工具及器具交付生产使用时的实际成本等，期末余额在借方，反映企业为在建工程准备的各种物资的成本。企业可按"专用材料""专用设备""工器具"等进行明细核算。

（3）"在建工程"账户

该账户属于资产类账户，本账户用于核算企业资产负债表日企业尚未达到预定可使用状态的在建工程的期末账面价值和企业为在建工程准备的各种物资的期末账面价值。借方登记固定资产购建工程已经发生的全部支出，贷方登记改、扩建工程发生的变价收入和已完工交付使用工程的实际成本，期末余额在借方，反映企业尚未达到预定可使用状态的在建工程的成本。

（4）"待处理固定资产损溢"账户

本账户用于核算企业在清查财产过程中已经查明的各种财产物资的盘盈、盘亏和毁损。本账户月末如为借方余额，反映尚未处理的各种财产物资的净损失；如为贷方余额，反映尚未处理的各种财产物资的净溢余。

（5）"营业外收入"账户

该账户属于损益类账户，本账户用于核算与企业日常活动无直接关系的各项利得，主要包括非流动资产处置利得、盘盈利得、政府补助、捐赠利得、非货币性资产交换利得、债务重组利得、确实无法支付而按规定程序转入营业外收入的应付账款等。借方登记期末结转入本年利润的营业外收入，贷方登记企业各项营业外收入，结转后本账户无余额。

（6）"营业外支出"账户

该账户属于损益类账户，本账户用于核算与企业生产经营活动没有直接关系的各项支出，包括非流动资产处置损失、非货币性资产交换损失、债务重组损失、公益性捐赠支出、非常损失、盘亏损失等。借方登记企业发生的各项营业外支出，贷方登记期末余额转入"本年利润"账户数，结转后本账户无余额。

（7）"利润分配"账户

本账户是企业在一定时期（通常为年度）内对所实现的利润总额以及从联营单位分得的利润，按规定在国家与企业、企业与企业之间的分配，属于所有者权益类账户。其借方表示减少，贷方表示增加。借方是已分配的利润或转入的亏损，贷方是转入的净利润。年末结转后的"利润分配——未分配利润"账户，贷方期末余额反映的是累计的未分配利润，借方期末余额反映的是累计的未弥补亏损。

6.2.3 固定资产的会计核算

（1）购入固定资产的核算

建筑施工企业购入固定资产的价值，为支付的全部实际价款，包括买价、支付的包装费、运杂费、安装成本及缴纳的税金等。

① 购入不需要安装的固定资产应按实际支付的价款作为原价入账，借记"固定资产"账户，贷记"银行存款"等账户。

【例 6-10】甲建筑施工企业购入一台不需要安装的施工用设备，买价 5 000 元，包装及运杂费 260 元，以银行存款支付，做如下会计分录。

借：固定资产——生产经营用固定资产　　　　　　　　　　　　　5 260
　　贷：银行存款　　　　　　　　　　　　　　　　　　　　　　　　　5 260

② 计算购入需要安装的固定资产，应在购入的固定资产取得成本的基础上加上安装调试成本等，作为购入固定资产的成本。先通过"在建工程"账户核算，待安装完毕达到预定可使用状态时，再由"在建工程"账户转入"固定资产"账户。

【例 6-11】甲建筑施工企业购入一台设备，用银行存款支付买价和运输费共 12 000 元（不考虑增值税因素），以自营方式交付安装，领用材料实际成本为 8 000 元，发生人工费 2 000 元，设备安装完毕交付生产部门使用，做如下会计分录。

（1）支付购入设备价款

借：在建工程　　　　　　　　　　　　　　　　　　　　　　　　12 000
　　贷：银行存款　　　　　　　　　　　　　　　　　　　　　　　　　12 000

（2）安装中领用材料和发生的人工费

借：在建工程　　　　　　　　　　　　　　　　　　　　　　　　10 000
　　贷：原材料　　　　　　　　　　　　　　　　　　　　　　　　　　8 000
　　　　应付职工薪酬　　　　　　　　　　　　　　　　　　　　　　　2 000

（3）设备安装完毕，交付使用时

借：固定资产　　　　　　　　　　　　　　　　　　　　　　　　22 000
　　贷：在建工程　　　　　　　　　　　　　　　　　　　　　　　　　22 000

（2）自营建造固定资产的核算

以自营方式建造固定资产，其成本应当按照直接材料、直接人工、直接机械施工费等计量。自营建造的固定资产达到预定可使用状态后，按其发生的实际成本结转企业的固定资产成本；工程完工后，剩余的工程物资转作原材料，应按其实际成本进行结转。盘盈、盘亏、报废及毁损的工程物资，减去残料价值以及保险公司、过失人赔偿后的净损益，分别按以下情况处理：如果工程项目正在建设中，计入或冲减所建工程项目的成本；如果工程项目已经完工，计入当期损益。

自营建造的固定资产达到预定可使用状态前因必须进行试运转所发生的净支出，计入工程成本。所建造的固定资产已达到预定可使用状态，但尚未办理竣工决算，应当自达到预定可使用状态之日起，根据工程预算、造价或者工程实际成本等，按暂估价值转入固定资产成本，待办理竣工决算手续后再调整原来的暂估价值。

【例6-12】甲建筑施工企业自建移动宿舍楼，领用专用材料50 000元。以银行存款支付施工机械租赁费1 500元，应付施工人员工资6 600元。一年后自建宿舍楼完工交付使用，做如下会计分录。

（1）施工中领用专用材料

借：在建工程　　　　　　　　　　　　　　　　　　　　　　50 000
　　贷：工程物资　　　　　　　　　　　　　　　　　　　　　　50 000

（2）支付机械租赁费

借：在建工程　　　　　　　　　　　　　　　　　　　　　　　1 500
　　贷：银行存款　　　　　　　　　　　　　　　　　　　　　　 1 500

（3）结转应付施工人员工资

借：在建工程　　　　　　　　　　　　　　　　　　　　　　　6 600
　　贷：应付职工薪酬　　　　　　　　　　　　　　　　　　　　 6 600

（4）宿舍楼交付使用，结转实际建造成本

借：固定资产　　　　　　　　　　　　　　　　　　　　　　　58 100
　　贷：在建工程　　　　　　　　　　　　　　　　　　　　　　58 100

（3）接受捐赠固定资产的核算

建筑施工企业接受捐赠的固定资产，在会计核算上，以所接受捐赠的固定资产公允价值为基础确定入账价值，记入"固定资产"账户；同时，按其公允价值确认营业外收入。

【例6-13】甲建筑施工企业接受捐赠设备一台，按照同类设备的市场价格确认其公允价值36 000元，发生包装运输费用1 600元，假设不考虑增值税和所得税。建筑公司收到捐赠设备时，做如下会计分录。

借：固定资产　　　　　　　　　　　　　　　　　　　　　　　37 600
　　贷：银行存款　　　　　　　　　　　　　　　　　　　　　　 1 600
　　　　营业外收入　　　　　　　　　　　　　　　　　　　　　36 000

（4）固定资产折旧的核算

对固定资产计提折旧的过程，实质上就是固定资产的价值转移过程。企业按月计提的固定资产折旧应通过"累计折旧"账户核算，并根据用途计入相关资产的成本或当期损益。"累计折旧"账户只进行总分类核算，不进行明细分类核算。当需要查明某项固定资产的已提折旧时，可以根据固定资产卡片上所记载的该项固定资产原价、折旧率和实际使用年数等资料进行计算。

固定资产折旧计算表是用来计算各月提取固定资产折旧额的一种表格，在实际工作中建筑施工企业按月编制"固定资产折旧计算及分配表"作为计算和分配折旧费的依据。

【例6-14】甲建筑施工企业某月编制的"固定资产折旧计算及分配表"如表6-3所列。

表6-3　某建筑施工企业某月固定资产折旧计算及分配表

固定资产类别	固定资产原价	月折旧额	按使用对象分配			
			工程施工	机械作业	管理费用	其他业务成本
房屋及建筑物	390 000	390	300		90	

续表

固定资产类别	固定资产原价	月折旧额	按使用对象分配			
			工程施工	机械作业	管理费用	其他业务成本
运输设备	480 000	2 400	1 000		1 400	
施工机械	360 000	1 440		1 440		
其他固定资产	100 000	500			200	300
合计	1 330 000	4 730	1 300	1 440	1 690	300

根据以上表格资料，做如下会计分录。

借：合同履约成本——工程施工——直接材料　　　　1 300
　　　机械费用　　　　　　　　　　　　　　　　　　1 440
　　　管理费用　　　　　　　　　　　　　　　　　　1 690
　　　其他业务成本　　　　　　　　　　　　　　　　300
　　贷：累计折旧　　　　　　　　　　　　　　　　　　4 730

（5）固定资产处置的会计核算

企业出售、转让、报废固定资产或发生固定资产毁损，应当将处置收入扣除账面价值和相关税费后的金额计入当期损益。固定资产处置通常通过"固定资产清理"账户进行核算。

企业因出售、转让、报废或毁损、对外投资、非货币性资产交换、债务重组等处置固定资产，其会计处理由以下几个步骤组成。

① 固定资产转入清理。固定资产转入清理时，按固定资产账面价值，借记"固定资产清理"账户，按已计提的累计折旧，借记"累计折旧"账户，按已计提的减值准备，借记"固定资产减值准备"账户，按固定资产账面余额，贷记"固定资产"账户。

② 发生的清理费用。固定资产清理过程中发生的有关费用以及应支付的相关税费，借记"固定资产清理"账户，贷记"银行存款""应交税费"等账户。

③ 出售收入和残料等的处理。按实际收到的出售价款以及残料变价收入等，借记"银行存款""原材料"等账户，贷记"固定资产清理""应交税费——应交增值税"等账户。

④ 保险赔偿的处理。企业计算或收到的应由保险公司或过失人赔偿的损失，应冲减清理支出，借记"其他应收款""银行存款"等账户，贷记"固定资产清理"账户。

⑤ 清理净损益的处理。固定资产清理完成后的净收益或净损失，属于正常出售、转让所产生的利得或损失，借记或贷记"资产处置损益"账户，贷记或借记"固定资产清理"账户；属于已丧失使用功能正常报废所产生的利得或损失，借记或贷记"营业外支出——非流动资产报废"账户，贷记或借记"固定资产清理"账户；属于自然灾害等非正常原因造成的，借记或贷记"营业外支出——非常损失"账户，贷记或借记"固定资产清理"账户。

【例 6-15】 甲建筑施工企业出售一台二手打桩机，原价为 60 000 元，已使用 5 年，已提折旧为 38 000 元，已收到出售该固定资产的价款 20 000 元，处置费用 500 元，均已通过银行转账结算，本题不考虑增值税因素，做如下会计分录。

(1) 转销固定资产的原价和累计折旧时

借：固定资产清理　　　　　　　　　　　　　　　　22 000
　　累计折旧　　　　　　　　　　　　　　　　　　38 000
　　贷：固定资产　　　　　　　　　　　　　　　　　　　　60 000

(2) 支付处置费用时

借：固定资产清理　　　　　　　　　　　　　　　　　　500
　　贷：银行存款　　　　　　　　　　　　　　　　　　　　　500

(3) 收到出售设备价款时

借：银行存款　　　　　　　　　　　　　　　　　　20 000
　　贷：固定资产清理　　　　　　　　　　　　　　　　　　20 000

(4) 结转出售固定资产净损失时

借：资产处置损益　　　　　　　　　　　　　　　　 2 500
　　贷：固定资产清理　　　　　　　　　　　　　　　　　　 2 500

(6) 固定资产盘点的会计核算

1) 盘盈的固定资产

固定资产盘盈指固定资产在盘点清查过程中发现未曾入账或超过账面数量的固定资产。建筑施工企业对盘盈的固定资产要查明原因，并按规定报主管部门审批，并调整账面记录。

2) 盘亏的固定资产

企业在财产清查中盘亏的固定资产，按盘亏固定资产的账面价值，借记"待处理财产损溢"账户，按已计提的累计折旧，借记"累计折旧"账户，按固定资产的原价，贷记"固定资产"账户。按管理权限报经批准后处理时，按可收回的保险赔偿或过失人赔偿，借记"其他应收款"账户，按应计入营业外支出的金额，借记"营业外支出——盘亏损失"账户，贷记"待处理财产损溢"账户。

【例6-16】甲公司进行财产清查时发现短缺一台笔记本电脑，原价为10 000元，已计提折旧7 000元。甲公司做如下会计分录。

(1) 盘亏固定资产时

借：待处理财产损溢　　　　　　　　　　　　　　　 3 000
　　累计折旧　　　　　　　　　　　　　　　　　　 7 000
　　贷：固定资产　　　　　　　　　　　　　　　　　　　　10 000

(2) 报经批准转销时

借：营业外支出——盘亏损失　　　　　　　　　　　 3 000
　　贷：待处理财产损溢　　　　　　　　　　　　　　　　　 3 000

6.3 无形资产概述及其会计处理

6.3.1 无形资产的含义及分类

(1) 无形资产的含义

无形资产是指没有实物形态的可辨认非货币性资产。无形资产具有广义和狭义之分，广义的无形资产包括金融资产、长期股权投资、专利权、商标权等，因为它们没有物质实体，而是表现为某种法定权利或技术。作为建筑施工企业主要的价值来源的无形资产是企业拥有或控制的无实物形态，基于合同、法规或其他载体因而可辨认的，与企业经营、知识、技能、组织、市场和顾客等各经营要素相关并能为企业带来未来经济利益的非货币性及非金融性的无形财产权和其他无形成果。

(2) 无形资产的分类

无形资产主要包括专利权、商标权、著作权、自然资源使用权、非专利技术等。

6.3.2 无形资产核算应设置的会计账户

无形资产核算应设置的会计账户主要是"无形资产""累计摊销"和"研发支出"账户。

(1) "无形资产"账户

该账户属于资产类账户，本账户用于核算企业持有专利权、非专利技术、商标权、著作权、土地使用权等无形资产的成本。借方登记企业以各种方式取得的无形资产的成本，贷方登记无形资产处置时转出的账面余额，期末余额在借方，反映企业无形资产的成本。企业应按无形资产项目设置明细账进行核算。

(2) "累计摊销"账户

本账户用于核算企业对使用寿命有限的无形资产计提的累计摊销，本账户可按无形资产项目进行明细核算。累计摊销的主要账务处理：企业按期计提无形资产的摊销，借记"管理费用""其他业务成本"等账户，贷记本账户。处置无形资产还应同时结转累计摊销。本账户期末贷方余额，反映企业无形资产的累计摊销额。

(3) "研发支出"账户

该账户属于成本类账户，本账户是指在研究与开发过程中所使用的费用。"研发支出"账户核算企业进行研究与开发无形资产过程中发生的各项支出。"研发支出"账户应当按照研究开发项目，分别设置"费用化支出"与"资本化支出"账户进行明细核算。

6.3.3 无形资产的会计核算

(1) 外购无形资产的核算

外购无形资产的实际成本包括购买价款、相关税费，直接归为使该项资产达到既定用途所发生的其他支出。下列各项不包括在无形资产的初始成本中。

① 为引入新产品进行宣传发生的广告费、管理费用及其他间接费用；

② 无形资产已经达到预定用途以后发生的费用。

【例 6-17】 甲建筑施工企业为增值税一般纳税人，2022 年 7 月 2 日购入一项非专利技术，以银行存款支付转让价款，取得增值税专用发票，注明价款 4 800 元，税金 288 元，该项非专利技术预计受益年限为 5 年，做如下会计分录。

借：无形资产——非专利技术　　　　　　　　　　　　　　　4 800
　　应交税费——应交增值税（进项税额）　　　　　　　　　　288
　　贷：银行存款　　　　　　　　　　　　　　　　　　　　　　5 088

（2）投资者投入无形资产的核算

投资者投入的无形资产取得成本应当根据投资评估值或合同、协议约定的价值来确定，排除合同或协议约定价值不公允的。当投资合同或协议约定价值不公允时，按照无形资产的公允价值为其初始成本入账。

【例 6-18】 甲建筑施工企业 2022 年 7 月 12 日收到甲公司以土地使用权进行的投资，经协商确认其价值为 62 000 元，取得增值税专用发票，注明增值税为 5 580 元，做如下会计分录。

借：无形资产——土地使用权　　　　　　　　　　　　　　　62 000
　　应交税费——应交增值税（进项税额）　　　　　　　　　　5 580
　　贷：实收资本　　　　　　　　　　　　　　　　　　　　　67 580

（3）自行开发无形资产的核算

自行开发的无形资产，其成本包括自企业进入开发阶段至达到预定用途前所发生的符合资本化确认条件的支出总额，但对于以前研究期间已经费用化的支出不再调整。企业自行进行的项目研发，分为研究阶段和开发阶段两个阶段。

企业自行开发无形资产产生的研发支出不满足资本化条件的借记"研发支出——费用化支出"账户，贷记"原材料""银行存款"等账户。期末将费用化支出转入当期损益，即借记"管理费用"账户，贷记"研发支出——费用化支出"账户。

如果研究开发项目有望达到预定用途形成无形资产的，借记"研发支出——资本化支出"账户，贷记"原材料""银行存款"等账户。形成无形资产后再从"研发支出——资本化支出"账户转入"无形资产"账户，即借记"无形资产"账户，贷记"研发支出——资本化支出"账户。

企业自行开发并依法申请取得的无形资产所发生的注册费、聘请律师费等费用计入无形资产的价值。

【例 6-19】 甲建筑施工企业自行开发一项生产技术，2022 年 6 月 8 日共发生研发支出 8 000 元，目前该项技术研发完成了研究阶段，于 2022 年 9 月 1 日进入开发阶段。2022 年共发生 1 300 元研发支出。该项技术研发于 2023 年 2 月 13 日结束，并且报审为一项非专利技术，做如下会计分录。

（1）2022 年发生研发支出费用化支出，并结转管理费用

借：研发支出——费用化支出　　　　　　　　　　　　　　　8 000
　　贷：银行存款　　　　　　　　　　　　　　　　　　　　　8 000

```
借：管理费用                                               8 000
    贷：研发支出——费用化支出                                    8 000
```
（2）2023年发生研发支出资本化支出，并结转无形资产成本
```
借：研发支出——资本化支出                                     1 300
    贷：银行存款                                            1 300
借：无形资产                                               1 300
    贷：研发支出——资本化支出                                    1 300
```

（4）无形资产的摊销

企业应当于取得无形资产时分析判断其使用寿命。使用寿命有限的无形资产应进行摊销。使用寿命不确定的无形资产不应摊销。使用寿命有限的无形资产，通常视其残值为零。对于使用寿命有限的无形资产应当自可供使用当月起开始摊销，处置当月不再摊销。

企业应当按月对无形资产进行摊销。无形资产自取得的当月起在预计使用年限内分期摊销，处置无形资产的当月不再摊销。各期摊销无形资产时借记"管理费用——无形资产摊销""其他业务成本——无形资产转让"，贷记"累计摊销"。

每年年度终了，对使用寿命有限的无形资产的使用寿命及摊销方法进行复核，使用寿命及摊销方法与以前估计不同时，应改变摊销期限和摊销方法。

（5）无形资产的处置

无形资产的处置是出售转让或者出租无形资产，企业租让无形资产使用权形成的租金收入和发生的相关费用，分别确认为其他业务收入和其他业务成本。

1）出售无形资产的核算

出售无形资产，表明企业放弃无形资产所有权，企业处置无形资产，应当将取得的价款扣除该无形资产账面价值以及出售相关税费后的差额计入资产处置损益。按实际收到的金额，借记"银行存款"等账户，按已摊销的累计摊销额，借记"累计摊销"账户，按无形资产的账面余额，贷记"无形资产"账户，按支付的相关税费，贷记"应交税费"等账户，按其差额，贷记或借记"资产处置损益"账户。

【例6-20】甲建筑施工企业2022年7月17日转让专利权一项，取得转让收入40 000元，该项无形资产成本为100 000元，已计提累计摊销50 000元（不考虑增值税因素），做如下会计分录。

```
借：银行存款                                              40 000
    累计摊销                                              50 000
    营业外支出                                             10 000
    贷：无形资产                                                  100 000
```

2）出租无形资产的核算

将所拥有的无形资产的使用权让渡给他人，并收取租金，应确认相关的收入及成本。取得的租金收入，借记"银行存款"等账户，贷记"其他业务收入"账户；摊销出租无形资产的成本并发生与转让有关的各项费用支出时，借记"其他业务成本"账户，贷记"累计摊销"等账户。

【例6-21】甲建筑施工企业2022年7月16日将某种新型建筑材料的专利使用权转让给建材厂，转让合同规定，受让方应于每月末按销售该建筑材料的数量支付专利使用费。

2022年7月，公司按合同规定派出技术人员为建材厂解决技术问题，共发生各种费用3 500元，以银行存款支付。月末建筑公司收到建材厂支付的专利使用费16 000元，增值税税额960元，已存入银行，做如下会计分录。

（1）2022年7月，支付有关费用时

借：其他业务成本　　　　　　　　　　　　　　　　　　　3 500
　　贷：银行存款　　　　　　　　　　　　　　　　　　　　　　3 500

（2）2022年7月末，收到专利使用费时

借：银行存款　　　　　　　　　　　　　　　　　　　　　16 960
　　贷：其他业务收入　　　　　　　　　　　　　　　　　　　　16 000
　　　　应交税费——应交增值税（销项税额）　　　　　　　　　960

6.4　临时设施概述及其会计处理

6.4.1　临时设施的含义及分类

（1）临时设施的含义

建筑施工企业在施工现场建造的临时设备，是为了保证施工和管理的正常进行而建造的各种临时性生产、生活设施。施工队伍进入新的建筑工地时，为了保证施工的顺利进行，必须搭建一些临时设施。但在工程完工以后，这些临时设施就失去了它原来的作用，必须拆除或进行其他处理。需注意，按照《企业会计准则第4号——固定资产》的规定进行判断，临时设施满足固定资产确认条件的，应该在"固定资产"账户下单独列报。

（2）临时设施的分类

临时设施通常可分为大型临时设施和小型临时设施两类，见表6-4。

表6-4　临时设施的分类

大型临时设施	① 施工人员的临时宿舍、机具棚、材料室、化灰池、储水池等； ② 施工单位或附属企业在现场的临时办公室等； ③ 施工过程中应用的临时给水、排水、供电、供热和管道（不包括设备）等
小型临时设施	① 临时铁路专用线、轻便铁道； ② 现场施工和警卫安全用的小型临时设施； ③ 保管器材用的小型临时设施，如简易料棚、工具储藏室等； ④ 行政管理用的小型临时设施，如工地收发室等

6.4.2　临时设施核算应设置的会计账户

临时设施核算应设置的会计账户主要是"临时设施""临时设施摊销"和"临时设施清理"账户。

(1)"临时设施"账户

该账户属于资产类账户,用于核算企业为保证施工和管理的正常进行而建造的各种临时设施的实际成本。借方登记企业购置或搭建各种临时设施的实际成本,贷方登记因企业出售、拆除、报废、毁损和盘亏等不需用或不能继续使用的临时设施的实际成本,期末余额在借方,反映企业期末临时设施的实际成本。企业按临时设施的种类和使用部门设置明细账进行核算。

(2)"临时设施摊销"账户

该账户属于资产类账户,用于核算企业各种临时设施的摊销情况。借方登记企业因出售、拆除、报废、毁损和盘亏临时设施而转出的已提摊销额,贷方登记企业按月计提的摊入工程成本的临时设施摊销额,期末余额在贷方,反映企业在用临时设施的已提摊销额。企业应按临时设施的种类和使用部门设置明细账进行核算。

(3)"临时设施清理"账户

本账户用于核算企业因出售、拆除、报废和毁损等原因转入清理的临时设施价值及其在清理过程中所发生的清理费用和清理收入等。借方登记因各种原因转入清理的临时设施账面价值、发生的清理费用和清理后的净收益,贷方登记清理过程中取得的变价收入和收回的残料价值以及清理后的净损失,期末余额反映尚未清理完毕的临时设施的价值以及清理净损益(清理收入减去清理费用)。结转临时设施清理净损益后本账户无余额。企业应按被清理的临时设施种类和名称设置明细账进行核算。

6.4.3 临时设施的会计核算

临时设施的取得方式分为自建和购置两种,购置临时设施又分需要安装临时设施和不需要安装临时设施两类。建筑施工企业购置临时设施所发生的各项实际支出,可以直接记入"临时设施"账户。对于需要通过建筑安装活动才能完成的临时设施,其实际支出可以先通过"在建工程"账户核算,待临时设施搭建完成达到预定可使用状态时,再将其实际成本从"在建工程"账户转入"临时设施"账户。建筑施工企业临时设施的清理,在"临时设施清理"账户进行核算。

【例6-22】甲建筑施工企业在施工现场的附近购置一栋旧楼作为临时现场材料室。价款由银行存款支付,取得的增值税专用发票上注明的价款为92 000元,增值税税额为4 600元(增值税税率为5%),预计工程的受益期限为5年,房屋已交付使用,做如下会计分录。

(1)支付款项时

借:临时设施　　　　　　　　　　　　　　　　　　　　　　　　92 000
　　应交税费——应交增值税(进项税额)　　　　　　　　　　　 4 600
　　贷:银行存款　　　　　　　　　　　　　　　　　　　　　　 96 600

(2)按月计提临时设施摊销额时

$$月临时摊销额 = 92\,000 \div 5 \div 12 = 1\,533.33$$

借:合同履约成本——工程施工　　　　　　　　　　　　　　　 1 533.33
　　贷:临时设施摊销　　　　　　　　　　　　　　　　　　　　 1 533.33

【例 6-23】 甲建筑施工企业为方便指挥工程施工,在施工现场搭建一栋临时办公室,其实际搭建成本为 66 560 元,其中,领用材料的实际成本为 14 000 元,应付职工的薪酬为 42 000 元,其他费用为 10 000 元用以银行存款支付,完工后随即交付使用,做如下会计分录。

(1) 搭建过程中发生各种费用

借:在建工程 66 000
　　贷:原材料 14 000
　　　　应付职工薪酬 42 000
　　　　银行存款 10 000

(2) 支付款项时

借:临时设施 66 560
　　贷:银行存款 66 560

6.5 案例分析

6.5.1 案例内容

甲建筑施工企业与其供应公司东升公司的材料采购和资产管理的相关业务与其账务处理,具体案例主要涉及如下内容。

① 甲建筑施工企业用商业承兑汇票支付货款,同时收到材料并验收入库。
② 甲建筑施工企业用银行存款支付货款,后收到材料,再验收入库。
③ 甲建筑施工企业用预付账款支付货款,后收到材料,再验收入库。
④ 甲建筑施工企业先收到材料并验收入库,货款未支付,月末账单未到。

6.5.2 案例解析

(1) 甲建筑施工企业用商业承兑汇票支付货款,同时收到材料并验收入库

甲建筑施工企业 2022 年 6 月 1 日从东升公司购入一批木材,供应公司将材料送货上门。增值税专用发票注明价格为 3 000 元(增值税税率13%),全部价税款项用商业承兑汇票支付,做如下会计分录。

① 购入材料时

借:在途物资 3 000
　　应交税费——应交增值税(进项税额) 390
　　贷:应付票据 3 390

② 材料验收入库

借:原材料 3 000
　　贷:在途物资 3 000

(2) 甲建筑施工企业用银行存款支付货款，后收到材料，再验收入库

甲建筑施工企业 2022 年 6 月 7 日从东升公司购入一批钢材，增值税专用发票上注明价款为 5 000 元，增值税 650 元，甲建筑施工企业代垫运杂费 300 元（含增值税金额），价税款项用银行存款支付。于 6 月 11 日收到钢材，做如下会计分录。

$$代垫运杂费不含税价格 = 300 \div (1 + 9\%) = 275.23（元）$$
$$采购钢材成本 = 5\,000 + 275.23 = 5\,275.23（元）$$
$$进项税额 = 650 + 275.23 \times 9\% = 674.77（元）$$

① 购入材料时

借：在途物资　　　　　　　　　　　　　　　　　　　　　　　5 275.23
　　应交税费——应交增值税（进项税额）　　　　　　　　　　　 674.77
　　贷：银行存款　　　　　　　　　　　　　　　　　　　　　　　　　5 950

② 材料验收入库

借：原材料——钢材　　　　　　　　　　　　　　　　　　　　5 275.23
　　贷：在途物资　　　　　　　　　　　　　　　　　　　　　　　　　5 275.23

(3) 甲建筑施工企业用预付账款支付货款，后收到材料，再验收入库

甲建筑施工企业按照合同于 2022 年 6 月 11 日预付一批混凝土定金 3 500 元，18 日收到东升公司发来的材料和结算凭证，价税共 10 000 元，材料价款于本月终前补付，做如下会计分录。

① 预付材料款（定金）

借：预付账款　　　　　　　　　　　　　　　　　　　　　　　3 500
　　贷：银行存款　　　　　　　　　　　　　　　　　　　　　　　　　3 500

② 收到材料发票账单

$$购进混凝土不含税成本 = 10\,000 \div (1 + 13\%) = 8\,849.56（元）$$
$$购进混凝土进项增值税 = 8\,849.56 \times 13\% = 1\,150.44（元）$$

借：在途物资　　　　　　　　　　　　　　　　　　　　　　　8 849.56
　　应交税费——应交增值税（进项税额）　　　　　　　　　　　1 150.44
　　贷：预付账款　　　　　　　　　　　　　　　　　　　　　　　　　10 000

③ 混凝土验收入库

借：原材料——混凝土　　　　　　　　　　　　　　　　　　　8 849.56
　　贷：在途物资　　　　　　　　　　　　　　　　　　　　　　　　　8 849.56

④ 补付材料款差额

借：预付账款　　　　　　　　　　　　　　　　　　　　　　　6 500
　　贷：银行存款　　　　　　　　　　　　　　　　　　　　　　　　　6 500

(4) 甲建筑施工企业先收到材料并验收入库，货款未支付，月末账单未到

甲建筑施工企业 2022 年 6 月 16 日收到东升公司发来一批砂石材料，货款未支付，因发票账单等结算凭证未到，月末按 4 600 元暂估入账，次月初用红字冲销，做如下会计分录。

① 购入材料并验收入库

借：原材料——砂石　　　　　　　　　　　　　　　　　　　　4 600

　　　　贷：应付账款　　　　　　　　　　　　　　　　　　　　　　　4 600
② 次月用红字冲销
　　借：原材料——砂石　　　　　　　　　　　　　　　　　　　 4 600❶
　　　　贷：应付账款　　　　　　　　　　　　　　　　　　　　　　　4 600

---

❶ 此处数字应为红色，表示冲减，鉴于书稿印刷方式，此处以加框表示红字。

第 7 章

劳务使用阶段会计实务

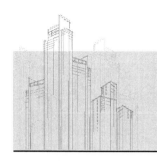

劳务使用阶段会计处理对建筑施工企业的效益和质量具有重要影响，职工薪酬的确认、计量对于正确反映企业的财务状况和经营成果至关重要。本章将对劳务使用阶段中关于职工薪酬、农民工工资保证金的会计处理进行分析，最后结合具体案例，可为建筑施工企业在实践中处理好劳务使用阶段的会计实务事项提供有益参考。

7.1 职工薪酬概述

7.1.1 职工的范围

《企业会计准则第 9 号——职工薪酬》中所称职工是指与企业订立劳动合同的所有人员，含全职、兼职和临时职工，也包括虽未与企业订立劳动合同但由企业正式任命的人员，还包括通过企业与劳务中介公司签订用工合同而向企业提供服务的人员。

为了能够准确地计算出各种人员应该得到的薪酬，对薪酬计划的执行情况进行评估，并对员工的薪酬进行合理的分配，就必须根据员工的工作性质和所处的劳动岗位对其进行分类。根据工作性质及工作岗位的不同，将建筑施工企业的员工划分为 5 个类别。

① 管理人员，是指负责组织和管理企业运营的专业人士，包括行政、党务、管理和技术（又分公司管理人员和项目部管理人员）等多个领域。

② 生产人员，是指负责建筑物的安装、维护、调试、维修等工作的专业技术人员，负责完成建筑物的安装、维护、检查、修理等任务。

③ 材料人员，是指直接从事物资采购、保管和会计核算的人员。

④ 机械人员，是指负责监督、操作和保养机械设备的专业人士。

⑤ 其他人员，是指由企业开支工资，但不包括在以上范围的人员，如长期病假人员、长期脱产学习人员等。

如果有临时雇佣的员工，那么涉及人员的薪水将被视为劳务报酬，并进行会计核算和处理。

7.1.2 职工薪酬的组成

根据《企业会计准则第 9 号——职工薪酬》的规定，职工薪酬是指企业为获得职工提供的服务或终止劳动合同关系而给予的各种形式的报酬或补偿。职工薪酬包括短期薪酬、离职后福利、辞退福利和其他长期职工福利。企业提供给职工配偶、子女、受赠养人、已故员工遗属及其他受益人等的福利，也属于职工薪酬。从薪酬的涵盖时间和支付形式来看，职工薪酬包括企业给予职工在职期间和离职后的所有货币性薪酬和非货币性福利；从薪酬的支付对象来看，职工薪酬包括企业提供给职工本人及其配偶、子女或其他被赡养人的福利，如支付给因公伤亡职工的配偶、子女或其他被赡养人的抚恤金。具体如下。

（1）短期薪酬

短期薪酬是指企业在职工提供相关服务的年度报告期间结束后 12 个月内需要全部予以支付的职工薪酬，因解除与职工的劳动关系给予的补偿除外。短期薪酬具体包括：职工工资、奖金、津贴和补贴，职工福利费，医疗保险费、养老保险费等社会保险费，住房公积金，工会经费和职工教育经费，带薪缺勤，利润分享计划，非货币性福利以及其他短期薪酬。

1）职工福利费

由多项支出组成，包括但不限于因公出差而产生的差旅费、职工生活补贴、未实施医疗统筹的职工的医疗保险费用，以及根据有关法律法规规定应当支付的其他福利。

2）医疗保险费、养老保险费等社会保险费

根据国家有关规定，企业必须向有权管理的机构缴纳各项社保费用，包括住房补助、失业保险、生育保险费以及其他各项基本生活保险费用。

3）住房公积金

根据国家有关政策，企业应当依据相关基准及其对应的比例，将其所持有的住房公积金交至相应的管理机构。

4）非货币性福利

包括提供免费医疗保健、提供优质住房给高层管理者，以及提供公司补贴的商品和服务等。

5）利润分享计划

指因职工提供服务而与职工达成的基于利润或其他经营成果提供薪酬的协议。

（2）离职后福利

离职后福利是指企业为获得职工提供的服务而在职工退休或与企业解除劳动关系后，提供的各种形式的报酬和福利，不包括短期薪酬和辞退福利。

（3）辞退福利

辞退福利是指企业在职工劳动合同到期之前解除与职工的劳动关系，或者为鼓励职工自愿接受裁减而给予职工的补偿。

（4）其他长期职工福利

其他长期职工福利是指除短期薪酬、离职后福利、辞退福利之外的职工薪酬，包括长期带薪缺勤、长期残疾福利、长期利润分享计划等。

7.1.3 职工薪酬的核算依据

(1) 工作时间的核算

进行工资核算时,应首先了解每一职工的出勤、缺勤和工作时间的利用情况,了解职工在每一个工作日内的工作时间和在各项工程过程中所耗用的时间,可以进一步挖掘工时利用潜力,提高劳动生产率,准确核算工程项目人工费(记录工作时间的方法和凭证要视各单位的劳动组织和管理情况而定)。

① 通常对于生产人员、一线技术人员和机械操作人员要按班组分别设置考勤表,由考勤员按每一工人逐日记录其出勤情况,对于缺勤停工的人员应注明其原因(出差、探亲、休假、病假、事假、工伤等)。然后还要将班组内工人作业时数逐日按工程项目等分析汇总填列在考勤表中,以便据以计算各项工程应分配的工资。

② 对于单位各职能部门管理人员、材料人员和其他非直接生产人员的考勤,要按部门分别设置的考勤表,并根据考勤表记录计算工资。

(2) 工程数量的计算

在工资核算中,采用计时或计件奖励工资时,还需记录职工完成的工程数量,进行工程数量的核算。常用的方法是使用工程任务单来记录职工完成的工程数量。工程任务单是施工员根据施工作业计划,在施工前下达给工人班组的具体工作通知,也是用于记录完成工程数量、计算奖金的依据。施工员通常在施工前会同定额员根据施工作业计划和劳动定额,参照施工图纸,按不同班组分别签发工程任务单。工程任务单中的工程完工后,班组长应及时向施工员报告。施工员根据工程任务单中规定的各项条件进行检查,并会同质量检查员进行验收,评定质量等级。每月签发的工程任务单应于月末进行结算,如果某些工程尚未全部完工,先将其完工部分按估计数进行结算,未完工部分可结合下月施工作业计划中的工程任务再签发给原来的班组,使当月完成的工程和当月应发的奖金或工资于当月结算,并正确反映工程成本中的人工费。

7.2 职工薪酬的会计处理

7.2.1 职工薪酬的确认

根据《企业会计准则第 9 号——职工薪酬》的规定,企业应当在职工为其提供服务的会计期间,将应付的职工薪酬确认为负债,除因解除与职工的劳动关系给予的补偿外,应当根据职工提供服务的受益对象,分下列情况处理。

根据《企业会计准则》的规定,应由生产产品、提供劳务负担的职工薪酬,应当计入产品成本或劳务成本。在生产产品和提供劳务过程中,直接生产人员和直接提供劳务人员发生的职工薪酬,根据《企业会计准则第 1 号——存货》的规定,应当计入存货成本。然而,非正常消耗的直接生产人员和直接提供劳务人员的职工薪酬,则应当在发生时被确认为当期损益。

根据《企业会计准则第 4 号——固定资产》和《企业会计准则第 6 号——无形资产》的规定，应由在建工程无形资产负担的职工薪酬，需计入固定资产或无形资产成本。而在企业自建固定资产和自主研发无形资产的过程中，发生的职工薪酬是否应计入固定资产或无形资产成本，需要根据具体情况来确定。例如，企业在研究阶段发生的职工薪酬通常不应计入自行开发无形资产的成本，而在开发阶段发生的职工薪酬，如果符合《企业会计准则第 6 号——无形资产》中规定的资本化条件，则应当计入自行开发无形资产的成本。

公司总部管理人员、董事会成员、监事会成员等（除直接生产人员、直接提供劳务人员、建造固定资产人员、开发无形资产人员）相关的职工薪酬，因难以确定直接对应的受益对象，均应当在发生时计入当期损益。

7.2.2 职工薪酬的会计核算

建筑施工企业为获得职工提供的服务而给予各种形式的报酬以及其他相关支出，应设置"应付职工薪酬"账户。该账户属于负债类账户，本账户用于核算企业应当支付给职工的工资、奖金、津贴和补贴。职工薪酬又可分为货币性职工薪酬和非货币性职工薪酬。

（1）货币性职工薪酬

对于货币性职工薪酬，企业需要考虑职工的表现及收入水平、工资标准计算应计入薪酬的工资总额，并按照受益对象计入相关资产的成本或当期费用。发放薪酬时，企业应借记"应付职工薪酬"账户，贷记"银行存款"等账户。

对于职工福利费，企业应根据国家相关法律法规的要求、历史经验和当期福利计划，预计应计入职工薪酬的福利费金额，并对实际发生的福利费金额进行及时的调整。企业应当按照规定的计提标准，计量企业承担的职工薪酬义务和计入成本费用的职工薪酬。

① "五险一金"是社会保障支出，包括医疗保险、生育保险、养老保险、失业保险、工伤保险和住房公积金。为了确保员工的合法权益，企业必须遵守国家、省级、市级的社会保险费用计划，计量应付职工薪酬义务和相应计入成本费用的薪酬金额。

② 工会经费和职工教育经费。企业应当按照财务规则等相关规定，分别按照职工工资总额的一定比例计量应付职工薪酬的工会经费和职工教育经费，计入相应的成本费用。

【例 7-1】甲建筑施工企业提取现金 805 000 元，以备发工资。月份终了，分配本月应付的工资总额，其中工程施工现场人员工资 450 000 元，企业行政管理人员工资 75 000 元，改、扩建工程人员工资 280 000 元，做如下会计分录。

（1）从银行提取现金时

借：库存现金　　　　　　　　　　　　　　　　　　　　　　　805 000
　　贷：银行存款　　　　　　　　　　　　　　　　　　　　　　805 000

（2）月份终了分配工资时

借：合同履约成本——工程施工——直接人工　　　　　　　　　450 000
　　管理费用　　　　　　　　　　　　　　　　　　　　　　　 75 000
　　在建工程　　　　　　　　　　　　　　　　　　　　　　　280 000
　　贷：应付职工薪酬——工资　　　　　　　　　　　　　　　 805 000

(3) 发放工资时

借：应付职工薪酬——工资　　　　　　　　　　　　　805 000
　　贷：库存现金　　　　　　　　　　　　　　　　　　　　　805 000

(4) 企业预计该月应承担的职工福利费金额为职工工资总额 805 000 元的 14% 时

借：合同履约成本——工程施工——直接人工　　　　　 63 000
　　管理费用　　　　　　　　　　　　　　　　　　　 10 500
　　在建工程　　　　　　　　　　　　　　　　　　　 39 200
　　贷：应付职工薪酬——职工福利　　　　　　　　　　　　112 700

(2) 非货币性职工薪酬

非货币性福利是企业以非货币性资产支付给职工的薪酬形式，主要包括企业以自产产品和外购商品发放给职工作为福利、将企业拥有的资产无偿提供给职工使用、为职工无偿提供医疗保健服务等。根据《企业会计准则》的规定，非货币性福利也属于"职工薪酬"；但是，在税务上由于涉及实物等，非货币性福利会涉及增值税、企业所得税和个人所得税等问题。

《企业会计准则第 9 号——职工薪酬》第六条规定，企业发生的职工福利费，应当在实际发生时根据实际发生额计入当期损益或相关资产成本。职工福利费为非货币性福利的，应当按照公允价值计量。

7.3　农民工工资保证金的会计处理

7.3.1　农民工工资保证金的规定

依照《国务院办公厅关于清理规范工程建设领域保证金的通知》（国办发〔2016〕49号）和《建设工程质量保证金管理办法》（建质〔2017〕138号）的要求，对保留的投标保证金、履约保证金、工程质量保证金、农民工工资保证金，推行银行保函制度，建筑业企业可以银行保函方式缴纳。未经国务院批准，各地区、各部门一律不得以任何形式在工程建设领域新设保证金项目。

农民工工资保证金是指施工总承包单位在银行设立账户并按照工程施工合同额的一定比例存储，用于支付农民工被拖欠工资的专项资金。相关部门鼓励用银行保函替代现金支付，以减少建筑施工企业的资金占用问题。

一般情况下，施工总承包单位应当自工程取得施工许可证（开工报告批复）之日起20 个工作日内（依法不需要办理施工许可证或批准开工报告的工程自签订施工合同之日起 20 个工作日之内），持营业执照副本与建设单位签订的施工合同在经办银行开立工资保证金专门账户存储工资保证金。

根据人力资源社会保障部等制定的《工程建设领域农民工工资保证金规定》（人社部发〔2021〕65 号）的有关规定，农民工工资保证金实行差异化缴存办法，按工程施工合同额的一定比例存储，原则上不低于 1%，不超过 3%。对于同一地区多个在建工程的施工总承包单位，存储比例可适当下浮，但不得低于0.5%。对于施工合同额低于300万元的工程，且该工程的施工总承包单位在签订施工合同前一年内承建的工程未发生工资拖欠的，可免除存储工资保证金。对一定时期内未发生工资拖欠的企业，实行减免措施；对发生工资拖欠的企业，适当提高缴存比例。

农民工工资保证金专款专用，仅用于清偿施工总承包单位所承包工程拖欠的农民工工资。若施工总承包单位拒不履行清偿义务，属地人力资源和社会保障行政部门可向经办银行出具《农民工工资保证金支付通知书》（简称《支付通知书》）书面通知有关施工总承包单位和经办银行。经办银行应在收到支付通知书5个工作日内，从工资保证金账户中将相应数额的款项以银行转账方式支付给属地人力资源和社会保障行政部门指定的被拖欠工资的农民工本人。工资保证金使用后，施工总承包单位应当自使用之日起10个工作日内将工资保证金补足。

7.3.2 农民工工资保证金的会计核算

自2021年11月1日起，建筑业总承包企业需自行开立专用账户并存入规定比例的工资保证金，不再向人力资源和社会保障单位或其他第三方支付农民工工资保证金。在支付农民工工资时，借记"其他应收款——农民工工资保证金"账户，贷记"银行存款"账户。在竣工手续办理完毕并支付完农民工资后，可收回保证金并冲减"其他应收款——农民工工资保证金"账户。

【例7-2】甲建筑施工企业发放农民工工资保证金1 200 000，通过银行存款支付，应做如下会计分录。

  借：其他应收款——农民工工资保证金   1 200 000
    贷：银行存款   1 200 000

7.4 案例分析

7.4.1 案例内容

为依法保护农民工工资权益，确保农民工工资"有钱发"和专款专用，目前农民工工资保障有两种模式，一种是工程建设领域农民工工资专用账户；另一种是解决工程建设领域欠薪问题——工程保证金。

① 关于农民工工资专用账户案例。甲建筑公司（总包公司）承建施工工程（公路）项目，本次建设方工程结算单6 000 000元，其中5 000 000元打到施工单位的基本户，1 000 000元打到施工单位的农民工工资专用账户；甲建筑公司本次支付劳务A公司3 500 000元，发票已开。甲建筑公司在支付的时候3 000 000元打到劳务公司账户上，余下500 000元工资通过银行代发。

② 关于工程保证金案例。甲建筑公司（总包公司）承建施工工程（公路）项目，在

施工地开立保证金账户存储 1 500 000 元，中途支付拖欠农民工工资 300 000 元。

7.4.2 案例解析

（1）农民工工资专用账户案例解析

专用账户由施工总承包单位开设，专门用于支付所承包工程项目的农民工工资。此账号的款项的来源是建设单位，也属于建设单位支付给总包工程款的一部分。这种做法将人工费用从工程款中剥离出来单独规范管理，能够确保人工费用拨付到位。总包单位在当地有 2 个及以上工程建设项目的，可开立新的专用账户，也可设置母子账户。

从制度上除了规定保证按时足额发放工资的资金来源外，还明确实行总包代发工资制度，目的是缩短支付链条，并不影响企业和农民工的关系，农民工个税由谁代扣关键看个人与哪个企业建立劳动关系。如果属于总包公司，由总包公司代扣代缴；如果属于劳务公司的，由劳务公司代扣代缴。

应交税费的具体计算如下：

$$6\ 000\ 000 \times 9\% \div (1+9\%) = 495\ 400（元）$$
$$3\ 500\ 000 \times 9\% \div (1+9\%) = 289\ 000（元）$$

甲建筑公司（总包公司）做如下会计分录。

借：银行存款——总承包方基本户	5 000 000
——农民工工资专用账户	1 000 000
贷：合同结算——工程价款结算	5 504 600
应交税费——应交增值税（销项税额）	495 400
借：合同履约成本——工程施工	3 211 000
应交税费——应交增值税（进项税额）	289 000
贷：银行存款——农民工工资专户（代发分包方农民工工资的情况）	500 000
银行存款——基本户（工程进度款）	3 000 000

（2）工程保证金案例解析

总包持营业执照副本、与建设单位签订的施工合同在经办银行开立工资保证金专门账户存储工资保证金，做如下会计分录。

① 开立工资保证金专门账户

借：银行存款——保证金账户	1 500 000
贷：银行存款	1 500 000

② 支付拖欠农民工工资

借：应付职工薪酬——农民工工资专户	300 000
贷：银行存款——保证金账户	300 000

③ 项目完工，账户解绑

借：银行存款	1 500 000
贷：银行存款——保证金账户	1 500 000

工资保证金是解决工程建设领域欠薪问题的重要保障措施，企业在办理施工许可证或

开工报告批准时，行业工程建设主管部门和行政审批部门会告知其办理工资保证金核定手续。鉴于工程建设领域工程项目的具体情况差异巨大，为兼顾效率与公平，对于金额施工合同额较低、相应施工总承包单位承建的工程未发生工资拖欠的，各地区应根据行业保障农民工工资支付的实际情况，确定相应的工程减免存储工资保证金。若有发生工资拖欠的情况，工资保证金存储比例应适当提高。

工程发生拖欠农民工工资的情形时，经人力资源和社会保障行政部门依法作出责令限期清偿或先行清偿的行政处理决定，施工总承包单位到期拒不履行的，属地人力资源和社会保障行政部门可以向相关经办银行出具《农民工工资保证金支付通知书》，由经办银行从工资保证金账户中将相应数额的款项以银行转账方式支付给指定的被欠薪农民工本人。采用银行保函替代工资保证金的，由经办银行按照银行保函约定支付农民工工资。在使用工资保证金后，施工总承包单位需要补足工资保证金或开立新的银行保函。

第 8 章 成本和费用会计实务

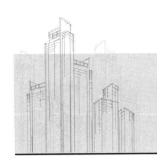

成本和费用的会计处理是建筑施工企业施工过程中必不可少的环节，对建筑施工企业经济效益具有重要影响，关系到建筑施工企业的经营与发展。本章对建筑施工企业成本和费用的相关内容及成本核算的对象、组织与程序，对合同履约成本及期间费用的会计核算进行了分析，最后结合案例分析，可为建筑施工企业在实践中处理好成本和费用的会计实务事项提供有益参考。

8.1 成本和费用概述

8.1.1 费用的含义及分类

(1) 费用的含义

根据我国《企业会计准则——基本准则》的解释，费用是指企业在日常活动中发生的、会导致所有者权益减少的、与向所有者分配利润无关的经济利益的总流出。它表示企业为取得营业收入所发生的经济资源的耗费，是建筑施工企业在工程施工过程中，消耗一定数量的人力、物力和财力的货币表现。如建筑施工企业消耗的原材料或机器设备、支付的职工薪酬和管理费用等。费用发生表现为资产的减少或负债的增加，最终导致所有者权益减少。

费用是企业在日常经营活动中发生的支出，但企业发生的支出不都是费用，如企业对外投资支出、固定资产购置支出、偿付债务支出等，或者不影响资产总额变化，或者导致资产和负债同时减少，且所有者权益没有变化，因此不符合《企业会计准则——基本准则》对费用的定义。费用需要同时满足以下两个条件：导致资产减少和所有者权益减少，或负债增加和所有者权益减少。如果一项支出只导致资产减少但所有者权益未减少，或导致负债增加但所有者权益未减少，则该支出不能被确认为费用。只有支出同时导致资产减少和所有者权益减少，或负债增加和所有者权益减少才可以确认为费用。此外，利润分配虽然会导致资产和所有者权益同时减少，但由于它是对经营成果的分配，因此不属于费用。

费用的发生会导致所有者权益减少,但导致所有者权益减少的不都是费用。例如,投资损失、公允价值变动损失、资产减值损失等属于损失,它们不属于费用,营业外支出是与企业的正常建筑生产经营活动无直接关系的损失,也不属于费用。

(2) 费用的分类

根据费用的性质和特征,可以按照不同的标准对其进行分类。

1) 按经济内容分类

建筑施工企业的生产经营过程既是建筑产品的生产过程,同时也是各种耗费的发生过程,费用按照经济内容的不同进行分类,称为费用要素,具体有劳动资料耗费、劳动对象耗费和活劳动耗费三大方面,这是企业费用的三大要素。

2) 按经济用途分类

费用按经济用途分类,按照费用是否构成工程项目实体,可以分为合同履约成本和期间费用两大类。合同履约成本依据配比性原则,可以和某一项工程的施工收入相联系配比,期间费用很难和某一项工程的施工收入相联系配比,作为建筑施工企业整体的支出,作为企业当期的一项成本耗费,从当期总收入中扣除。

① 合同履约成本。合同履约成本即建筑施工企业建造工程的实际成本,成本与建造的工程紧密相关,是建筑施工企业为建造工程而发生的各种耗费,是按一定成本计算对象进行归集而形成的对象化了的费用。依据《企业会计准则第 14 号——收入》和《企业产品成本核算制度(试行)》的规定,计入成本的费用再按其经济用途进行分类计算产品成本,称为成本项目。建筑施工企业成本项目包括直接人工、直接材料、机械使用费、其他直接费用和间接费用,建筑施工企业将部分工程分包的,还可以设置分包成本项目,如表 8-1 所列。

表 8-1　合同履约成本核算种类

合同履约成本核算及具体项目	定义	处理方式
直接人工	在工程实施过程中从事建筑安装合同履约成本的生产工人的各项开支费用,包括工资性补贴、职工福利费等	在发生时应当直接计入合同履约成本
直接材料	在工程实施过程中所耗用的、构成工程实体或助于工程形成的各种主要材料、外购结构件(包括内部独立核算附属工业企业供应的结构件)的费用,以及周转材料的摊销及租赁费用	
机械使用费	建筑合同履约成本过程中使用工程施工机械所发生的费用(包括机上操作人员人工费、燃料、动力费,机械折旧、修理费,替换工具及部件费,安装、拆除及辅助设施费等)和按规定支付的工程施工机械进出场费等	
其他直接费用	直接费以外的工程实施过程中发生的其他费用,具有较大弹性。具体包括设计有关的技术援助费用、工程建设现场发生的材料二次报运费、生产工具使用费、检验试验费、工程定位复测费、工程点交费用、场地清理费用等其他直接费用	
间接费用	企业下属的工程实施单位或生产单位为组织和管理工程生产活动所发生的费用,通常是指分公司或项目经理部为工程准备、组织工程生产和管理所需的费用	在期末按照合理的方法分摊计入成本
分包成本	按照国家规定开展分包,支付给分包单位的工程价款	

② 期间费用。期间费用是指建筑施工企业当期发生的必须从当期收入得到补偿的费用。期间费用与一定的会计期间相联系，与某项工程没有直接的联系，因而不计入合同履约成本，应于发生时直接计入当期损益，建筑施工企业的期间费用包括管理费用、财务费用与销售费用，如表8-2所列。

表8-2 期间费用的核算种类

期间费用核算及具体项目	具体内容
管理费用	用于核算企业行政管理部门为组织和管理生产经营活动而发生的各种费用，包括企业在筹建期间内发生的开办费，包括人员工资、办公费、培训费、差旅费、印刷费、注册登记费等
财务费用	企业为筹集生产经营所需资金等而发生的应予费用化的筹资费用，主要包括下列内容：利息支出、汇兑损失、金融机构手续费、其他财务费用
销售费用	企业在进行销售产品、提供劳务等日常经营过程中发生的各项费用，以及专设销售机构的各项经费，包括保险费、包装费、展览费和广告费、商品维修费、运输费、装卸费等，以及为销售本企业商品而专设的销售机构（含销售网点、售后服务网点等）的职工薪酬、业务费、折旧费等经营费用

费用按照经济用途分类，合理划分了合同履约成本和期间费用的界限，全面反映了合同履约成本的构成以及各项成本支出是否合理；便于建筑施工企业组织成本核算，加强成本控制，进行成本分析考核以及计算盈亏；有利于建筑施工企业降低合同履约成本，进而提高工程的盈利水平。

8.1.2 建筑施工企业成本和费用核算的特殊性

建筑工程周期长导致工程生产的长期性，建筑产品多样性导致工程生产的单件性，建筑产品露天性导致工程生产容易受自然气候环境的影响，建筑产品的复杂性要求工程生产各环节需要相互协调。与传统的制造业企业相比，建筑施工企业生产任务获得方式具有独特性，即首先要获得订单，获得工程预付款后再进行工程施工。建筑施工企业在工程建设过程中所采取的项目管理方式和工程建筑单位的运作特性，决定了建筑施工企业会计核算有自己的特点。

（1）工程项目部成为独立的会计主体

建筑施工企业工程生产分散，工程项目部是公司在工程项目所在地设立的代表企业从事生产经营活动的机构。工程项目部作为建筑施工企业的委派组织，不具有法人资格，但在一定程度上代表企业对特定的工程项目进行经营和管理。在实施项目管理时，建筑施工企业通常采取非集中核算的方法，将工程项目部作为核算单元，对工程项目的成本和相关费用进行核算。工程项目部可以按照企业内部会计制度管理的需要，设置会计科目进行会计核算，对工程项目的资产、负债、收入和费用的变化进行完整、持续的记录，并定期对工程项目的损益进行计算进而编制财务报表。建筑施工企业也可对工程项目的部分资产、负债等业务进行统一核算，以强化企业总部对工程项目的控制。

（2）成本核算以特定工程项目为对象

建筑施工企业会涉及货币资金、存货、固定资产、负债等业务的核算，同时将特定的工程项目作为对象进行成本核算是会计处理的一项重要工作。工程生产的单件性导致不能根据一定时期内所发生的全部工程生产费用和已完工的项目数量来对各项工程的单位成本估算，而必须按照订单分别归集工程生产费用，需对每项工程的成本单独核算。同时，由于不同建筑产品之间的差异大，不同建筑产品之间的实际成本不具可比性，工程项目成本分析、控制和考核一般不是以可比产品成本为依据，而是以工程预算成本为标准。在工程建设中，工程项目需要通过工程的实际成本与预算成本的对比来确定工程成本的升降情况。

（3）工程价款结算、确认合同收入与费用需分阶段进行

工程项目建设周期较长且需要较多的资金投入，对于已完成预算定额所规定的全部工序或工程内容的分部工程或分项工程，建筑施工企业应及时与建设方（或发包方）办理工程价款的中间结算，待工程全部竣工后再进行清算。因此，建筑施工企业必须加强工程价款结算的会计核算工作，正确计算已完工程的预算价值，及时收回工程价款，加大对项目成本的控制力度，提高对项目成本的控制水平。同时，强化对预收工程款的核算和管理，并定期与建设方（或发包方）定期清算。工程生产的长周期性要求建筑施工企业需按照《企业会计准则》的规定，以工程的履约进度为依据，对各年度的工程合同收入和合同费用进行单独计量和确认，以此明晰各年度的经营成果。

（4）会计方法的选择需要考虑自然环境

工程生产所使用的固定资产、临时设施等资产通常都露天存放，而建筑工程本身体积庞大，一般也都处于露天作业状态，受气候条件、自然侵蚀影响较大，尤其在工程实施条件十分恶劣的情况下，资产耗损更为显著。建筑施工企业会计要选择合理的固定资产折旧方法和周转材料、低值易耗品、临时设施的摊销方法，根据实际损耗情况对其进行价值补偿。

8.2 成本核算的对象、组织与程序

8.2.1 成本核算对象

建筑施工企业在进行工程项目管理时，应当依据项目管理的具体要求，结合项目管理的实际情况与工程项目组织的特点，选择相应的成本核算对象。成本核算对象是工程费用的归属目标，也是工程费用的承担者。

一般情况下，建筑施工企业将与建设方签订的有独立工程图预算的单项建造合同作为成本核算对象，对每个单项合同的收入、费用和利润进行单独的计量和确认。但是，在某些情况下，为了反映一项或一组合同的实质，需要将单项合同进行分立或将数项合同进行合并，具体情况如表8-3所示。

表8-3 合同合并与合同分立的特殊情况

情况	条件
若一项建造合同涉及建造数项资产，在同时满足下列条件时，每项资产应分立单项合同处理，否则不可以进行合同分立	① 每项资产均有独立的建造方案。 ② 建造承包商与客户就每项资产单独进行谈判，双方能够接受或拒绝与每项资产有关的合同条款。 ③ 可单独辨认每项资产的收入和成本

续表

情况	条件
若为建造一项或数项资产而签订一组合同，无论对应单个客户还是几个客户，在同时具备下列条件的情况下，应合并为单项合同处理，否则不能将该组合同合并	① 该组合同按一揽子交易签订。 ② 该组合同具有很强的关联性，每项合同实际上已构成一项综合利润工程的组成部分。 ③ 该组合同同时或依次履行
在符合以下任何一条规定的情况下，新增资产的建设应以单项合同形式进行	① 该追加资产在设计、技术或功能上与原合同包括的（一项或数项）资产存在重大差异。 ② 在确定新增资产价格时，无须考虑原有的合同价格

8.2.2 成本核算组织

建立和完善相应的成本核算组织，可以使建筑施工企业的核算组织与企业的施工管理体制相适应，可以更好地控制和降低成本，更好地实现成本管理目标，提高经济效益。在实践中，建筑施工企业一般会根据自身的规模和管理体制，选择适合的成本核算组织体系。常见的体系包括公司、工区和施工队三级核算体制与公司和施工队两级核算体制。这些体系旨在更好地组织和管理成本核算工作，确保各项成本的准确核算和记录，为企业的决策提供有力支持，无论选择哪种成本核算组织体系，建筑施工企业都应该确保成本核算的准确性和及时性。同时，企业还应该加强内部经济责任制的管理，明确各级部门和人员的职责和权限，确保成本核算工作的有效开展。

（1）公司、工区和施工队三级核算

该成本核算组织体系通常包括公司、工区和施工队三个层级，这种体系适用于规模较大、业务复杂、管理层级较多的建筑施工企业。在这种体系下，公司、工区和施工队三个层级均参与成本核算。

1）公司层级成本核算

主要负责全面领导所属单位的成本核算工作，包括指导所属单位建立、健全成本管理制度，核算公司本身的管理费用，汇总整个建筑施工企业的施工生产成本，审核汇总所属单位的成本报表，进行全面合同履约成本分析等。

2）工区层级成本核算

主要负责核算工区本身的管理费用，并对合同成本进行归集和分配。同时，还要对施工队（或项目经理部）各项成本进行核算、汇总和分析，并向公司报送有关报表。

3）施工队层级成本核算

主要负责组织、记录和计算各项工程成本。在项目经理部的领导下，根据各班组记录的原始资料，归集和分配实际成本，编制施工队（或项目经理部）的成本报表。

（2）公司和施工队两级核算

该成本核算组织体系通常包括公司和施工队两个层级，这种体系相对简化，适用于规模适中、业务相对简单的建筑施工企业。在这种体系下，公司和施工队两个层级负责成本核算。

1) 公司层级成本核算

公司一级核算的内容与实行三级核算的建筑施工企业公司一级核算的内容基本相同，负责制订成本控制策略，对整体成本进行监控和管理，确保符合公司的经营目标。

2) 施工队层级成本核算

主要负责组织和记录各项工程成本。通常会根据实际施工情况记录各项成本，包括人工、材料、设备和其他相关成本，并进行归集和分配。施工队还会根据公司的要求编制成本报表，并及时向公司汇报。

8.2.3 成本核算程序

合同履约成本核算的程序是指建筑施工企业根据成本管理和核算的基本要求，对建筑生产费用进行分类核算，将发生的各项要素费用按照经济用途进行归类时所应遵循的一般程序和步骤。建筑施工企业的合同履约成本核算一般实施二级或三级核算，对一些规模较小的建筑施工企业也可以实行一级核算。在建筑施工企业实行合同履约成本二级核算或三级核算的体制下，公司级一般只核算期间费用，合同履约成本的总分类核算主要是在工区及施工队进行。

建筑施工企业在进行合同履约成本核算时，对施工过程中发生的各项成本，首先应按成本项目通过成本核算会计科目进行归集，然后把归集的成本按照受益原则分配到各成本核算对象。分配时，对于能够分清受益对象的直接成本，直接计入各受益的成本核算对象，对于不能分清受益对象的成本，需要按照一定的方法分摊计入各受益的成本核算对象。建筑施工企业工程成本核算的基本程序分为 6 步骤，具体表述如下。

(1) 确定成本核算对象

根据成本核算对象的确定原则，结合工程特点和成本管理的需要，确定成本核算对象。

(2) 归集合同履约成本

设置成本核算会计科目及账户，建立成本核算台账，核算和归集合同履约成本。

(3) 确定成本分配方法

按照受益原则，确定应分配合同履约成本在各成本核算对象之间的分配方法和标准。

(4) 在成本核算对象之间分配成本

将归集的合同履约成本按确定的方法和标准在各个成本核算对象之间进行分配。

(5) 计算各成本核算对象的实际总成本

编制工程成本计算表，计算各成本核算对象的实际合同履约总成本。

(6) 结转完工合同履约成本

正确划分已完工合同和未完工合同之间的成本，结转完工合同履约成本。

8.3 合同履约成本的会计处理

8.3.1 合同履约成本核算应设置的会计账户

(1) "合同履约成本"账户

该账户属于成本类账户，用于核算企业在履行当前或预期取得的合同过程中，所产生的那些不应属于其他《企业会计准则》规范范围且按照《企业会计准则第 14 号——收入》的规定确认为一项资产的成本。建筑施工企业根据建设工程设计文件的要求，对建设工程进行新建、扩建、改建的活动所发生的施工成本通过"合同履约成本"账户进行核算，本账户下设"工程施工"二级明细账户，"工程施工"账户可以根据直接成本和间接费用相关明细内容设置三级账户，期末按照履约进度结转合同履约成本，将本账户当期发生额结转到"主营业务成本"账户中。"合同履约成本——工程施工"明细账户的借方登记企业在建筑生产经营过程中发生的直接费用和归集的间接费用，以及期（月）末分配计入有关合同履约成本的间接费用；贷方登记结转的合同履约成本，以及期（月）末以前归集分配计入有关合同履约成本的间接费用，其借方余额反映企业尚未结转的合同履约成本。

(2)"合同结算"账户

该账户属于成本类账户，用于核算同一合同下属于在某一个时段内履约义务涉及与客户结算对价的合同资产或合同负债，并在此账户下设置"合同结算——价款结算"账户、"合同结算——收入结转"明细账户，前者反映阶段性与客户（建设方）进行结算的金额，后者核算按履约进度确认的收入金额。本账户期末如为借方余额反映建筑施工企业已经履行履约义务但尚未与客户结算的金额，依据其流动性，在资产负债表中分别列示为"合同资产"（建筑施工企业预计与客户结算期限不超过一年或一个正常营业周期）或"其他非流动资产"（建筑施工企业预计与客户结算期限在一年或一个正常营业周期以上）项目；期末如为贷方余额反映建筑施工企业已经与客户结算但尚未履行履约义务的金额，依据其流动性，在资产负债表中分别列示为"合同负债"或"其他非流动负债"项目。

(3)"机械作业"账户

该账户属于成本类账户，核算企业及其内部独立核算的施工单位、机械站和运输队使用自有工程施工机械和运输设备进行机械化工程施工和运输作业等所发生的各项费用。借方记录企业发生的机械作业支出，贷记相关账户，如"原材料""应付职工薪酬"以及"累计折旧"等。月末，企业会根据实际情况分配和结转机械化施工和运输作业的成本，这些成本可能会转入承包工程的成本，也可能对外单位或专项工程提供机械作业的成本。企业从外单位或本企业其他内部独立核算的机械站租入工程施工机械发生的机械租赁费，不通过本账户核算，而是在"合同履约成本——工程施工——机械使用费"账户核算。

8.3.2 直接人工费的会计核算

(1) 直接人工费的归集与分配

1) 计件工资制度下直接人工费用的分配

实行计件工资制度的建筑施工企业所支付的工资，一般能分清为哪个工程所发生。因此，可以根据工程任务单和工资结算汇总表将其所归集的人工费用直接计入各合同履约成本核算对象的直接人工成本项目。

2) 计时工资制度下直接人工费用的分配

实行计时工资制度的建筑施工企业，如果建筑生产只涉及一个工程单位，或发生的建筑施工生产工人工资能够分清为具体哪个工程，则可以直接计入该合同履约成本核算对象的直接人工成本项目；如果建筑安装工人同时为几项工程工作，则需要将发生的工资在各个合同履约成本核算对象之间进行分配。一般应按照当月工资总额和工人总的出勤工日计算的日平均工资以及各工程当月实际用工数计算分配。人工费用的分配可根据工程实施项目的实际情况，以"直接费"或者"完工产值"为标准。计算公式如下：

某建筑施工企业当月建筑安装工人日平均工资＝

企业当月建筑安装工人计时工资总额÷企业当月建筑安装工人实际工日总额

公式中，计时工资总额包括按计时工资标准和工作时间支付给职工的工资。

某合同履约成本核算对象应负担的计时工资额＝

该合同履约成本核算对象当月实际耗用工日数×企业当月建筑安装工人日平均工资

（2）直接人工费的会计处理

建筑施工企业工程成本中的人工费用包括直接参与建筑工程工人的计时工资、计件工资、工资性津贴及补贴、奖金和社会保险及其他职工薪酬。从事建筑工程的生产人员工资首先归集到"应付职工薪酬"账户，分配时转入"合同履约成本——工程施工——××项目——直接人工费""合同履约成本——工程施工——待分配直接费""合同履约成本——工程施工——待分配间接费"等账户。人工费用的归集会计分录如下。

借：合同履约成本——工程施工——××项目——直接人工费
　　合同履约成本——工程施工——待分配间接费——管理人员工资（其他职工薪酬）
　　贷：应付职工薪酬

【例8-1】2022年甲建筑施工企业第一项目部有甲、乙两个工程成本核算对象。本月份工资分配表列明工人工资为30 000元，其中本月甲工程工人工资20 000元，乙工程工人工资10 000元，做如下会计分录。

借：合同履约成本——工程施工——甲工程——直接人工费　　20 000
　　　　　　　　　　　　　　　——乙工程——直接人工费　　10 000
　　贷：应付职工薪酬——工资　　　　　　　　　　　　　　　30 000

8.3.3　直接材料费的会计核算

（1）直接材料费的归集与分配

① 发生时能够分清用料对象的。当领用材料时能够点清数量、分清用料对象，应在领料凭证上注明合同履约成本核算对象的名称，并直接计入合同履约成本核算对象的"直接材料"成本项目。

对于工程施工中使用的周转材料，如模板、脚手架等，应根据各受益工程的实际在用数量和规定的摊销方法，计入各合同履约成本核算对象。

② 剩余、残余材料。对于工程工后剩余的材料，应办理材料退库手续，以便正确计算工程的实际成本，在施工中发生的残次材料和包装物等应尽量回收利用，并冲减合同履约成本中的直接材料。

材料费用的分配就是定期将审核后的领料凭证，按材料的用途归类，并将应计入工程成本的材料费用计入工程成本，将不应计入工程成本的材料费用计入各自费用项目。

（2）直接材料费的会计处理

在材料消耗时，根据自制的领料单、出库单等凭据，借记"合同履约成本——工程施工——××项目——直接材料费"等账户，贷记"原材料""材料成本差异"账户。

【例 8-2】甲建筑施工企业材料费用分配情况如表 8-4 所列。

表 8-4 材料费用分配表

成本核算对象材料类别			甲工程	乙工程	合计
主要材料	冶炼金属	实际成本	20 000	15 000	35 000
	钢材	实际成本	10 000	7 500	12 500
	木材	实际成本	15 000	10 000	25 000
	小计	实际成本	45 000	32 500	77 500
结构件		实际成本	50 000	40 000	90 000
其他材料		实际成本	12 500	7 500	20 000
合计		实际成本	107 500	80 000	187 500
周转材料摊销			7 000	4 500	11 500

甲建筑施工企业根据材料费用分配表，做如下会计分录。

借：合同履约成本——工程施工——甲工程——直接材料费 107 500
　　　　　　　　　　　　　　——乙工程——直接材料费   80 000
　贷：原材料——主要材料   77 500
　　　　　——结构件   90 000
　　　　　——其他材料   20 000
借：合同履约成本——工程施工——甲工程——直接材料费   7 000
　　　　　　　　　　　　　　——乙工程——直接材料费   4 500
　贷：周转材料——周转材料摊销   11 500

8.3.4 机械使用费的会计核算

（1）机械使用费的归集与分配

1）租入机械费用的核算

建筑施工企业从外单位或本企业其他内部独立核算的机械站租入施工机械支付的租赁费，一般可以根据机械租赁费结算单所列的金额，直接记入有关受益合同履约成本核算对象的"机械使用费"成本项目中。如果租入的施工机械是为两个或两个以上的工程服务，应以租入施工机械为各个合同履约成本核算对象所提供的作业台班数量为基数进行分配，并计入各合同履约成本核算对象的实际成本。其计算公式如下。

某工程成本核算对象应负担的租赁费＝
该工程成本核算对象实际使用的台班数量×平均台班租赁费
平均台班租赁费＝支付的施工机械租赁费总额÷租入的施工机械作业总台班数

2）自有机械费用的核算

建筑施工企业使用自有施工机械和运输设备进行机械作业所发生的各项费用，主要包括以下内容。

① 人工费。指驾驶和操作施工机械人员的基本工资、奖金、补贴、职工福利费、工资性质的津贴和劳动保护费等。

② 燃料及动力费。指建筑使用机械和运输设备进行机械作业所用的燃料、动力费。

③ 折旧及修理费。指对施工机械和运输设备所计提的固定资产折旧费、发生的固定资产修理费用，以及替换工具和部件的摊销费和维修费。

④ 其他直接费用。指施工机械和运输设备所用的润滑材料和擦拭材料费用以及预算定额规定的其他费用，如将施工机械运到施工现场、远离施工现场（若运往其他现场，运出费用由其他施工现场的合同履约成本负担）和在施工现场范围内转移的运输、安装、拆卸及试车费用等。

⑤ 间接费用。指建筑施工企业为组织和管理施工机械和运输作业所发生的费用，包括管理人员基本工资、奖金、补贴、职工福利费、工资性质的津贴、劳动保护费、固定资产折旧费及修理费、办公费等。机械使用费若能区分出由具体某单项工程受益，则直接计入某单项工程机械使用费。

3) 机械使用费的分配方法

建筑施工企业使用自有施工机械所发生的机械使用费，其分配方法主要包括以下几种。

① 台班分配法。台班分配法是指根据成本核算对象使用机械的台班数进行分配。其计算公式如下：

某合同履行成本核算对象应负担的机械使用费＝
该种机械的每台班实际成本×该工程成本核算对象实际使用的台班数

其中，

某种机械的每台班实际成本＝
该种机械本月实际发生的费用总额÷该种机械本月实际工作的台班总数

台班分配法主要适用于按单机或机组进行成本核算的建筑机械。

② 预算分配法。预算分配法是指按照实际发生的机械使用费占预算定额规定的机械使用费的比例进行分配的方法。其计算公式如下：

某合同履约成本核算对象应负担的机械使用费＝
该合同履行成本核算对象预算机械使用费×实际发生的机械使用费占预算机械使用费比例

其中，

某合同履行成本核算对象预算机械使用费＝
该合同履行成本核算对象实际完成的工作量×单位工程量机械使用费预算定额占预算机械使用费比例

单位工程量机械使用费预算定额占预算机械使用费比例＝
实际发生的机械使用费总额÷合同履约成本核算对象的预算机械使用费总额×100％

预算分配法主要适用于不便于计算机械使用台班、无机械台班和无台班单价预算定额的中小型施工机械费的分配，如几个成本核算对象共同使用的混凝土搅拌机的费用。

③ 作业量法。作业量法是指以各种机械所完成的作业量为基础进行分配的方法。其计算公式如下：

某合同履行成本核算对象应负担的某种机械使用费＝

该种机械为该工程成本核算对象提供的作业量×该种机械单位作业量的实际成本

某种机械单位作业量的实际成本＝

该种机械实际发生费用总额÷该种机械实际完成的作业量

（2）机械使用费的会计核算

建筑施工企业使用自有工程施工机械和运输设备进行机械化工程施工和运输作业等所发生的各项费用，借方记"机械作业"账户，贷记相关账户，如"原材料""应付职工薪酬"以及"累计折旧"等。月末根据实际情况分配和结转机械作业成本。

【例 8-3】 甲建筑施工企业有一台挖掘机，在 2022 年 6 月份参与了甲、乙两个工程的建设工作。该月为甲工程提供机械作业 15 个台班，为乙工程提供机械作业 10 个台班，该挖掘机的相关费用如下：人员工资 5 000 元，耗用燃油 40 000 元，计提折旧 20 000 元，计算机械作业成本并做会计分录。

1）计算机械作业成本

① 分配人工费、燃油费和折旧费。

总的人工费、燃油费和折旧费分别为 5 000 元、40 000 元和 20 000 元，总台班数为 25 个（甲工程 15 个台班＋乙工程 10 个台班）。

每个台班的人工费为 5 000 元/25 台班 ＝200 元/台班

每个台班的燃油费为 40 000 元/25 台班 ＝1 600 元/台班

每个台班的折旧费为 20 000 元/25 台班 ＝800 元/台班

② 根据每个工程使用的台班数来分配费用。

甲工程的人工费为 200 元/台班 × 15 台班 ＝3 000 元

燃油费为 1 600 元/台班 × 15 台班 ＝24 000 元

折旧费为 800 元/台班 × 15 台班 ＝12 000 元

乙工程的人工费为 200 元/台班 × 10 台班 ＝2 000 元

燃油费为 1 600 元/台班 × 10 台班 ＝16 000 元

折旧费为 800 元/台班 × 10 台班 ＝8 000 元

2）编制会计分录

借：机械作业——甲工程——人工费	3 000
——燃油费	24 000
——折旧费	12 000
机械作业——乙工程——人工费	2 000
——燃油费	16 000
——折旧费	8 000
贷：应付职工薪酬——工资	5 000
——原材料	40 000
——累计折旧	20 000

【例 8-4】 接【例 8-3】，月末机械作业结转合同履约成本，做如下会计分录。

借：合同履约成本——工程施工——甲工程——机械使用费	39 000
——乙工程——机械使用费	26 000

```
        贷：机械作业——甲工程——人工费                    3 000
                        ——燃油费                   24 000
                        ——折旧费                   12 000
            机械作业——乙工程——人工费                    2 000
                        ——燃油费                   16 000
                        ——折旧费                    8 000
```

8.3.5　其他直接费的会计核算

建筑施工企业在施工生产经营过程中所发生的其他直接费用，通常能够分清受益对象，在发生时直接记入合同履约成本核算对象的合同成本明细账的"其他直接费用"成本项目中。建筑施工企业在工程施工过程中发生的其他直接费用，在发生时借记"合同履约成本——工程施工——××工程——其他直接费用"账户，贷记"银行存款"等账户。

【例8-5】2022年8月份，甲建筑施工企业发生其他直接费用180 000元，其中A工程为95 000元，B工程为85 000元，已通过银行存款支付，做如下会计分录。

```
        借：合同履约成本——工程施工——A工程——其他直接费用       95 000
                              ——B工程——其他直接费用       85 000
            贷：银行存款                                180 000
```

8.3.6　间接费用的会计核算

（1）间接费用的归集与分配

间接费用是建筑施工企业单位为管理多项工程而发生的费用，属于共同性费用，难以分清受益对象。因此，建筑施工企业应在"合同履约成本——工程施工"账户下设置"间接费用"明细账户，汇总本期发生的各项间接费用，期末再按照一定的标准分配计入各有关合同履约成本核算对象。建筑施工企业发生的间接费用，其分配标准应与预算取费基础相一致，而预算取费基础会因工程类别不同而有所不同。一般情况下，建筑工程应以各合同履约成本的直接费用作为分配标准。设备安装工程应以安装工程的人工费用作为分配标准。但是，在实际工作中，由于建筑施工企业承担的施工工程往往既有建筑工程又有设备安装工程，有的辅助生产单位生产的产品或劳务可能还会对外销售，因此建筑施工企业的间接费用一般需要进行两次分配。

首先，建筑施工企业发生的全部间接费用应在不同类别的工程、产品、劳务和作业间进行分配。在实际工作中，由于间接费用中的许多费用项目，同生产工人的工资、工人人数或劳动时间等有着一定的内在联系，因此，通常以各类工程、产品、劳务和作业中的人工费作为间接费用第一次分配的分配标准。

$$间接费用分配率=$$
$$企业本期实际发生的间接费用总额 \div 各类工程（产品、劳务、作业等）成本中人工费总额 \times 100\%$$

某类工程（产品、劳务、作业等）应分配的间接费用＝

该类工程（产品、劳务、作业等）成本中人工费总额×间接费用分配率

其次，月末，各工程建设单位应对本月发生的间接费用进行分摊，建筑施工企业间接费用的第二次分配是将第一次分配到各类工程和产品的间接费用再分配到本类工程或产品以及劳务内部各成本核算对象。第二次分配是按照工程（产品、劳务、作业）类别不同，分别以直接费或人工费为基础进行分配。

① 安装工程间接费用分配法。是根据各成本核算对象当期实际发生的人工费为基础分配间接费用的一种方法。一般适用于安装工程，计算公式如下：

安装工程间接费用分配率＝

安装工程本期应发生的间接费用总额÷全部安装工程人工费成本总额×100％

某安装工程成本核算对象应分配的间接费用＝

该安装工程成本核算对象本期实际发生的人工费×间接费分配率

② 建筑工程间接费用分配法。直接费比例分配法是以各成本核算对象当期实际发生的直接费为基础分配间接费用的一种方法。一般适用于建筑工程，计算公式如下：

间接费用分配率＝

建筑工程本期应分配的间接费用总额÷全部建筑工程本期直接费实际成本总额

某建筑工程成本核算对象应分配的间接费用＝

该建筑工程成本核算本期实际发生的直接费×建筑工程间接费分配率

在进行间接费用的分配时做会计分录，借记"合同履约成本——工程施工——××项目"等账户，贷记"合同履约成本——工程施工——间接费用"账户。

（2）间接费用的会计处理

间接费用一般难以分清具体的受益对象，无法直接记入有关成本核算对象账户。因此，在费用发生时，应先经过一个归集与分配的过程，才能计入合同履约成本，期末再采用系统、合理的方法分配计入各项工程成本。建筑施工企业应在"合同履约成本——工程施工"账户下设置"间接费用"明细账户。在发生间接费用时，借记"合同履约成本——工程施工——间接费用"账户，贷记"银行存款"等有关账户；月末按照一定的方法进行分配后借记"合同履约成本——工程施工——××工程——间接费用"账户，贷记"合同履约成本——工程施工——间接费用"账户。

【例 8-6】 2022 年 8 月，甲建筑施工企业发放管理人员工资 22 500 元，奖金 5 000 元；管理用固定资产折旧费 25 000 元；现金支付办公费 1 250 元，差旅费 1 750 元；临时设施摊销 5 250 元；向政府部门支付相关规费 500 元，以上均不考虑增值税因素，做如下会计分录。

借：合同履约成本——工程施工——间接费用——管理人员工资　　22 500
　　　　　　　　　　　　　　　　　　　——折旧费　　　　　　25 000
　　　　　　　　　　　　　　　　　　　——办公费　　　　　　 1 250
　　　　　　　　　　　　　　　　　　　——差旅费　　　　　　 1 750
　　　　　　　　　　　　　　　　　　　——临时设施摊销　　　 5 250
　　　　　　　　　　　　　　　　　　　——其他费用　　　　　　 500
　　贷：应付职工薪酬　　　　　　　　　　　　　　　　　　　　22 500

累计折旧	25 000
库存现金	3 000
临时设施摊销	5 250
银行存款	500

【例 8-7】 2022 年 9 月，甲建筑施工企业只有甲、乙两项建筑工程的施工任务，9 月实际发生的间接费用总额为 34 200 元。采用建筑工程间接费用分配法，编制间接费用分配表，见表 8-5。

表 8-5　间接费用分配表　　　　　单位：元

工程成本核算对象	直接费成本		分配金额
甲工程	320 000	分配率 6%	19 200
乙工程	250 000		15 000
合计	570 000		34 200

做如下会计分录。

借：合同履约成本——工程施工——甲工程——间接费用　　19 200
　　　　　　　　　　　　　　　——乙工程——间接费用　　15 000
　　贷：合同履约成本——工程施工——间接费用　　　　　　34 200

以上人工费、材料费、机械使用费、其他直接费用构成建筑施工企业的直接成本，间接费用为建筑施工企业的间接成本，直接成本加间接成本构成建筑施工企业工程成本，即合同履约成本。

8.3.7　工程完工结转实际合同履约成本

建筑施工企业为了正确组织合同履约成本的核算，应当按照工程合同确定的成本核算对象，开设合同履约成本明细账，及时将工程施工过程中发生的成本计入相应的成本明细账中，以便及时反映成本信息。当工程完工时，合同履约成本明细账的累计发生额就是该项工程的实际合同履约总成本。

【例 8-8】 2022 年 10 月份甲建筑施工企业 A 工程均已完工（建造当年完工，且双方合同约定竣工后结算工程价款），工程实际发生成本 7 500 000 元，根据双方合同，该工程的造价为 10 000 000 元，上述价款均不含增值税。假定建筑施工企业与客户结算时即发生增值税纳税义务，增值税税率为 13%，客户在实际支付工程价款时支付其对应的增值税款。

做如下会计分录。

① 确认合同收入

借：合同结算——收入结转　　　　　　　　　　　　　10 000 000
　　贷：主营业务收入　　　　　　　　　　　　　　　　10 000 000

② 结转合同成本

借：主营业务成本　　　　　　　　　　　　　　　　　 7 500 000
　　贷：合同履约成本——工程施工　　　　　　　　　　 7 500 000

③ 结算工程价款

借：应收账款　　　　　　　　　　　　　　　　　　　　　　　11 300 000
　　贷：合同结算——价款结算　　　　　　　　　　　　　　　　10 000 000
　　　　应交税费——应交增值税（销项税额）　　　　　　　　　 1 300 000

8.4　期间费用的会计处理

期间费用是指建筑施工企业当期发生的必须从当期收入得到补偿的费用。期间费用与一定的会计期间相联系，与某项工程没有直接的联系，因而不计入合同履约成本，直接计入当期损益的各项费用，具体包括管理费用、财务费用和销售费用。

8.4.1　期间费用核算应设置的账户

（1）"管理费用"账户

该账户属于损益类账户，用于核算企业行政管理部门为组织和管理生产经营活动而发生的各种费用，包括企业在筹建期间发生的开办费，包括人员工资、办公费、培训费、差旅费、印刷费、注册登记费以及不计入固定资产成本的借款费用等。在实际发生时，其借方登记本账户，贷方登记"银行存款"等账户。期末，应将该账户的余额转入"本年利润"账户，结转后本账户应无余额。该账户可按费用项目进行明细核算。

（2）"财务费用"账户

该账户属于损益类账户，用于核算建筑施工企业在施工生产经营过程中，为筹集生产经营所需资金等而发生的费用。其借方登记企业发生的各项财务费用，贷方登记发生的冲减财务费用的利息收入、汇兑收益以及现金折扣。期末应将本账户的余额全部转入"本年利润"账户，结转后应无余额。

（3）"销售费用"账户

该账户属于损益类账户，用于核算企业销售费用的发生情况，借方登记本期实际发生的各项销售费用，贷方登记期末转入"本年利润"账户的销售费用，结转后无余额。

8.4.2　期间费用的会计核算

现举例说明期间费用核算的会计处理。

【例 8-9】甲建筑施工企业 2022 年 11 月管理费用发生情况如下（不考虑增值税因素），做如下会计分录。

① 现金支付业务招待费 5 650 元。

借：管理费用——业务招待费　　　　　　　　　　　　　　　　　5 650
　　贷：库存现金　　　　　　　　　　　　　　　　　　　　　　　5 650

② 本月分配行政管理人员工资 10 000 元。

借：管理费用——公司经费　　　　　　　　　　　　　　　　　　10 000

贷：应付职工薪酬——工资　　　　　　　　　　　　　　　10 000

③ 按上述人员工资总额的14%计提职工福利费。

借：管理费用——福利费　　　　　　　　　　　　　　　　1 400

　　贷：应付职工薪酬——职工福利　　　　　　　　　　　　1 400

④ 以现金支付技术咨询费1 250元。

借：管理费用——咨询费　　　　　　　　　　　　　　　　1 250

　　贷：库存现金　　　　　　　　　　　　　　　　　　　　1 250

⑤ 公司管理人员李宁出差回来报销差旅费1 100元，交回现金100元，归还出差前借款1 200元。

借：管理费用——公司经费　　　　　　　　　　　　　　　1 100

　　库存现金　　　　　　　　　　　　　　　　　　　　　　100

　　贷：其他应收款——李宁　　　　　　　　　　　　　　　1 200

⑥ 月末，将本月发生的管理费用全部计入当月损益，转入"本年利润"账户。

借：本年利润　　　　　　　　　　　　　　　　　　　　　19 400

　　贷：管理费用　　　　　　　　　　　　　　　　　　　　19 400

【例8-10】甲建筑施工企业于2023年1月1日向银行借入生产经营用短期借款150 000元，期限6个月，年利率5%，该借款本金到期后一次归还，利息分月预提，按季支付。假定1月其中80 000元暂时作为闲置资金存入银行，并获得利息收入120元。假定所有利息均不符合利息资本化条件，做如下会计分录。

① 1月末，预提当月应付利息：150 000×5%÷12＝625（元）

借：财务费用　　　　　　　　　　　　　　　　　　　　　625

　　贷：应付利息　　　　　　　　　　　　　　　　　　　　625

② 同时，当月取得的利息收入应作为冲减财务费用处理。

借：银行存款　　　　　　　　　　　　　　　　　　　　　120

　　贷：财务费用　　　　　　　　　　　　　　　　　　　　120

8.5　案例分析

8.5.1　案例内容

2022年甲建筑公司承建某市某高速公路第三标段，合同总造价5 000 000元，包括一条600米长的隧道，一座350米长的大桥和1.5千米的路基。该公司设西南项目部组织管理工程生产，并成立了一个隧道队、一个大桥队、一个路基队进行工程施工。

① 1月，发生职工薪酬费用965 000元，其中隧道队500 000元、大桥队150 000元、路基队315 000元，并以银行存款支付。

② 3月，仓库发出水泥2 500吨，单价150元/吨，其中隧道使用1 500吨、大桥使用1 000吨；发出钢材300吨，单价2 500元/吨，其中隧道使用180吨、大桥使用120吨。

③ 5月，因隧道工程施工场地狭窄，水泥需要二次搬运，发生搬运费 4 500 元，并以银行存款支付；为大桥混凝土试件发生试验费价税合计 2 825 元（取得增值税专用发票税率 13%，税额 325 元），以库存现金支付，领用生产工具 3 000 元（经统计隧道应分摊 1 200 元，路基应分摊 1 000 元，大桥应分摊 800 元）。

④ 8月，甲公司项目部发放管理人员工资 50 000 元，奖金 30 000 元；管理用固定资产折旧费 7 000 元；现金支付办公费 2 800 元（取得增值税普通发票），差旅费 3 000 元（取得住宿费增值税普通发票）；临时设施摊销 9 000 元；向政府部门支付相关规费 2 000 元。

⑤ 对该工程项进行核算，目前该分部分项工程整体包括三道工序。假设次年 5 月该企业三道工序均已完工（建造当年完工，且双方合同约定竣工后结算工程价款），工程实际发生成本 3 600 000 元，根据双方合同，该工程的造价为 5 000 000 元，上述价款均不含增值税。假定建筑施工企业与客户结算时即发生增值税纳税义务，增值税税率为 13%，客户在实际支付工程价款时支付其对应的增值税款。

8.5.2 案例解析

根据以上案例分析，进行相关账务处理，通过本章前几节对工程成本与费用的细分种类详细阐述业务活动发生时的会计处理，现依据具体案例，对甲建筑公司每月发生的相关业务简单说明，并做出如下会计分录。

（1）1 月以银行存款支付各部门职工工资薪酬

借：合同履约成本——工程施工——隧道——直接人工费　　　　500 000
　　　　　　　　　——工程施工——大桥——直接人工费　　　　150 000
　　　　　　　　　——工程施工——路基——直接人工费　　　　315 000
　　贷：应付职工薪酬——工资　　　　　　　　　　　　　　　965 000

（2）3 月各部门工程施工领用原材料

借：合同履约成本——工程施工——隧道——直接材料费　　　　675 000
　　　　　　　　　——工程施工——大桥——直接材料费　　　　450 000
　　贷：原材料　　　　　　　　　　　　　　　　　　　　　1 125 000

（3）5 月发生业务会计处理

1）因隧道工程施工场地狭窄，发生二次搬运费用

借：合同履约成本——工程施工——隧道——其他直接费　　　　4 500
　　贷：银行存款　　　　　　　　　　　　　　　　　　　　　4 500

2）为大桥混凝土试件发生试验费，同时取得增值税发票

借：合同履约成本——工程施工——大桥——其他直接费　　　　2 500
　　应交税费——应交增值税（进项税额）　　　　　　　　　　　325
　　贷：库存现金　　　　　　　　　　　　　　　　　　　　　2 825

3）领用生产工具产生费用，并由各部门分摊

借：合同履约成本——工程施工——隧道——其他直接费　　　　1 200
　　　　　　　　　——工程施工——路基——其他直接费　　　　1 000

```
                    ——工程施工——大桥工程——其他直接费         800
       贷：周转材料——低值易耗品                              3 000
```

（4）8月发生一系列间接费用，间接费用的归集与分配

```
借：合同履约成本——工程施工——间接费用——管理人员工资    80 000
                                    ——折旧及修理          7 000
                                    ——办公费             2 800
                                    ——差旅费             3 000
                                    ——临时设施摊销        9 000
                                    ——其他费用           2 000
       贷：应付职工薪酬                                    80 000
           累计折旧                                        7 000
           库存现金                                        5 800
           临时设施摊销                                    9 000
           银行存款                                        2 000
```

（5）工程完工结转实际合同履约成本

1）确认合同收入

```
借：合同结算——收入结转                                 5 000 000
       贷：主营业务收入                                 5 000 000
```

2）结转合同成本

```
借：主营业务成本                                       3 600 000
       贷：合同履约成本——工程施工                      3 600 000
```

3）结算工程价款

```
借：应收账款                                           5 650 000
       贷：合同结算——价款结算                         5 000 000
           应交税费——应交增值税（销项税额）              650 000
```

第 9 章

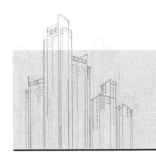

收入和利润会计实务

收入和利润的会计实务是建筑施工企业的重要内容，决定着企业的财务绩效，可有效保障企业的正常生产经营活动。本章对建筑施工企业收入与利润的相关内容及会计核算的问题进行了深入分析，对合同收入、利润形成和利润分配的会计核算进行了阐述，最后结合具体案例，为建筑施工企业在实践中处理好收入和利润的会计实务事项提供了有益参考。

9.1 收入概述

9.1.1 收入的含义和特点

收入是指在企业的日常活动中产生的、会导致所有者权益增加的、与所有者投入资本无关的经济利益的总流入。这里涉及的日常活动是指企业为完成其经营目标所从事的经营性活动以及与之相关的活动。收入具有如下特点。

（1）**日常活动产生**

收入主要来源于企业的日常经营活动，这些活动是企业为完成其经营目标所从事的经常性活动以及与之相关的其他活动。收入不是来自偶然发生的业务或非常规活动，而是企业日常经营活动的结果。

（2）**资产增加和负债减少**

收入可以表现为企业资产的增加，比如收到现金或应收账款，也可以表现为企业负债的减少，例如预收账款的减少。

（3）**所有者权益增加**

收入最终会导致企业所有者权益的增加。这是因为收入代表了企业经济利益的流入，这种流入增加了企业的净资产，即所有者权益。

（4）**本企业经济利益的流入**

收入只包括本企业经济利益的流入。排除为第三方或客户代收的款项，这些代收款项不属于企业自身的收入，而是代表其他方的经济利益；排除投资者投入资本，投资者投入的资本属于企业的权益性资金,而不是企业通过经营活动获得的收入。

9.1.2 收入的分类

收入按经营业务可分为主营业务收入和其他业务收入。

(1) 主营业务收入

建筑施工企业的主营业务收入是指企业根据营业执照上规定的主要业务范围,为完成其经营目标而从事日常活动所取得的收入。通常涉及与客户签订建筑合同,并按照合同规定的内容和要求进行施工建设。当企业按照合同约定完成一定的工作内容,并达到合同规定的阶段性或最终验收标准时,便可确认相应的合同收入。合同收入的确认也反映了企业与客户之间交易的实现,是企业经营成果的重要体现。建筑施工企业在日常经营活动中,需密切关注合同履行的进度和情况,确保按照合同约定完成工作内容,并及时确认相应的合同收入,以准确反映企业的经营成果和财务状况。

建筑施工企业的主营业务收入主要包括工程结算收入。工程结算收入是指企业承包工程实现的工程价款结算收入以及向发包单位收取的各种索赔款。具体来说,工程结算收入主要包括以下几点。

1) 工程价款结算收入

这是企业承包工程后,按照合同规定和工程进度,向发包单位收取的工程款项。

2) 向发包单位收取的临时设施费、劳动保险费、施工机构调迁费等

这些费用是企业在施工过程中,因实际需要而产生的额外支出,按照合同约定,可以向发包单位收取。

3) 向发包单位收取的各种索赔款

在施工过程中,如果因发包单位的原因导致施工受阻或产生额外费用,企业有权向发包单位提出索赔,并收取相应的款项。

(2) 其他业务收入

建筑施工企业的其他业务收入是指企业在主营业务收入之外的其他业务活动中所获得的收入。具体来说,主要包括以下几个方面。

1) 销售施工剩余材料收入

在施工过程中,企业经常会剩余一些材料,如钢筋、水泥等。这些材料可以出售给其他企业或个人,从而获得一定收入。

2) 设备租赁收入

施工企业通常需要大量的机械设备,如挖掘机、压路机等。这些设备在闲置时,可以出租给其他企业或个人,从而获得一定的租赁收入。

3) 承包其他工程项目收入

除了主体工程项目外,施工企业还可以承包其他工程项目,如装修、水电安装等。这些项目可以为企业带来额外的收入来源。

4) 投资收益

企业可能会将一部分资金用于投资,如股票、债券等。这些投资活动可以带来一定的收益,增加企业的整体收入。

9.1.3 收入核算的基本要求

建筑施工企业收入核算的基本要求涉及明确收入来源与数额，区分收益、收入和利得，及时结转相关成本，正确计算收入和相关税金等方面。这些要求共同构成了企业收入核算的基础框架，有助于确保企业财务信息的准确性和可靠性。

（1）明确收入来源与数额

建筑施工企业应通过合同签约、工程施工、验工结算等环节，明确收入来源，并核算准确的收入数额。企业应根据《企业会计准则第14号——收入》中的规定进行收入的确认和计量。为如实反映企业的生产经营成果，核算企业的损益状况，企业确认收入的方式要反映其向客户转让商品或提供服务的模式，收入的计量要反映企业因转让商品或者提供服务而收取的对价金额。

（2）区分收益、收入和利得

建筑施工企业需分清收益、收入和利得的界限，确保准确核算各类收入项目。收益是建筑施工企业在会计期间内增加的、除所有者投资以外的经济利益，包括收入和利得。其中，收入是企业主要的、经常性的经济利益流入。利得则是指收入以外的收益，从偶发的经济业务中取得，会导致所有者权益增加，与所有者投入资本无关。利得分为直接计入当期损益的利得和直接计入其他综合收益的利得。

（3）及时结转相关成本

建筑施工企业应及时结转与收入相关的成本，以准确反映企业的经营成果和财务状况。这有助于企业做出正确的经营决策，并提升经济效益。与合同履约成本有关的资产，应当采用与该资产相关的商品收入确认相同的基础（即在履约义务履行的时点或按照履约义务的履约进度）进行摊销，计入当期损益。

（4）正确计算收入和相关税金

建筑施工企业的收入种类很多，包括合同收入、租金收入等，为了正确地反映每一项收入和相关的成本、税金，建筑施工企业应按照《企业会计准则》的要求设置相关的收入、成本和税金账户进行核算，确保税务处理的合规性，这有助于企业避免税务风险。

9.1.4 收入的确认

由于企业收入来源不同，其收入的特点也相应地不同，其收入的确认条件也就会有所不同。通常情况下，只有当一项收益很有可能流入一家公司，由此造成一家公司资产的增长，并且该收益的流入可以被可靠地测量，才能被承认为一项收入。根据《企业会计准则第14号——收入》，收入确认和计量大致分为以下五步。

（1）识别与客户订立的合同

1）合同的含义

合同是指双方或多方之间签订有法律约束力的权利义务的协议。合同主要有书面形式和口头形式。合同的存在是企业确认客户合同收入的前提，企业与客户之间的合同一经签订，企业即享有从客户处取得与转移商品或服务对价的权利，并承担着向客户转移商品或服务的履约义务。企业与客户之间的合同同时满足下列五项条件，企业应当履行合同中的履约义务如下。

① 合同各方已批准该合同并承诺将履行各自义务；
② 合同明确了合同各方与所转让商品相关的权利和义务；
③ 合同有明确的与所转让商品相关的支付条款；
④ 合同具有商业实质，即履行该合同将改变企业未来现金流量的风险、时间分布或金额；
⑤ 企业因向客户转让商品而有权取得的对价很可能收回。

企业在进行上述判断时，需要注意以下三点。第一，合同约定的权利和义务应具备法律约束力，需要根据企业所处的法律环境和实务操作进行判断。第二，合同应具有商业实质，没有商业实质的非货币性资产交换，无论何时均不应确认收入。第三，企业在评估其向客户转让商品而有权取得的对价是否很可能收回时，仅应考虑客户的信用风险。

2）合同合并

企业与同一客户（或该客户的关联方）同时订立或在相近时间内先后订立的两份或多份合同，在满足下列条件之一时，应当合并为一份合同进行会计处理。

① 该两份或多份合同在同一商业目的下订立且构成一揽子交易；
② 该两份或多份合同中的一份合同的对价金额取决于其他合同的定价或履行情况；
③ 该两份或多份合同中所承诺的商品（或每份合同中所承诺的部分商品）构成《企业会计准则第 14 号——收入》的单项履约义务。

3）合同变更

合同变更是指经合同各方同意对原合同范围或价格作出变更。合同变更可能形成新的具有法律约束力的权利和义务，也可能变更了合同方的权利和义务。企业应当区分下列三种情形，对合同变更分别进行会计处理。

① 合同变更部分作为单独合同。合同变更增加了可明确区分的商品及合同价款，且新增合同价款反映了新增商品单独售价的，应当将该合同变更部分作为一份单独的合同进行会计处理。此类合同变更不影响原合同的会计处理。

② 合同变更作为原合同终止及新合同订立。合同变更不属于上述情形，且在合同变更日已转让的商品（或服务）与未转让的商品（或服务）之间可明确区分，应将原合同视为终止，将原合同未履约部分与合同变更部分合并为新合同进行会计处理。

③ 合同变更部分作为原合同的组成部分。应当将该合同变更部分作为原合同的组成部分，在合同变更日重新计算履约进度，并调整当期收入和相应成本等。

【例 9-1】甲建筑施工企业和客户签订了一项总金额为 24 000 万元的固定造价合同，在客户自有土地上建造一幢办公楼，预计合同总成本为 16 800 万元。假定该建造服务属于在某一时段内履行的履约义务，并根据累计发生的合同成本占合同预计成本的比例确定履约进度。年末企业累计发生成本 10 080 万元，履约进度为 60%（10 080÷16 800）。因此，甲建筑施工企业在第一年确认收入 14 400 万元（24 000×60%）。

第二年年初，合同双方同意更改该办公楼屋顶设计，合同价格和预计总成本因此而分别增加 4 800 万元和 2 880 万元。

在本例中，由于合同变更后拟提供的剩余服务与在合同变更日或之前已提供的服务不可明确区分（即该合同仍为单项履约义务），因此，甲建筑施工企业应当将该合同变更作为原合同的组成部分进行会计处理。合同变更后的交易价格为 28 800 万元（24 000＋4 800），企业重新估计的履约进度为 51.22%［10 080÷（16 800＋2 880］，企业在合同变更日应额外确认收入 351.36 万元（51.22%×28 800－14 400）。

（2）识别合同中的单项履约义务

履约义务是指合同中企业向客户转让可明确区分商品或服务的承诺，也包括由于企业已公开宣布的政策、特定声明或以往的习惯做法等导致合同订立时客户合理预期企业将履行的承诺。合同开始日，企业应当对合同进行评估，识别合同包含的单项履约义务，确定各单项履约义务是在某一时段内履行还是在某一时点履行，在履约时分别确认收入。识别合同中的单项履约义务时，如果某项商品不可明确区分，企业应当将该商品与合同中其他商品进行组合，直到该商品组合在一起构成单项履约义务。

（3）确定交易价格

交易价格是指企业因向客户转让商品而预期有权收取的对价金额，不包括企业代第三方收取的款项（如增值税）以及企业预期将退还给客户的款项。合同条款所承诺的对价，可能是固定金额、可变金额或二者兼有。在确定交易价格时，应当考虑可变对价（工程奖励、索赔等）、合同中存在的重大融资成分、非现金对价（以物抵债）、应付客户对价（甲供材）等因素的影响，并应当假定将按照现有合同的约定向客户转移商品，且该合同不会被取消、续约或变更。

（4）将交易价格分摊至各单项履约义务

当合同中包含两项或多项履约义务时，需要将交易价格分摊至各单项履约义务，分摊的方法是在合同开始日，按照各单项履约义务所承诺商品的单独售价（企业向客户单独销售商品的价格）的相对比例，将交易价格分摊至各单项履约义务。通过分摊交易价格，使企业分摊至各单项履约义务的交易价格能够反映其因向客户转让已承诺的相关商品而有权收取的对价金额。

（5）履行各单项履约义务时确认收入

当企业将商品转移给客户，客户取得了相关商品的控制权，意味着企业履行了合同履约义务，此时，企业应确认收入。企业将商品控制权转移给客户，可能是在某一时段内（即履行履约义务的过程中）发生，也可能在某一时点（即履约义务完成时）发生。对于在某一时段内履行的履约义务，企业应当选取恰当的方法确定履约进度；对于在某一时点履行的履约义务，企业应当综合分析控制权转移的迹象，判断其转移时点。企业应当根据实际情况，首先判断履约义务是否满足在某一时段内履行的条件，如不满足，则该履约义务属于在某一时点履行的履约义务。

满足下列条件之一的，属于在某一时段内履行的履约义务，相关收入应当在该履约义务履行的期间内确认。

① 客户在企业履约的同时取得并消耗企业履约所带来的经济利益。

② 客户能够控制企业履约过程中在建的商品。

③ 企业履约过程中所产出的商品具有不可替代性，且该企业整个合同期间内有权就累计至今已完成的履约部分收取款项。

需要强调的是，由于建筑施工企业所建造的所有产品，均需与客户签订合同，按照客户的意愿在客户拥有的土地上为其建造，建造过程中客户有权修改设计、支付工程款等，说明客户能够控制企业履约过程中在建的产品，这就决定了建筑施工企业的履约义务一般都属于在某一时段内履行的履约义务。

9.2 合同收入的会计处理

9.2.1 合同收入核算应设置的会计账户

合同收入核算应设置的会计账户主要有"主营业务收入""主营业务成本""其他业务收入""其他业务成本""税金及附加"账户。

（1）"主营业务收入"账户

该账户属于损益类账户，用于核算企业确认销售商品、提供服务等主营业务的收入。其贷方登记企业当期确认的合同收入，借方登记期末结转的主营业务收入，期末应将本账户余额全部转入"本年利润"账户后无余额。本账户可按主营业务的种类进行明细核算。

（2）"主营业务成本"账户

该账户属于损益类账户，用于核算企业确认销售商品、提供服务等主营业务收入时应结转的成本。其借方登记企业期末根据本期销售各种商品、提供各种服务等实际成本，计算应结转的主营业务成本，贷方登记期末结转的主营业务成本，期末应将本账户的余额全部转入"本年利润"账户后无余额。本账户可按主营业务的种类进行明细核算。

（3）"其他业务收入"账户

该账户属于损益类账户，用于核算企业除主营业务活动以外的其他经营活动获得的收入，其借方登记期末结转的其他业务收入，贷方登记企业当期确认的各项其他业务收入，期末应将本账户余额全部转入"本年利润"账户后无余额。本账户可按其他业务的种类进行明细核算。

（4）"其他业务成本"账户

该账户属于损益类账户，用于核算企业除主营业务活动以外的其他经营活动所发生的支出，其借方登记施工企业发生的其他业务成本，贷方登记期末结转的其他业务成本，期末应将本账户的余额全部转入"本年利润"账户后无余额。本账户可按其他业务的种类进行明细核算。

（5）"税金及附加"账户

该账户属于损益类账户，用于核算企业营业收入应负担的各种税金及附加费，包括按规定应缴纳的城市维护建设税和教育费附加等（不包括应交增值税）。其借方登记建筑施工企业按规定计算的应由营业收入负担的城市维护建设税和教育费附加等，贷方登记期末结转的税金及附加，期末应将本账户的余额全部转入"本年利润"账户后无余额。本账户可按各种税金及附加费的种类进行明细核算。

9.2.2 合同收入的会计核算

(1) 在某一时段内履行履约义务确认

建筑施工企业的建造合同通常情况下属于在某一时段内履行履约义务的合同，对于在某一时段内履行的履约义务，企业在该段时间内应当按照履约进度确认收入，履约进度不能合理确定的除外。企业应当根据商品的性质选择采用产出法或投入法确定恰当的合同履约进度，并且在确定履约进度时，应当不考虑控制权尚未转移给客户的商品。企业按照履约进度确认收入时，通常应当在资产负债表日将按照合同的协定价款总额乘以履约进度扣除以前会计期间累计已确认的收入后的金额，确认为当期收入。

1) 产出法

产出法是根据已转移给客户的商品对于客户的价值确定履约进度，通常可根据实际测量的完工进度、评估已实现的结果、已达到的工程进度节点、时间进度、已完工或交付的产品等产出指标确定履约进度。企业应当按照具体的事实和情况确定是否采用产出法计算履约进度，并选择能够清楚明确地反映企业履约进度和向客户转移商品控制权的产出指标。当选择的产出指标无法计量控制权已转移给客户的商品时，不应采用产出法。

$$合同履约进度 = 已经完成的合同工作量 \div 合同预计总工作量 \times 100\%$$

【例 9-2】 2022 年 8 月 1 日，甲建筑施工企业与客户签订合同，为该客户安装 600 件设备，合同价格为 400 万元（不含税价）。截至 2022 年 12 月 31 日，甲建筑施工企业共安装 300 件，剩余部分预计在 2023 年 3 月 31 日之前完成。该合同仅包含一项履约义务，且该履约义务满足在某一时段内履行的条件。假定不考虑其他情况。

本例中，截至 2022 年 12 月 31 日，该合同的履约进度为 50%（300÷600），甲建筑施工企业应确认的收入为 200 万元（400×50%）。

2) 投入法

投入法以企业为履行履约义务的投入为基础确定履约进度，通常可采用投入的材料数量、花费的人工工时或机器工时、发生的成本和时间进度等作为投入指标确定履约进度。当企业从事的工作或发生的投入在整个履约期间内平均发生时，企业可按照直线法确认收入。在某些情况下，企业无法直接获取产出法下有关产出指标的信息，或者企业为获得这些信息需要花费很高的成本，可能需要采用投入法来确定履约进度。

实务中，履约进度通常按照实际累计发生的成本占预计总成本的比例（即成本法）确定，实际累计发生的成本包括发生的直接成本和间接成本，如直接人工、直接材料、分包成本以及其他与合同相关的成本。在下列情形下，企业在采用成本法确定履约进度时，可能需要对已发生的成本进行适当调整。

① 已发生的成本不能反映企业履行义务的进度。如因企业生产效率低等原因而导致的非正常消耗，不应包括在实际累计发生的成本中，但企业和客户在签订合同时已经将其包括在合同价款中的情况除外。

② 已发生的成本与企业履行义务的进度不成比例。当企业已发生的成本与履约进度不成比例，通常应以其已发生的成本为限确认收入。对施工中尚未安装、使用或耗用的商品（不包含服务）或材料成本等，当企业在合同开始日就能够预期将满足下列所有条件时，

应在采用成本法确定的履约进度中不包括这些成本：一是该商品或材料不可明确区分，即不构成单项履约义务；二是客户先取得该商品的控制权，之后才接受与之相关的服务；三是该商品或材料的成本在预计总成本占比较大的；四是企业自第三方采购该商品或材料，且未深入参与其设计和制造，对于包含该商品的履约义务而言，企业是主要责任人。

(2) 在某一时段内履行履约义务的核算

建筑施工企业在根据成本法确认和计量当期的合同收入和合同成本时，包括以下两个主要内容。

① 对于当期完成的履约合同，要按照实际合同总收入扣除以前会计期间累计已确认合同收入后的金额，确认当期的合同收入。其计算公式为：

当期确认的合同收入＝合同总收入×累计履约进度－以前会计年度累计已确认的收入

② 对于当期完成的履约合同，应按照累计实际发生的合同成本扣除以前会计期间累计已确认成本后的金额，确认当期的合同成本。其计算公式为：

当期确认的合同成本＝合同预计总成本×累计履约进度－以前会计年度累计已确认的成本

【例9-3】甲建筑施工企业于2022年12月1日接受一项设备安装任务，安装期为3个月，合同总收入240万元，至年底已预收安装费176万元，实际发生安装费用为72万元（假定均为安装人员薪酬），估计还将发生安装费用48万元。假定甲建筑施工企业按实际发生的成本占估计总成本的比例确定安装的履约进度，不考虑增值税等其他因素。

本例中，甲建筑施工企业的账务处理如下：

实际发生的成本占估计总成本的比例＝72÷（72＋48）×100％＝60％，2022年12月31日确认的劳务收入＝240×60％＝144（万元）

【例9-4】9月份建筑施工企业与客户签订了一项建筑合同，规定的工期为3年，合同总价款为400万元。其中第一年相关资料如下：实际发生的成本为120万元（假定120万均为原材料成本），估计至完工尚需投入的成本为200万元，增值税税率为9％。客户按完工进度支付价款同时支付对应的增值税税款。不考虑其他相关因素，做如下会计分录。

(1) 第一年间实际发生成本时

借：合同履约成本　　　　　　　　　　　　　　　　　　1 200 000
　　贷：原材料　　　　　　　　　　　　　　　　　　　　　　1 200 000

(2) 第一年末确认劳务收入并结转劳务成本

履约进度＝1 200 000÷（1 200 000＋2 000 000）×100％＝37.5％

确认的劳务收入＝4 000 000×37.5％＝1 500 000（元）

增值税销项税额＝1 500 000×9％＝135 000（元）

借：银行存款　　　　　　　　　　　　　　　　　　　　1 635 000
　　贷：主营业务收入　　　　　　　　　　　　　　　　　　　1 500 000
　　　　应交税费——应交增值税（销项税额）　　　　　　　　　135 000

借：主营业务成本　　　　　　　　　　　　　　　　　　1 200 000
　　贷：合同履约成本　　　　　　　　　　　　　　　　　　　1 200 000

【例9-5】甲建筑施工企业与乙公司签订一项建造合同，总造价为300万元（不含税），期限为一年，乙公司每半年与企业结算一次；预计发生的总成本为200万元。半年后，工程累计实际发生成本120万元（假定均为原材料成本），乙公司结算合同价款200万元，甲企业实际收到 160 万元，增值税税率为 9%。上述价款均不含增值税。假定该工程整体构成单项履约义务，并属于在某一时段内履行的履约义务，结算时即发生增值税纳税义务，乙公司在实际支付工程价款的同时支付其对应的增值税款，不考虑其他相关因素，甲建筑施工企业做如下会计分录。

（1）半年间实际发生工程成本时

借：合同履约成本　　　　　　　　　　　　　　　　　　　　　　1 200 000
　　贷：原材料　　　　　　　　　　　　　　　　　　　　　　　　　1 200 000

（2）半年后，确认合同收入、结转合同成本、结算工程价款、收到工程价款

履约进度＝1 200 000÷2 000 000×100％＝60％

合同收入＝3 000 000×60％＝1 800 000（元）

1）确认合同收入时

借：合同结算——收入结转　　　　　　　　　　　　　　　　　　1 800 000
　　贷：主营业务收入　　　　　　　　　　　　　　　　　　　　　　1 800 000

2）结转合同成本时

借：主营业务成本　　　　　　　　　　　　　　　　　　　　　　1 200 000
　　贷：合同履约成本　　　　　　　　　　　　　　　　　　　　　　1 200 000

3）结算工程价款时

借：应收账款　　　　　　　　　　　　　　　　　　　　　　　　2 180 000
　　贷：合同结算——价款结算　　　　　　　　　　　　　　　　　　2 000 000
　　　　应交税费——应交增值税（销项税额）　　　　　　　　　　　　180 000

4）收到工程价款时

借：银行存款　　　　　　　　　　　　　　　　　　　　　　　　1 600 000
　　贷：应收账款　　　　　　　　　　　　　　　　　　　　　　　　1 600 000

9.2.3　其他业务收入核算的会计处理

建筑施工企业除了主要从事建筑安装工程业务获得合同收入以外，还开展其他业务并获得其他业务收入。建筑施工企业在获得其他业务收入的同时，也会发生与之相关的其他业务成本。现举例说明其他业务收入核算的会计处理。

【例 9-6】甲建筑工程公司将本公司剩余的一批地砖对外销售。这批地砖的实际成本为 60 000 元，该公司对材料按照实际成本法进行核算。获得销售款 80 000 元，货款收到并存入开户银行。增值税为 13％，做如下会计分录。

（1）收到材料销售货款时

借：银行存款　　　　　　　　　　　　　　　　　　　　　　　　　　90 400
　　贷：其他业务收入——材料销售收入　　　　　　　　　　　　　　　80 000
　　　　应交税费——应交增值税（销项税额）　　　　　　　　　　　　10 400

（2）结转材料实际成本

借：其他业务成本——材料销售支出　　　　　　　　　　　　　　　　60 000
　　贷：原材料——地砖　　　　　　　　　　　　　　　　　　　　　　60 000

【例9-7】甲建筑施工企业将扩底灌注桩专利的使用权转让给乙公司,转让期5年,每年收取使用费140 000元,增值税税率为6%。同时,派出两名技术人员进行技术指导,共支付费用12 000元,做如下会计分录。

(1) 取得收入时

借:银行存款　　　　　　　　　　　　　　　　　　　　　　148 400
　　贷:其他业务收入　　　　　　　　　　　　　　　　　　140 000
　　　　应交税费——应交增值税(销项税额)　　　　　　　　 8 400

(2) 发生费用时

借:其他业务支出　　　　　　　　　　　　　　　　　　　　 12 000
　　贷:银行存款　　　　　　　　　　　　　　　　　　　　 12 000

9.3　利润的会计处理

9.3.1　利润形成核算的内容

利润是指建筑施工企业在一定会计期间的经营成果,包括收入减去费用后的净额、直接计入当期损益的利得和损失等。其中,直接计入当期损益的利得和损失是指应当计入当期损益、会导致所有者权益发生增减变动的、与所有者投入资本或者向所有者分配利润无关的利得或者损失。利润的形成包括利润总额的形成和净利润的形成两部分。

(1) 利润总额的形成

利润总额是指营业利润加上营业外收入,减去营业外支出后的金额。

利润总额(或亏损总额)＝营业利润＋营业外收入－营业外支出

1) 营业利润

营业利润由主营业务利润和其他业务利润两部分组成,是企业利润的主要来源。主营业务利润是施工企业从事施工生产活动所实现的利润;其他业务利润是施工企业从事施工生产以外的其他活动所产生的利润。营业利润的计算公式如下:

营业利润＝营业收入－营业成本－税金及附加－管理费用－财务费用－研发费用＋
　　　　其他收益±投资收益±公允价值变动损益＋资产减值损失＋资产处置收益

其中

营业收入＝主营业务收入＋其他业务收入
营业成本＝主营业务成本＋其他业务成本

2) 营业外收入和营业外支出

营业外收入和营业外支出应当分别核算,按照具体收支内容设置明细项目,进行明细核算。并在利润表中分列项目反映。

① 营业外收入。营业外收入指企业发生的与其日常活动无直接关系的各项利得,在会计核算上,应当严格区分营业外收入与营业收入。主要包括以下内容。

a. 非流动资产毁损报废利得。指因自然灾害等发生毁损、已丧失使用功能而报废的非流动资产所产生的净收益。

b. 盘盈利得。指企业清查盘点中无法查明原因的各项溢余盘盈的资产，报批后计入营业外收入的金额。

c. 政府补助利得。指企业从政府无偿取得与其日常活动无关的资产形成的计入当期损益的利得。

d. 捐赠利得。指企业接受外部货币性资产或非货币性资产捐赠形成的利得。

e. 罚没利得。指企业取得各项没收和罚款，在弥补由于对方违反合同或协议而造成的经济损失后的净收益。

f. 无法支付的应付款项。指由于债权单位撤销或者其他原因导致应付而无法支付，按规定报批后计入当期损益的应付款项。

② 营业外支出。营业外支出是指企业发生的与日常活动无直接关系的各项损失。营业外支出主要包括以下内容。

a. 非流动资产毁损报废损失。指因自然灾害等毁损、已丧失使用功能而报废的非流动资产所产生的净损失

b. 公益性捐赠支出。指企业通过公益性社会团体或县级以上部门对外进行公益性捐赠发生的支出。

c. 非常损失。指企业由于客观因素造成的净损失，在扣除保险公司赔偿和残料价值后，计入营业外支出的净损失。

d. 盘亏损失。指企业资产清查盘点中损失的部分资产，报批后计入营业外支出的金额。

e. 罚款支出。指企业由于违反合同、税收法规、违法经营等而支付的各种违约金、罚款和滞纳金等支出。

(2) 净利润的形成

净利润是指企业一定期间的利润总额扣除所得税费用后的金额，其计算公式如下：

$$净利润 = 利润总额 - 所得税费用$$

其中，所得税费用是指施工企业按照税法规定计算的，应计入当期损益的所得税费。

9.3.2 利润形成核算应设置的会计账户

利润形成核算应设置的会计账户主要有"营业外收入""营业外支出""其他收益""本年利润""所得税费用"账户。

(1) "营业外收入"账户

该账户属于损益类账户，用于核算企业与生产经营活动没有直接关系的各种收入。贷方登记本期实际取得的各项营业外收入，借方登记期末转入"本年利润"账户的各项收入额，结转后本账户无余额。并按项目设置明细账进行明细分类核算。

(2) "营业外支出"账户

该账户属于损益类账户，用于核算企业与生产经营活动没有直接关系的各种支出。借方登记本期实际发生的各项营业外支出，贷方登记期末转入"本年利润"账户的各项支出额，结转后本账户无余额，并按项目设置明细账进行明细分类核算。

(3)"其他收益"账户

该账户属于损益类账户,用于核算企业发生的与其日常活动相关的政府补助以及其他与日常活动相关且应直接计入本账户的项目。贷方登记企业发生的各项其他收益,借方登记期末转入"本年利润"账户的数额,结转后应无余额。本账户应按其他收益项目设置明细账进行核算。

(4)"本年利润"账户

该账户属于所有者权益类账户,用于核算企业本年度实现的净利润(或发生的净亏损)。该账户借方登记期末从"主营业务成本""其他业务成本""税费及附加""营业外支出""管理费用""财务费用""研发费用""资产减值损失""信用减值损失""所得税费用""公允价值变动损益""投资收益""资产处置损益"等账户转入的抵减本年利润的数额;贷方登记期末从"主营业务收入""其他业务收入""营业外收入""其他收益""公允价值变动损益""资产处置""投资收益"等账户转入的增加本年利润的数额。年度终了,期末贷方余额反映累计实现的净利润,借方余额则表示发生了亏损,将全部转入"利润分配——未分配利润"账户,结转后本账户无余额。

(5)"所得税费用"账户

该账户属于损益类账户,用于核算企业按《企业会计准则第18号——所得税》确认的所得税费用情况。借方登记本期确认的所得税费用;贷方登记企业转入"本年利润"账户的所得税费用数额;结转后本账户无余额。

按照《企业会计准则第18号——所得税》确认的所得税费用,由当期应交所得税和递延所得税两部分组成。其中,当期应交所得税是按税法规定,由当期应纳税所得额乘以适用的所得税税率计算的。即,所得税费用=当期所得税+递延所得税。其中,当期所得税=当期应纳税所得额×税率,应纳税所得额=会计利润总额±调整项目。会计利润总额是按照《企业会计准则》的规定和口径计算的利润,而应纳税所得额是按照税法的规定和口径计算的利润,因此,二者不相等。在计算缴纳企业所得税时,需要将会计利润调整成为应纳税所得额。

9.3.3 利润形成的会计核算

现举例说明利润形成的会计核算。

【例9-8】甲建筑施工企业没收客户存入的质量保证金押金21 800元(含税),属于价外费用(不考虑增值税因素),做如下会计分录。

借:其他应付款 21 800
  贷:营业外收入 21 800

【例9-9】甲建筑施工企业处置因正常原因毁损的机器设备发生净损失80 000元,予以转销,做如下会计分录。

借:营业外支出——处理固定资产净损失 80 000
  贷:固定资产清理 80 000

【例9-10】甲建筑施工企业在2023年度决算时,各项损益类账户12月31日的余额见表9-1。

表 9-1　各损益类账户余额　　　　　　　　　金额单位：元

账户名称	结账前借方余额	结账前贷方余额
主营业务收入		4 320 000 000
主营业务成本	3 024 000 000	
其他业务收入		32 400 000
其他业务成本	25 920 000	
税金及附加	604 800 000	
管理费用	410 400 000	
财务费用	152 280 000	
资产减值损失	12 984 000	
公允价值变动损益		5 880 000
投资收益		9 288 000
资产处置损益		160 000
营业外收入		82 080 000
营业外支出	100 440 000	
其他收益		640 000

企业根据上述资料，应做如下会计分录。

① 结转主营业务收入、其他业务收入、公允价值变动净损益、投资收益、资产处置损益、营业外收入、其他收益时，做以下会计分录。

借：主营业务收入　　　　　　　　　　　　　4 320 000 000
　　其他业务收入　　　　　　　　　　　　　　 32 400 000
　　公允价值变动损益　　　　　　　　　　　　　5 880 000
　　投资收益　　　　　　　　　　　　　　　　　9 288 000
　　资产处置损益　　　　　　　　　　　　　　　　160 000
　　营业外收入　　　　　　　　　　　　　　　 82 080 000
　　其他收益　　　　　　　　　　　　　　　　　　640 000
　　贷：本年利润　　　　　　　　　　　　　　4 450 448 000

② 结转主营业务成本、其他业务成本、税金及附加、期间费用、营业外支出时，做如下会计分录。

借：本年利润　　　　　　　　　　　　　　　 4 330 824 000
　　贷：主营业务成本　　　　　　　　　　　　3 024 000 000
　　　　其他业务成本　　　　　　　　　　　　　25 920 000
　　　　税金及附加　　　　　　　　　　　　　 604 800 000
　　　　管理费用　　　　　　　　　　　　　　 410 400 000
　　　　财务费用　　　　　　　　　　　　　　 152 280 000

```
            资产减值损失                           12 984 000
            营业外支出                            100 440 000
```
甲建筑施工企业 12 月份的利润总额＝4 450 448 000－4 330 824 000＝119 624 000（元）。

③ 结转所得税费用时，做以下会计分录。

甲建筑施工企业适用的所得税税率为 25%，119 624 000×25%＝29 906 000（元）。

```
      借：本年利润                              29 906 000
          贷：所得税费用                              29 906 000
```

④ 结转本年净利润时，做以下会计分录。

```
      借：本年利润                              89 718 000
          贷：利润分配——未分配利润                    89 718 000
```

9.4 利润分配的会计处理

9.4.1 利润分配核算的内容

（1）利润分配的内容

利润分配是企业按照国家的有关规定以及企业章程，对当年实现的净利润和以前年度未分配的利润进行的分配。它关系到企业的长期稳定发展，能够保障投资者或股东的权益，具有很强的政策性。企业在进行年度利润分配时，通常要考虑多种因素，包括企业的盈利状况、未来的投资计划、股东的利益等。企业股东大会或类似机构批准的年度利润分配方案（除股票股利分配方案外），在股东大会或类似机构批准后进行会计处理。在会计处理过程中，企业需要遵循《企业会计准则》和相关法规的要求，确保会计信息的准确性和透明度。同时，企业还需要在财务报表附注中详细说明利润分配的具体情况，包括分配的方式、金额、时间等，以便于外部利益相关者理解和评估企业的财务状况和经营成果。

（2）利润分配的程序

《中华人民共和国公司法》等有关法规规定，建筑施工企业当年可供分配的利润，一般应按照以下程序进行分配。

1）计算可供分配的利润

将本年利润（或亏损）与年初未分配利润（或亏损）合并，计算可供分配的利润。若可供分配利润为负数（即亏损），则不能进行后续分配；若可供分配利润为正数（即盈利），则进行后续分配。

2）可供分配的利润及其分配

企业可供分配的利润按下列顺序进行分配。

① 提取法定盈余公积。法定盈余公积一般按照企业应当年税后利润（减弥补亏损）的 10% 提取，但当法定盈余公积达到注册资本的 50% 时不再提取。法定盈余公积不足以弥补以前年度亏损时，在提取法定公积之前用当年利润抵亏。

② 提取任意盈余公积。指企业在从净利润中提取法定盈余公积后，按股东大会决议提取的任意盈余公积。

3）可供投资者分配的利润及其分配

可供分配的利润减去应提取的法定盈余公积、任意公积后，为可供投资者分配的利润。按照下列顺序分配。

① 应付优先股股利。企业按照利润分配方案分配给优先股东的现金股利和股利。

② 应付普通股股利。企业按照利润分配方案分配给普通股股东的现金股利，也包括公司分配给投资者的利润。

③ 转作资本（或股本）的股利。企业按照利润分配方案以分派股票股利的形式转作的资本（或股本），也包括企业以利润转增资本。

4）未分配利润

可供投资者分配的利润经过上述分配后，余额为未分配利润（或未弥补亏损）。未分配利润可留待以后年度进行分配。企业如果发生亏损，可以按照规定由以后年度的利润进行弥补。未分配利润（或未弥补的亏损）应当在资产负债表的所有者权益项目中单独反应。

9.4.2 利润分配核算应设置的会计账户

（1）"盈余公积"账户

该账户属于所有者权益类账户，用于核算企业从税后利润中提取的盈余公积的增减变动及其结存情况。贷方登记从税后利润中提取的盈余公积数，借方登记企业按规定用盈余公积弥补亏损或转增资本数，期末余额在贷方表示期末盈余公积的结存数。该账户可按盈余公积的具体内容设置明细账户，进行明细分类核算。

（2）"应付股利"账户

该账户属于负债类账户，用于核算企业根据股东大会或类似机构审议批准的现金股利或利润。应付股利是企业股东大会或类似机构审议批准的利润分配方案宣告分派的现金股利或利润，在实际支付前形成企业的负债。本账户借方登记实际支付的现金股利或利润，贷方登记企业股东大会或类似机构审议批准的利润分配方案宣告分派的现金股利或利润数，期末余额在贷方，表示应付未付的现金股利或利润数。该账户可按投资者名称设置明细账户，进行明细分类核算。

（3）"利润分配"账户

该账户属于所有者权益类账户，本账户是用来核算企业年度内利润的分配（或亏损的弥补）和历年分配（或弥补）后的结存余额，在该账户下，需设置以下明细账户进行核算。

① "盈余公积补亏"明细账户。本账户用于建筑施工企业核算按照规定用盈余公积弥补的亏损。其贷方登记企业弥补亏损的数额。年终，应将本账户的余额全部转入"利润分配——未分配利润"账户，结转后无余额。

② "提取法定盈余公积"明细账户。本账户用于建筑施工企业核算提取的法定盈余公积。其借方登记企业提取的法定盈余公积数额。年终，应将本账户的余额全部转入"利润

分配——未分配利润"账户，结转后无余额。

③"提取任意盈余公积"明细账户。本账户用于建筑施工企业核算按照股东会决议提取的任意盈余公积。其借方登记企业提取的任意盈余公积数额。年终，应将本账户的余额全部转入"利润分配——未分配利润"账户，结转后无余额。

④"应付现金股利或利润"明细账户。本账户用于建筑施工企业核算应当分配给普通股股东的现金股利或利润。其借方登记应当分配给普通股股东的现金股利或利润数额。年终，应将本账户的余额全部转入"利润分配——未分配利润"账户，结转后无余额。

⑤"未分配利润"明细账户。本账户用于建筑施工企业核算全年度净利润（或净亏损），以及批准的利润分配和未分配利润（或未弥补的亏损）。其贷方登记年末由"本年利润"账户借方转入的全年实现的净利润和盈余公积补亏数额以及调整减少的利润分配数额，借方登记年末由"本年利润"账户贷方转入的全年发生的净亏损、调整增加的利润分配数额以及年末从"利润分配"各明细账户的贷方转入的数额。年终结转后，若为贷方余额，则反映企业未分配的利润；若为借方余额，反映企业未弥补的亏损。

年终结转后，除"未分配利润"明细账户外，"利润分配"的其他各明细账户应无余额。

9.4.3 利润分配的会计核算

建筑施工企业在生产经营过程中，企业若亏损，应自"本年利润"账户的贷方转入"利润分配——未分配利润"账户的借方；第二年若盈利，应从"本年利润"账户的借方转入"利润分配——未分配利润"账户的贷方。结转后，"利润分配——未分配利润"账户的贷方发生额与借方余额自然抵补。因此，建筑施工企业以当年实现的净利润弥补以前年度亏损时，不需要做专门补亏的会计处理。

【例9-11】甲建筑施工企业本年净利润 50 000 000 元，按 10% 提取法定盈余公积，按 5% 提取任意盈余公积，并分派现金股利为 8 000 000 元，做如下会计分录。

（1）结转本年实现的净利润时

　　借：本年利润　　　　　　　　　　　　　　　　　　　　　　50 000 000
　　　　贷：利润分配——未分配利润　　　　　　　　　　　　　　　　50 000 000

（2）提取法定盈余公积和任意盈余公积时

　　借：利润分配——提取法定盈余公积　　　　　　　　　　　　　5 000 000
　　　　　　　　——提取任意盈余公积　　　　　　　　　　　　　2 500 000
　　　　贷：盈余公积——法定盈余公积　　　　　　　　　　　　　　5 000 000
　　　　　　　　　——任意盈余公积　　　　　　　　　　　　　　2 500 000

（3）分配现金股利时

　　借：利润分配——应付现金股利或利润　　　　　　　　　　　　8 000 000
　　　　贷：应付股利　　　　　　　　　　　　　　　　　　　　　　8 000 000

（4）年终，结转"利润分配"明细账户余额时

　　借：利润分配——未分配利润　　　　　　　　　　　　　　　15 500 000
　　　　贷：利润分配——提取法定盈余公积　　　　　　　　　　　　5 000 000

——提取任意盈余公积　　　　　　　　　　　　　　　　2 500 000
　　——应付现金股利或利润　　　　　　　　　　　　　　　8 000 000

9.5 案例分析

9.5.1 案例内容

（1）工程建造

2020年6月1日，甲建筑施工企业与乙公司签订了一项大型工程建造合同，合同的工程总造价为151 200万元（不含税），由甲建筑施工企业承担工程的施工和全面管理，每半年结算一次。预计工程将于第二年12月31日竣工，预计总成本为96 000万元。假定该建造工程被视为单项履约义务，并属于在某一时段内履行的履约义务，企业采用成本法确定履约进度，增值税税率为9%，不考虑其他相关因素。

2020年12月31日，工程累计实际发生成本36 000万元（假定均为原材料成本），甲企业与乙公司结算合同价款60 000万元，甲实际收到价款48 000万元。

2021年6月30日，工程累计实际发生成本72 000万元（假定均为原材料成本），甲企业与乙公司结算合同价款26 400万元，增值税税率为9%，增值税销项税为23 760 000，甲实际收到价款24 000万元。

2021年12月31日，工程累计实际发生成本98 400万元（假定均为原材料成本），甲企业与乙公司结算合同竣工价款64 800万元，并支付剩余款项92 808万元。

上述价款均不含增值税。假定结算时即发生增值税纳税义务，乙公司在实际支付工程价款的同时需要支付其对应的增值税款。

（2）安装工程业务

2022年1月1日，甲建筑施工企业与乙公司又签订了该建筑的安装合同，为期3个月，增值税为9%。合同约定安装价款2 000 000元，增值税税额为180 000元，安装费用每月末按完工进度支付。

2022年1月31日，经专业测量师测量后，确定该项劳务的完工程度为25%；乙公司按完工进度支付价款及相应的增值税税款。甲企业为完成该合同累计发生劳务成本400 000元（假定均为安装人员薪酬），估计还将发生劳务成本1 200 000元。假定该业务全部由甲企业自行完成，该安装服务构成单项履约义务，并属于在某一时段内履行的履约义务。

2022年2月28日，该项劳务的完工程度为70%；乙公司按完工进度支付价款同时支付对应的增值税税款。2022年2月，甲企业为完成该合同发生劳务成本720 000元（假定均为安装人员薪酬），为完成该合同估计还将发生劳务成本480 000元。

2022年3月31日，安装完工；乙公司验收合格，按完工进度支付价款同时支付对应的增值税税款。2022年3月，甲企业为完成该合同发生劳务成本480 000元（假定均为安装人员薪酬）。

9.5.2 案例解析

解析1：以下第（1）～第（6）分录是工程建造业务。

（1） 2020年6月1日至12月31日实际发生工程成本

借：合同履约成本	360 000 000
贷：原材料	360 000 000

（2） 2020年12月31日

履约进度＝360 000 000÷960 000 000×100％＝37.50％

合同收入＝1 512 000 000×37.50％＝567 000 000（元）

1) 确认合同收入时

借：合同结算——收入结转	567 000 000
贷：主营业务收入	567 000 000

2) 结转合同成本时

借：主营业务成本	360 000 000
贷：合同履约成本	360 000 000

3) 结算工程价款时

借：应收账款	654 000 000
贷：合同结算——价款结算	600 000 000
应交税费——应交增值税（销项税额）	54 000 000

4) 收到工程价款时

借：银行存款	480 000 000
贷：应收账款	480 000 000

（3） 2021年1月1日至6月30日实际发生工程成本时

本阶段实际发生工程成本＝720 000 000－360 000 000＝360 000 000（元）

借：合同履约成本	360 000 000
贷：原材料	360 000 000

（4） 2021年6月30日

履约进度＝720 000 000÷960 000 000×100％＝75％

合同收入＝1 512 000 000×75％－567 000 000＝567 000 000（元）

1) 确认合同收入时

借：合同结算——收入结转	567 000 000
贷：主营业务收入	567 000 000

2) 结转合同成本时

借：主营业务成本	360 000 000
贷：合同履约成本	360 000 000

3) 结算工程价款时

借：应收账款	287 760 000
贷：合同结算——价款结算	264 000 000

　　　　应交税费——应交增值税（销项税额）　　　　　　　　　　23 760 000

4）收到工程价款时
借：银行存款　　　　　　　　　　　　　　　　　　　　　　　240 000 000
　　贷：应收账款　　　　　　　　　　　　　　　　　　　　　　240 000 000

（5）2021年7月1日至12月31日实际发生工程成本时
本阶段实际发生工程成本＝984 000 000－720 000 000＝264 000 000（元）
借：合同履约成本　　　　　　　　　　　　　　　　　　　　　 264 000 000
　　贷：原材料　　　　　　　　　　　　　　　　　　　　　　　264 000 000

（6）2021年12月31日：由于当日该工程已竣工结算，其履约进度为100%
合同收入＝1 512 000 000－567 000 000－567 000 000＝378 000 000（元）
1）确认合同收入时
借：合同结算——收入结转　　　　　　　　　　　　　　　　　378 000 000
　　贷：主营业务收入　　　　　　　　　　　　　　　　　　　 378 000 000
2）结转合同成本时
借：主营业务成本　　　　　　　　　　　　　　　　　　　　　264 000 000
　　贷：合同履约成本　　　　　　　　　　　　　　　　　　　 264 000 000
3）结算工程价款时
借：应收账款　　　　　　　　　　　　　　　　　　　　　　　706 320 000
　　贷：合同结算——价款结算　　　　　　　　　　　　　　　 648 000 000
　　　　应交税费——应交增值税（销项税额）　　　　　　　　　 58 320 000
4）收到工程价款时
借：银行存款　　　　　　　　　　　　　　　　　　　　　　　928 080 000
　　贷：应收账款　　　　　　　　　　　　　　　　　　　　　 928 080 000

解析2：以下第（7）～第（12）笔分录是安装工程业务。

（7）2022年1月实际发生成本
借：合同履约成本　　　　　　　　　　　　　　　　　　　　　　　400 000
　　贷：应付职工薪酬　　　　　　　　　　　　　　　　　　　　　 400 000

（8）2022年1月31日确认劳务收入并结转劳务成本
2022年1月31日确认的劳务收入＝2 000 000×25%＝500 000（元）
借：银行存款　　　　　　　　　　　　　　　　　　　　　　　　　545 000
　　贷：主营业务收入　　　　　　　　　　　　　　　　　　　　　 500 000
　　　　应交税费——应交增值税（销项税额）　　　　　　　　　　　45 000
借：主营业务成本　　　　　　　　　　　　　　　　　　　　　　　400 000
　　贷：合同履约成本　　　　　　　　　　　　　　　　　　　　　 400 000

（9）2022年2月实际发生劳务成本
借：合同履约成本　　　　　　　　　　　　　　　　　　　　　　　720 000
　　贷：应付职工薪酬　　　　　　　　　　　　　　　　　　　　　 720 000

（10）2022年2月28日确认劳务收入并结转劳务成本
2022年2月28日确认的劳务收入＝2 000 000×70%－500 000＝900 000（元）

借：银行存款 981 000
　　贷：主营业务收入 900 000
　　　　应交税费——应交增值税（销项税额） 81 000
借：主营业务成本 720 000
　　贷：合同履约成本 720 000

（11）2022年3月实际发生劳务成本

借：合同履约成本 480 000
　　贷：应付职工薪酬 480 000

（12）2022年3月31日确认劳务收入并结转劳务成本

2022年3月31日确认的劳务收入＝2 000 000－500 000－900 000＝600 000（元）

借：银行存款 654 000
　　贷：主营业务收入 600 000
　　　　应交税费——应交增值税（销项税额） 54 000
借：主营业务成本 480 000
　　贷：合同履约成本 480 000

第10章 建筑施工企业涉税会计实务

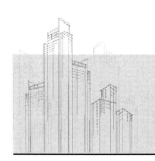

10.1 增值税会计实务

增值税是以增值额作为计税依据而征收的一种流转税。增值税是价外税,道道征税、环环相扣。有增值才征税,没增值不征税,最终税负由末端消费者承担。

10.1.1 增值税概述

(1) 纳税人

根据 2017 年 11 月 19 日国务院修订的《中华人民共和国增值税暂行条例》第一条规定:在中华人民共和国境内销售货物或者加工、修理修配劳务(以下简称劳务),销售服务、无形资产、不动产以及进口货物的单位和个人,为增值税的纳税人。

1) 单位和个人

单位是指企业、行政单位、事业单位、军事单位、社会团体及其他单位。这里需要特别注意,并不是只有公司制企业可能涉及增值税,行政单位、事业单位、军事单位、社会团体都有可能涉及。例如隶属于军队的招待所如果对外经营收取的住宿服务费发生了应税行为,应当缴纳增值税;某个社会团体向企业和个人会员收取内部期刊订阅费等都应当缴纳增值税。

个人是指个体工商户和其他个人。其他个人包含自然人、农村承包经营户等。

2) 承包承租挂靠经营的纳税人

单位以承包、承租、挂靠方式经营的,承包人、承租人、挂靠人(以下统称承包人)以发包人、出租人、被挂靠人(以下统称发包人)名义对外经营并由发包人承担相关法律责任的,以该发包人为纳税人,否则以承包人为纳税人。

3) 建筑服务扣缴义务人

中华人民共和国境外单位或者个人在境内提供建筑服务,在境内未设有经营机构的,以购买方为增值税扣缴义务人。财政部和国家税务总局另有规定的除外。

扣缴义务人是纳税人,但不是实际税负人。根据财税〔2016〕36号规定,境外单位

或者个人在境内发生应税行为,在境内未设有经营机构的,扣缴义务人按照下列公式计算应扣缴税额:

$$应扣缴税额=[购买方支付的价款\div(1+税率)]\times 税率$$

【例 10-1】甲建筑施工公司为增值税一般纳税人,承揽了某个中外合资企业的厂房施工总承包工程,工程总造价为 872 万元。根据业主方要求,将其中部分工程分包给了境外某家建筑企业。甲建筑施工公司按照分包合同约定应向境外建筑企业支付 218 万元分包款,则甲建筑施工公司应代扣代缴的增值税额计算过程及会计处理如下。

$$应扣缴税额=[218\div(1+9\%)]\times 9\%=18(万元)$$

借:合同履约成本——工程施工——分包费	2 000 000
应交税费——应交增值税(进项税额)	180 000
贷:应付账款——境外分包公司	2 000 000
应交税费——代扣代交增值税	180 000

4)增值税纳税人类别

增值税纳税人分为一般纳税人和小规模纳税人。

应税行为(包括在境内销售服务、无形资产或者不动产)的年应征增值税销售额(以下称应税销售额)超过财政部和国家税务总局规定标准(500 万元)的纳税人为一般纳税人,未超过规定标准的纳税人为小规模纳税人。年应税销售额超过规定标准但不经常发生应税行为的单位和个体工商户可选择按照小规模纳税人纳税。

年应税销售额未超过规定标准的纳税人,会计核算健全,能够提供准确税务资料的,可以向主管税务机关申请办理一般纳税人资格登记,成为一般纳税人。符合一般纳税人条件的纳税人应当向主管税务机关办理一般纳税人资格登记。具体登记办法由国家税务总局制定。

作为增值税扣缴义务人,不论向在境内提供建筑服务的境外单位(个人)支付的价款是否超过 500 万元(一般纳税人标准),也不论扣缴义务人的纳税人身份是一般纳税人或者是小规模纳税人,一律按照境外单位或者个人发生应税行为的适用税率计算应扣缴税额。

【例 10-2】承上例,甲建筑施工公司为增值税小规模纳税人,其他条件不变。甲建筑施工公司应代扣代缴的增值税额计算过程及会计处理如下。

$$应扣缴税额=[218\div(1+9\%)]\times 9\%=18(万元)$$

应代扣代缴的增值税额并非按照扣缴义务人甲建筑施工公司的小规模纳税人身份适用的征收率计算,而是根据境内建筑服务适用的增值税税率计算,即按照 9% 的增值税税率计算代扣代缴金额。

借:合同履约成本——工程施工——分包费	2 180 000
贷:应付账款——境外分包公司	2 000 000
应交税费——代扣代交增值税	180 000

(2)征税范围

增值税税目指的是增值税税法对课税对象分类规定的应税品目。各税目的具体征税范围,按国家税务总局有关增值税税目注释的规定执行。

1)建筑服务税目注释

① 建筑服务。指各类建筑物、构筑物及其附属设施的建造、修缮、装饰,线路、管道、设备、设施等的安装以及其他工程作业的业务活动。包括工程服务、安装服务、修缮

服务、装饰服务和其他建筑服务。

② 工程服务。指新建、改建各种建筑物、构筑物的工程作业，包括与建筑物相连的各种设备或者支柱、操作平台的安装或者装设工程作业，以及各种窑炉和金属结构工程作业。

③ 安装服务。指生产设备、动力设备、起重设备、运输设备、传动设备、医疗实验设备以及其他各种设备、设施的装配、安置工程作业，包括与被安装设备相连的工作台、梯子、栏杆的装设工程作业，以及被安装设备的绝缘、防腐、保温、油漆等工程作业。固定电话、有线电视、宽带、水、电、燃气、暖气等经营者向用户收取的安装费、初装费、开户费、扩容费以及类似收费，按照安装服务缴纳增值税。例如纳税人承揽的供水管道铺设项目即属于安装服务。

④ 修缮服务。指对建筑物、构筑物进行修补、加固、养护、改善，使之恢复原来的使用价值或者延长其使用期限的工程作业。例如纳税人提供公路养护服务，属于提供修缮服务；纳税人给某栋办公大楼的水管除锈，也属于提供修缮服务。

⑤ 装饰服务。指对建筑物、构筑物进行修饰装修，使之美观或者具有特定用途的工程作业。

⑥ 其他建筑服务。指上列工程作业之外的各种工程作业服务，如钻井（打井）、拆除建筑物或者构筑物、平整土地、园林绿化、疏浚（不包括航道疏浚）、建筑物平移、搭脚手架、爆破、矿山穿孔、表面附着物（包括岩层、土层、沙层等）剥离和清理等工程作业。

2）建筑施工设备"湿租"行为

根据《关于明确金融 房地产开发 教育辅助服务等增值税政策的通知》（财税〔2016〕140号）第十六条规定：纳税人将建筑施工设备出租给他人使用并配备操作人员的，按照建筑服务缴纳增值税。

3）混合销售与兼营行为

一项销售行为如果既涉及货物又涉及服务，为混合销售行为。但销售自产货物同时提供建筑服务的行为不属于传统意义上的混合销售，也不属于兼营概念，应当分别核算销售额、分别适用不同的税率，未分别核算的应按照销售货物计税。销售自产设备并提供建筑安装即属于上述情形。

国家税务总局《关于明确中外合作办学等若干增值税征管问题的公告》（国家税务总局公告2018年第42号）规定，一般纳税人销售自产机器设备的同时提供安装服务，应分别核算机器设备和安装服务的销售额，安装服务可以按照甲供工程选择适用简易计税方法计税。一般纳税人销售外购机器设备的同时提供安装服务，如果已经按照兼营的有关规定，分别核算机器设备和安装服务的销售额，安装服务可以按照甲供工程选择适用简易计税方法计税。纳税人对安装运行后的机器设备提供的维护保养服务，按照"其他现代服务"缴纳增值税。

上述公告规定，一般纳税人销售外购或自产机器设备，在按照兼营的有关规定分别核算机器设备和安装服务销售额的前提下，安装服务均可按照甲供工程选择适用简易计税方法计税。纳税人不宜擅自扩大机械设备的概念，例如钢结构与彩钢房不属于机械设备，销售自产的彩钢房并提供安装服务应分别核算销售额、按照适用的税率分别计税，但是安装服务不适用上述公告规定的可以按照甲供选择适用简易计税方法计税。

需注意，上述一般纳税人如果是建筑企业，假设其承揽的某个设备安装工程所需设备为外购的，就是常规的包工包料施工，则无须按照上述规定分别核算销售额、分别计税，按照混合销售处理向客户开具"建筑服务"发票即可；如果是某个机械设备生产商、销售商（非建筑企业），其承揽的设备安装项目，则应当按照上述公告执行。

(3) 税率和征收率

建筑企业一般纳税人提供建筑服务，按照一般计税方法计算缴纳增值税，税率为9%，适用或者选择适用简易计税方法的，征收率为3%；小规模纳税人提供建筑服务适用简易计税方法，征收率为3%；建筑企业发生的跨境应税行为，税率为0。纳税人兼营销售货物、服务、无形资产或者不动产，适用不同税率或者征收率的，应当分别核算适用不同税率或者征收率的销售额；未分别核算的，从高适用税率。

本书只阐述建筑服务税率和征收率，其他业务涉及的税率及征收率请参考具体资料。

(4) 应纳税额的计算

增值税的计税方法包括一般计税方法和简易计税方法。

1) 一般计税方法

建筑企业一般纳税人适用一般计税方法计税的工程项目增值税税率为9%。一般计税方法的应纳税额，是指当期销项税额抵扣当期进项税额后的余额。一般计税方法的应纳税额是指当期销项税额抵扣当期进项税额后的余额。

应纳税额计算公式为：

$$应纳税额 = 当期销项税额 - 当期进项税额$$

当期销项税额小于当期进项税额不足抵扣时，其不足部分可以结转下期继续抵扣。

进项税额是指纳税人购进货物、加工修理修配劳务、服务、无形资产或者不动产，支付或者负担的增值税额。

销项税额是指纳税人发生应税行为按照销售额和增值税税率计算并收取的增值税额。销项税额计算公式为：

$$销项税额 = 销售额 \times 税率$$

销售额不包括销项税额，纳税人采用销售额和销项税额合并定价方法的，按照下列公式计算销售额：

$$销售额 = 含税销售额 \div (1 + 税率)$$

2) 简易计税方法

建筑企业小规模纳税人适用简易计税方法计税，一般纳税人符合特定条件的可以选择适用简易计税方法计税。纳税人提供建筑服务适用或选择适用简易计税方法的，以取得全部价款和价外费用扣除支付的分包款后余额为销售额。

简易计税方法的应纳税额，是指按照销售额和增值税征收率计算的增值税额，不得抵扣进项税额。应纳税额计算公式：

$$应纳税额 = 销售额 \times 征收率$$

建筑服务简易计税方法为：

$$应纳税额 = [(全部价款和价外费用 - 支付的分包款) \div (1 + 3\%)] \times 3\%$$

① 选择适用简易计税方法的条件。根据财税〔2016〕36号和《财政部 税务总局关于建筑服务等营改增试点政策的通知》（财税〔2017〕58号）（以下简称财税〔2017〕58号）的有关规定，建筑企业符合以下四种情况的，可以选择适用或适用简易计税。

a. 清包工工程。一般纳税人以清包工方式提供的建筑服务，可以选择适用简易计税方法计税。以清包工方式提供建筑服务，是指施工方不采购建筑工程所需的材料或只采购辅助材料，并收取人工费、管理费或者其他费用的建筑服务。

b. 普通甲供工程。一般纳税人为甲供工程提供的建筑服务，可以选择适用简易计税方法计税。甲供工程是指全部或部分设备、材料、动力由工程发包方自行采购的建筑工程。

c. 营改增老项目。一般纳税人为建筑工程老项目提供的建筑服务，可以选择适用简易计税方法计税。建筑工程老项目，是指《建筑工程施工许可证》注明的合同开工日期在2016年4月30日前的建筑工程项目；未取得《建筑工程施工许可证》的，建筑工程承包合同注明的开工日期在2016年4月30日前的建筑工程项目。

d. 特殊甲供工程。财税〔2017〕58号规定，建筑工程总承包单位为房屋建筑的地基与基础、主体结构提供工程服务，建设单位自行采购全部或部分钢材、混凝土、砌体材料、预制构件的，适用简易计税方法计税。

之所以将第四种情况称为特殊甲供，是因为必须满足四个特殊条件才适用简易计税。第一是特殊承包单位，必须是建筑工程总承包单位，专业承包单位和劳务分包范围不适用；第二是特定工程项目，必须是房屋建筑项目，如果是其他园林绿化、道路施工、桥梁隧道施工等工程不适用；第三是特定工程阶段，必须是地基与基础、主体结构阶段；第四是特定甲供材，必须是钢材、商品混凝土、砌体材料、预制构件四种材料中的任何一种或者全部，甲供数量没有明确限制。

前三种情况可以选择适用简易计税，第四种情况必须适用简易计税，符合特殊甲供的工程不能选择一般计税方法。另外需要特别关注的是，该规定自2017年7月1日起实施，在此前已经签订的施工总承包合同如果符合特定甲供的条件是否也必须适用简易计税，文件中并没有明确。

适用简易计税方法计税的，计算公式如下：

应交增值税＝（全部价款和价外费用－支付的分包款）÷（1＋3%）×3%

② 简易计税不再备案，留存资料备查。2019年10月1日起，根据国家税务总局《关于国内旅客运输服务进项税抵扣等增值税征管问题的公告》（国家税务总局公告2019年第31号），提供建筑服务的一般纳税人按规定适用或选择适用简易计税方法计税的，不再实行备案制。以下证明材料无需向税务机关报送，改为自行留存备查。

a. 为建筑工程老项目提供的建筑服务，留存《建筑工程施工许可证》或建筑工程承包合同。

b. 为甲供工程提供的建筑服务、以清包工方式提供的建筑服务，留存建筑工程承包合同。

(5) 预缴增值税管理

建筑企业需要预缴增值税是基于建筑行业特点，为平衡机构所在地和建筑服务发生地的财政收入制定的管理规定。跨地区提供建筑服务的纳税人应在建筑服务发生地预缴税款，并按纳税期限向机构所在地主管税务机关申报当期增值税，纳税人在建筑服务发生地预缴的税款可以在申报时进行抵减。

建筑企业需要预缴增值税的情形主要有两种，第一种是跨地级行政区提供建筑服务的，项目部需要在工程所在地预缴增值税；第二种是建筑企业提供建筑服务取得预收款，应在收到预收款时，以取得的预收款扣除支付的分包款后的余额预缴增值税。

1) 跨地级行政区提供建筑服务的预缴义务

本书所述异地施工项目的概念，均为建筑企业跨地级行政区提供建筑服务。地级行政区，即行政地位与地区相同的行政区，包括地级市、地区、自治州、盟，为二级行政区，由省级行政区（仅限于省、自治区）管辖。我国目前共计333个地级行政区，包括293个地级市、7个地区、30个自治州、3个盟。应注意，部分城市虽为市，但属于县级市，属于三级行政区，行政级别低于地级行政区。

根据《国家税务总局关于发布〈纳税人跨县（市、区）提供建筑服务增值税征收管理暂行办法〉的公告》（国家税务总局公告2016年第17号）第三条"纳税人跨县（市、区）提供建筑服务，应按照财税〔2016〕36号文件规定的纳税义务发生时间和计税方法，向建筑服务发生地主管国税机关预缴税款，向机构所在地主管国税机关申报纳税。"第十二条"纳税人跨县（市、区）提供建筑服务，按照本办法应向建筑服务发生地主管国税机关预缴税款而自应当预缴之月起超过6个月没有预缴税款的，由机构所在地主管国税机关按照《中华人民共和国税收征收管理法》及相关规定进行处理。"《国家税务总局关于进一步明确营改增有关征管问题的公告》（国家税务总局公告2017年第11号）"三、纳税人在同一地级行政区范围内跨县（市、区）提供建筑服务，不适用《纳税人跨县（市、区）提供建筑服务增值税征收管理暂行办法》（国家税务总局公告2016年第17号印发）。"建筑企业纳税人跨地级行政区提供建筑服务，应当按照规定在建筑服务发生地预缴税款增值税，向机构所在地主管国税机关申报纳税。建筑企业纳税人跨地级行政区提供建筑服务应向建筑服务发生地主管国税机关预缴税款而自应当预缴之月起超过6个月没有预缴税款的，由机构所在地主管国税机关按照《中华人民共和国税收征收管理法》及相关规定进行处理。

纳税人提供建筑服务适用简易计税方法计税的，以其取得的全部价款和价外费用扣除支付的分包款后的余额，按照3%的征收率计算应预缴税款。

应预缴增值税＝（全部价款和价外费用－支付的分包款）÷（1＋3%）×3%

适用一般计税方法计税的预缴税款计算公式：

应预缴增值税＝（全部价款和价外费用－支付的分包款）÷（1＋11%）×2%

建筑企业纳税人应按照工程项目分别计算应预缴税款，分别预缴。建筑企业应建立预缴税款台账，区分不同县（市、区）和项目逐笔登记全部收入、支付的分包款、已扣除的分包款、扣除分包款的发票号码、已预缴税款以及预缴税款的完税凭证号码等相关内容，留存备查。各项目应交增值税预缴台账格式见表10-1。

表10-1 各项目应交增值税预缴台账

编制：甲建筑集团　　时间：20××年×月　　单位：元

序号	日期	工程地点	项目名称	开票或收款金额	支付分包款	扣除分包款		已扣除分包款	发票号码
						已预缴税款	完税凭证号码		

各项目部应按月以取得的全部价款和价外费用扣除支付的分包款后的余额为应预缴税款。扣除后余额为负数的，可结转下次预缴税款时继续扣除。

前述跨地级行政区提供建筑服务的预缴增值税政策普遍适用于各省、直辖市、自治区，但部分地区做了特殊规定，例如海南省。根据《国家税务总局海南省税务局关于调整省内跨区域涉税事项管理的通告》（国家税务总局海南省税务局通告2020年第8号）规定，"从2020年6月1日起，我省纳税人在省内跨市（县）临时从事生产经营活动的，且经营项目合同小于500万（不含）的，可不需向机构所在地的税务机关填报《跨区域涉税事项报告表》，也不需在经营地办理跨区域涉税管理事项的报告、报验、延期、反馈等相关事宜。"

根据该公告的规定，建筑企业公司机构地和项目地都在海南省的，且单个工程项目合同金额小于500万元（不含）的，不需在经营地进行税款预缴，全部税款回到机构所在地申报缴纳。

2）取得建筑服务预收款的预缴义务

建筑企业取得符合相关规定的预收款时，应当按照财税〔2017〕58号的规定，"三、纳税人提供建筑服务取得预收款，应在收到预收款时，以取得的预收款扣除支付的分包款后的余额，按照本条第三款规定的预征率预缴增值税。按照现行规定应在建筑服务发生地预缴增值税的项目，纳税人收到预收款时在建筑服务发生地预缴增值税。按照现行规定无需在建筑服务发生地预缴增值税的项目，纳税人收到预收款时在机构所在地预缴增值税。适用一般计税方法计税的项目预征率为2%，适用简易计税方法计税的项目预征率为3%。"按照现行规定应在建筑服务发生地预缴增值税的项目，收到预收款时在建筑服务发生地预缴增值税；按照现行规定无须在建筑服务发生地预缴增值税的项目，收到预收款时在机构所在地预缴增值税。

上述规定对于建筑服务预收款的界定等个别执行口径未明确，不便于纳税人执行，建议建筑服务纳税人在遇到此类问题时及时与主管税务机关充分沟通。

3）减免预缴增值税的特定情形

根据《国家税务总局关于增值税小规模纳税人减免增值税等政策有关征管事项的公告》（国家税务总局公告2023年第1号）（以下简称国家税务总局公告2023年第1号）："一、增值税小规模纳税人（以下简称小规模纳税人）发生增值税应税销售行为，合计月销售额未超过10万元（以1个季度为1个纳税期的，季度销售额未超过30万元，下同）的，免征增值税。小规模纳税人发生增值税应税销售行为，合计月销售额超过10万元，但扣除本期发生的销售不动产的销售额后未超过10万元的，其销售货物、劳务、服务、无形资产取得的销售额免征增值税。"《关于增值税小规模纳税人减免增值税政策的公告》（财政部 税务总局公告2023年第19号）："一、对月销售额10万元以下（含本数）的增值税小规模纳税人，免征增值税。二、增值税小规模纳税人适用3%征收率的应税销售收入，减按1%征收率征收增值税；适用3%预征率的预缴增值税项目，减按1%预征率预缴增值税。三、本公告执行至2027年12月31日。"符合要求的纳税人可减免预缴增值税。

【例10-3】甲建筑施工公司（以下简称甲公司）为增值税一般纳税人。2022年12月在外省承揽了一项工程项目，该项目为甲供项目，甲公司选择简易计税方法。2023年2月，甲公司该项目取得建筑服务收入2 060万元，支付劳务分包款618万元，取得了"建筑服务*劳务费"增值税普通发票一张。项目所在地为地级市，城市维护建设税税率为7%，教育费附加费率3%，地方教育附加2%。针对以上业务，异地预缴增值税及附加的会计处理如下（不考虑税收优惠）。

应预缴增值税＝[（20 600 000－6 180 000）÷（1＋3%）]×3%＝420 000（元）
应缴纳城市维护建设税＝420 000×7%＝29 400（元）
应缴纳教育费附加＝420 000×3%＝12 600（元）
应缴纳地方教育附加＝420 000×2%＝8 400（元）

借：应交税费——简易计税（预交增值税）　　　　　　　420 000
　　　　　　——应交城市维护建设税　　　　　　　　　　29 400
　　　　　　——应交教育费附加　　　　　　　　　　　　12 600
　　　　　　——应交地方教育附加　　　　　　　　　　　 8 400
　　贷：银行存款　　　　　　　　　　　　　　　　　　470 400
借：税金及附加　　　　　　　　　　　　　　　　　　　 50 400
　　贷：应交税费——应交城市维护建设税　　　　　　　 29 400
　　　　　　　　——应交教育费附加　　　　　　　　　 12 600
　　　　　　　　——应交地方教育附加　　　　　　　　　 8 400

【例10-4】接【例10-3】，假设甲公司选择一般计税方法，开具的总承包含税发票金额和取得的分包含税发票金额不变，分包开具的为增值税专用发票，其他条件不变，异地预缴增值税及附加的会计处理如下。

应预缴增值税＝（20 600 000－6 180 000）÷（1＋11%）×2%＝259 819.82（元）
应缴纳城市维护建设税＝259 819.82×7%＝18 187.39（元）
应缴纳教育费附加＝259 819.82×3%＝7 794.59（元）
应缴纳地方教育附加＝259 819.82×2%＝5 196.40（元）

借：应交税费——预交增值税　　　　　　　　　　　　259 819.82
　　　　　　——应交城市维护建设税　　　　　　　　 18 187.39
　　　　　　——应交教育费附加　　　　　　　　　　　7 794.59
　　　　　　——应交地方教育附加　　　　　　　　　　5 196.40
　　贷：银行存款　　　　　　　　　　　　　　　　　290 998.2
借：税金及附加　　　　　　　　　　　　　　　　　　 31 178.38
　　贷：应交税费——应交城市维护建设税　　　　　　 18 187.39
　　　　　　　　——应交教育费附加　　　　　　　　　7 794.59
　　　　　　　　——应交地方教育附加　　　　　　　　5 196.40

纳税人提供建筑服务适用简易计税方法的，以取得的全部价款和价外费用扣除支付的分包款后的余额为销售额。建筑企业异地施工和取得预收款计算预缴增值税时可以扣除支付的分包款，同时应取得符合规定的合法有效凭证，否则不得扣除。支付的分包款凭增值税发票即可在预缴时扣除。

10.1.2 增值税会计账户

建筑企业提供建筑服务应当按照《企业会计准则第 14 号——收入》或《企业会计制度》《小企业会计准则》进行会计核算，同时应当结合建筑服务的增值税纳税义务发生时间规定及价税分离特点，按照《财政部关于印发〈增值税会计处理规定〉的通知》（财会〔2016〕22 号）的有关规定对相关业务进行会计处理。

（1）建筑企业增值税会计科目解析

根据《财政部关于印发〈增值税会计处理规定〉的通知》（财会〔2016〕22 号）关于增值税核算的规定，建筑企业一般纳税人在"应交税费"下应该设置 10 个二级科目，分别是："应交增值税""未交增值税""预交增值税""待抵扣进项税额""待转销项税额""待认证进项税额""增值税留抵税额""简易计税""转让金融商品应交增值税""代扣代交增值税"。二级科目中待转销项税额、待认证进项税额、简易计税为全面"营改增"后新增加。

（2）建筑企业一般纳税人常用的"应交税费"二级科目

简要介绍一下建筑企业常用的"应交税费"二级明细科目。

1）"应交增值税"明细科目

该科目与常规企业的明细基本一致，核算一般计税项目的销项税额、进项税额、减免税额等，月末将应交未交增值税通过"转出未交增值税"三级明细科目结转到"未交增值税"二级科目。在"应交增值税"二级科目下再设 10 个三级明细科目："进项税额""销项税额抵减""已交税金""转出未交增值税""减免税款""出口抵减内销产品应纳税额""销项税额""出口退税""进项税额转出""转出多交增值税"。建筑企业常用的明细科目主要有："进项税额""转出未交增值税""销项税额""进项税额转出"。

2）"未交增值税"明细科目

该科目核算一般纳税人月度终了从"应交增值税"或"预交增值税"明细科目转入当月应交未交、多交或预缴的增值税额，以及当月缴纳以前期间未交的增值税额。

【例 10-5】甲建筑施工公司 2023 年 10 月取得某工程项目业主确认的工程量计价单，工程计价金额 10 900 万元（含税），并向业主开具相应金额发票，其中销项税额 900 万元。当月甲建筑施工公司发生成本 8 000 万元，取得的增值税专用发票勾选确认的进项税额共计 780 万元（取得的部分增值税专用发票税率为 13%，部分征收率为 3%），当月异地施工项目在工程所在地已经预缴了 40 万元增值税，次月 15 日进行增值税纳税申报并缴纳增值税，会计处理如下（暂时忽略附加税费）。

借：应收账款——工程进度款　　　　　　　　　　　　　　　109 000 000
　　贷：合同结算——价款结算　　　　　　　　　　　　　　　100 000 000
　　　　应交税费——应交增值税（销项税额）　　　　　　　　　9 000 000
借：合同履约成本——工程施工——明细科目　　　　　　　　　80 000 000
　　应交税费——应交增值税（进项税额）　　　　　　　　　　　7 800 000
　　贷：应付账款/银行存款等　　　　　　　　　　　　　　　　87 800 000

借：应交税费——未交增值税	400 000	
贷：应交税费——预交增值税		400 000
借：应交税费——预交增值税	400 000	
贷：银行存款		400 000
借：应交税费——应交增值税（转出未交增值税）	120 000	
贷：应交税费——未交增值税		120 000

当期甲建筑施工公司的"应交税费——未交增值税"科目贷方余额为 80 万元，表示当期该公司在机构所在地应缴纳的增值税为 80 万元。

3）"预交增值税"明细科目

该科目核算一般纳税人转让不动产、提供不动产经营租赁服务、提供建筑服务、采用预收款方式销售自行开发的房地产项目等，以及其他按现行增值税制度规定应预缴的增值税额。建筑企业采用一般计税方法计税的工程项目在发生预缴增值税时通过本科目核算。

"应交税费——预交增值税"科目的使用在本章前述有关异地施工预缴增值税、取得预收款预缴增值税的内容中已经举例说明，此处不再赘述。

4）"待抵扣进项税额"明细科目

该科目核算一般纳税人已取得增值税扣税凭证并经税务机关认证，按照增值税制度规定准予以后期间从销项税额中抵扣的进项税额。

5）"待认证进项税额"明细科目

该科目核算一般纳税人由于未经税务机关认证而不得从当期销项税额中抵扣的进项税额，包括：一般纳税人已取得增值税扣税凭证、按照现行增值税制度规定准予从销项税额中抵扣，但尚未经税务机关认证的进项税额；一般纳税人已申请稽核但尚未取得稽核相符结果的海关缴款书进项税额。

【例 10-6】甲建筑施工公司，采购一批水泥含税金额 226 万元，其中增值税额 26 万元，取得增值税专用发票一张，当月未勾选确认，会计处理如下。

借：原材料	2 000 000	
应交税费——待认证进项税额	260 000	
贷：应付账款/银行存款等		2 260 000

发票勾选确认时

借：应交税费——应交增值税（进项税额）	260 000	
贷：应交税费——待认证进项税额		260 000

6）"待转销项税额"明细科目

该科目核算一般纳税人销售货物、加工修理修配劳务、服务、无形资产或不动产，已确认相关收入（或利得）但尚未发生增值税纳税义务而需于以后期间确认为销项税额的增值税额。建筑企业用"应交税费——待转销项税额"科目，主要在已经确认工程量计价金额、尚未开具发票、尚未收到工程款，确认"合同结算""主营业务收入"时，增值税纳税义务尚未发生时使用。

【例 10-7】甲建筑施工公司 2023 年 11 月收到建设方确认的工程量计价，含税价格 2 180 万元，该项目为一般计税项目，未开具工程进度款发票，款项未收。2023 年 12 月向建设方开具相应发票并收取进度款。

借：应收账款　　　　　　　　　　　　　　　　　　　　21 800 000
　　贷：合同结算——价款结算　　　　　　　　　　　　　　　　20 000 000
　　　　应交税费——待转销项税额　　　　　　　　　　　　　　 1 800 000

次月向建设方开具发票、收工程款时
借：应交税费——待转销项税额　　　　　　　　　　　　　 1 800 000
　　贷：应交税费——应交增值税（销项税额）　　　　　　　　　 1 800 000
借：银行存款　　　　　　　　　　　　　　　　　　　　　21 800 000
　　贷：应收账款　　　　　　　　　　　　　　　　　　　　　　21 800 000

7)"简易计税"明细科目

该科目核算一般纳税人采用简易计税方法发生的增值税计提、扣减、预缴、缴纳等业务。建筑企业一般纳税人选择简易计税的工程项目使用该科目，实务中为了核算更加准确、清晰，在"简易计税"科目下至少设四个明细科目："应交总包税额""分包扣除税额""预交增值税""应交增值税"。注意，本科目适用于增值税一般纳税人采用简易计税方法的工程项目核算，这和增值税小规模纳税人采用简易计税方法计税的适用会计科目存在区别。

"应交税费——简易计税"科目期末余额在贷方时，表示当月应交增值税。若余额在借方时，表示当月可差额扣除的分包税额大于总包税额，当月无须缴纳增值税。

【例10-8】甲建筑施工公司的某总承包项目为异地施工项目，属于清包工工程，因此选择简易计税方法。2023年10月，甲建筑施工公司确认工程计价金额206万元（含税），并据此开具相应金额的总包发票；对劳务分包进行工程计量，计量金额144.2万元（含税），并取得相应金额的劳务分包发票，假设劳务分包也按照清包工程选择简易计税方法。

① 确认该项目工程计价金额。
借：应收账款——工程进度款　　　　　　　　　　　　　　 2 060 000
　　贷：合同结算——价款结转　　　　　　　　　　　　　　　　 2 000 000
　　　　应交税费——简易计税（应交总包税额）　　　　　　　　　　60 000

② 确认该项目劳务分包成本。
借：合同履约成本——工程施工——人工费　　　　　　　　　 1 400 000
　　应交税费——简易计税（分包扣除税额）　　　　　　　　　　　42 000
　　贷：银行存款　　　　　　　　　　　　　　　　　　　　　 1 442 000

③ 计算应缴纳的增值税。
借：应交税费——简易计税（应交总包税额）　　　　　　　　　　60 000
　　贷：应交税费——简易计税（分包扣除税额）　　　　　　　　　　42 000
　　　　应交税费——简易计税（应交增值税）　　　　　　　　　　　18 000

④ 异地应预缴增值税。
应预缴增值税＝（2 060 000－1 442 000）÷（1＋3%）×3%＝18 000（元）
借：应交税费——简易计税（预交增值税）　　　　　　　　　　　18 000
　　贷：银行存款　　　　　　　　　　　　　　　　　　　　　　 18 000

⑤ 该项目在机构所在地进行增值税申报时不需要再缴纳增值税,但需要进行会计处理。

借:应交税费——简易计税(应交增值税) 18 000
　　贷:应交税费——简易计税(预交增值税) 18 000

核算到目前为止,甲建筑施工公司该项目"应交税费——简易计税"科目下的所有明细科目都已经结平,应缴纳的增值税也已缴。

(3) 建筑业小规模纳税人常用的"应交税费"二级科目

建筑企业小规模纳税人在增值税核算科目方面的设置相对简单一些,只需要在"应交税费"科目下设置一个"应交增值税"二级明细科目即可。"应交增值税"科目的贷方核算应缴纳的税额,借方核算可以差额扣除的分包税额和缴纳的增值税。若因业务需要设置其他明细科目,也可根据实际需求进行增设。例如接受境外单位或个人在境内提供的应税行为而支付款项需要代扣代缴增值税的,也可以增设"代扣代交增值税"科目。

【例 10-9】甲建筑施工公司为增值税小规模纳税人,执行《小企业会计准则》。工程项目的开竣工时间未跨会计年度,不采用完工进度确认合同收入。假设某月收到工程进度款 206 万元,并开具了相应金额进度款发票,会计处理如下。

借:银行存款 2 060 000
　　贷:主营业务收入 2 000 000
　　　　应交税费——应交增值税 60 000

次月,申报缴纳增值税

借:应交税费——应交增值税 60 000
　　贷:银行存款 60 000

10.1.3　增值税会计实务

建筑企业的增值税会计处理、管理模式与普通商贸企业、制造企业有着明显区别,特别是涉及"总公司-总承包部(内部分公司)-项目部"模式的建筑企业。总公司为了管理绩效考核、承包业绩考核,既要做好整体税负筹划,又要区分清楚每一个内部承包单位的税负,因此建筑企业总公司与内部承包单位的增值税管理与会计核算就相对复杂一些。

(1)"总公司-总承包部-项目部"模式下的增值税会计核算

以下通过案例,解析总承包部的增值税会计核算。本案例仅适用于总公司与总承包部之间的增值税会计核算与管理,所有销项发票均以总公司的名义对外开具,成本和费用发票均以总公司的名义向外收取。总承包部进行独立的会计核算、独立管理账册凭证、独立管理相关发票,每月编制报表上交总公司,总公司汇总报表对外申报。总公司的账务数据来源,除了本级发生的数据以外,还有来自总承包部、事业部和直营项目开具的发票、勾选确认的增值税专用发票、上报的报表数据。具体内容见表 10-2。

表 10-2　建筑企业总公司、内部核算单位（总承包部）、项目部
增值税会计核算科目设置

一级代码	一级科目	二级代码	二级科目	三级代码	三级科目
2221	应交税费	222101	应交增值税	22210101	进项税额
				22210102	销项税额抵减
				22210103	已交税金
				22210104	转出未交增值税
				22210105	减免税款
				22210106	销项税额
				22210107	进项税额转出
				22210108	转出多交增值税
		222102	未交增值税	—	
		222103	待抵扣进项税额	—	
		222104	增值税留抵税额	—	
		222105	预交增值税	—	
		222106	待认证进项税额	22210601	一般计税项目
				22210602	公司管理费用
				22210603	简易计税项目
		222107	待转销项税额	22210701	一般计税项目
				22210702	简易计税项目
		222108	简易计税	22210801	应交总包税额
				22210802	分包扣除税额
				22210803	预交增值税
				22210804	应交增值税
		222109	应交城市维护建设税	—	
		222110	应交教育费附加	—	
		222111	应交地方教育附加	—	
		222112	应交企业所得税	—	
		222113	应交个人所得税	—	
1131	内部往来	113101	应交总公司增值税	11310101	销项税额
				11310102	进项税额
				11310103	进项税额转出
				11310104	预交增值税
				11310105	简易计税
		113102	应交总公司附加税	11310201	城市维护建设税
				11310202	教育费附加
				11310203	地方教育附加

【例 10-10】甲建筑集团有限公司南方总承包部（以下简称南方总承包部）隶属于甲建筑集团有限公司（以下简称甲建筑集团），以甲建筑集团的名义向客户开具销项发票、向供应商收取成本费用发票，但设置会计账套进行独立会计核算，甲建筑集团对其进行业绩考核，执行《企业会计准则》。

目前拥有一个简易计税项目：2023 年 1 月开工的甲家园一期项目。两个一般计税项

目分别为：2023年5月开工的甲家园二期项目，2023年1月开工的甲家园三期项目。

三个工程项目均在南方某省同一地级市的某县城，附加税费率分别为：城市维护建设5％、教育费附加3％、地方教育附加2％。2023年6月发生以下业务。

① 甲家园二期项目确认一笔应收款1 090万元，发票未开。

借：应收账款——工程进度款　　　　　　　　　　　　　　10 900 000
　　贷：合同结算——价款结算　　　　　　　　　　　　　　10 000 000
　　　　应交税费——待转销项税额　　　　　　　　　　　　　　900 000

② 甲家园三期项目确认一笔应收款21 800 000元。当期开具相应金额增值税专用票。当期收到劳务分包专用发票4 120 000元，其中税额120 000元；取得专业分包增值税专用发票4 360 000元，其中税额360 000元。分包款全部支付。

借：应收账款　　　　　　　　　　　　　　　　　　　　　　21 800 000
　　贷：合同结算——价款结算　　　　　　　　　　　　　　20 000 000
　　　　应交税费——应交增值税（销项税额）　　　　　　　　1 800 000
借：合同履约成本——工程施工——人工费　　　　　　　　　　4 000 000
　　　　　　　　　——工程施工——分包费　　　　　　　　　　4 000 000
　　应交税费——应交增值税（进项税额）　　　　　　　　　　　480 000
　　贷：银行存款　　　　　　　　　　　　　　　　　　　　　8 480 000

预交增值税＝[（21 800 000－4 120 000－4 360 000）÷1.11]×2％＝240 000（元）

借：应交税费——预交增值税　　　　　　　　　　　　　　　　240 000
　　贷：银行存款　　　　　　　　　　　　　　　　　　　　　240 000

计算缴纳附加税费

城市维护建设税＝240 000×5％＝12 000（元）

教育费附加＝240 000×3％＝7 200（元）

地方教育附加＝240 000×2％＝4 800（元）

借：税金及附加　　　　　　　　　　　　　　　　　　　　　　240 000
　　贷：应交税费——应交城市维护建设税　　　　　　　　　　　12 000
　　　　　　　　——应交教育费附加　　　　　　　　　　　　　7 200
　　　　　　　　——应交地方教育附加　　　　　　　　　　　　4 800
借：应交税费——应交城市维护建设税　　　　　　　　　　　　　12 000
　　　　　　——应交教育费附加　　　　　　　　　　　　　　　7 200
　　　　　　——应交地方教育附加　　　　　　　　　　　　　　4 800
　　贷：银行存款　　　　　　　　　　　　　　　　　　　　　　240 000

③ 南方总承包部组织甲家园二期、三期财务人员参加财税培训，支出培训费42 400元。取得增值税专用发票一张，其中税额2 400元，发票已勾选确认。

借：管理费用——培训费　　　　　　　　　　　　　　　　　　40 000
　　应交税费——应交增值税（进项税额）　　　　　　　　　　　2 400
　　贷：银行存款　　　　　　　　　　　　　　　　　　　　　42 400

④ 甲家园二期项目购买材料支付452万元，取得增值税专票，税额52万元，款项未付，增值税专票已勾选确认。

借：原材料 4 000 000
　　应交税费——应交增值税（进项税额） 520 000
　　贷：应付账款 4 520 000

⑤ 南方总承包部行政部购买一批办公用品，打算用于一般计税项目，取得增值税专用发票 11 300 元，其中增值税 1 300 元，该专票已经勾选确认。月底该批办公用品在仓库囤放时丢失。

借：管理费用——办公费 10 000
　　应交税费——应交增值税（进项税额） 1 300
　　贷：银行存款 11 300
借：管理费用——办公费 1 300
　　贷：应交税费——应交增值税（进项税额转出） 1 300
借：营业外支出 11 300
　　贷：管理费用——办公费 11 300

⑥ 甲家园二期项目开具 436 万元增值税专用发票，其中价款 400 万元，增值税额 36 万元，当期未取得分包发票。

借：应交税费——待转销项税额 360 000
　　贷：应交税费——应交增值税（销项税额） 360 000

预交增值税＝（4 360 000÷1.11）×2％＝78 558.56（元）

借：应交税费——预交增值税 78 558.56
　　贷：银行存款 78 558.56

计算预缴附加税费
城市维护建设税＝78 558.56×5％＝3 927.93（元）
教育费附加＝78 558.56×3％＝2 356.76（元）
地方教育附加＝78 558.56×2％＝1 571.17（元）

借：税金及附加 7 855.86
　　贷：应交税费——应交城市维护建设税 3 927.93
　　　　　　　　——应交教育费附加 2 356.76
　　　　　　　　——应交地方教育附加 1 571.17
借：应交税费——应交城市维护建设税 3 927.93
　　　　　　——应交教育费附加 2 356.76
　　　　　　——应交地方教育附加 1 571.17
　　贷：银行存款 7 855.86

⑦ 甲家园三期项目发生一笔零星机械费 22 600 元，取得增值税专用发票一张，其中税额 2 600 元。该发票已经勾选确认。

借：合同履约成本——工程施工——机械费 20 000
　　应交税费——应交增值税（进项税额） 2 600
　　贷：银行存款 22 600

⑧ 甲家园一期确认一笔应收款 2 060 万元，已经开具相应发票；取得一张劳务分包增值税普通发票 1 854 万元，分包税额已扣除，应预缴的增值税及附加已预缴。

以前会计期确认分包成本

借：合同履约成本——工程施工——人工费　　　　　　　　18 000 000
　　应交税费——简易计税（分包扣除税额）　　　　　　　　　540 000
　　贷：应付账款——劳务分包商　　　　　　　　　　　　　18 540 000

需要注意的是：以前会计期如果按照含税价暂估计入"合同履约成本——工程施工——人工费"，则取得劳务分包发票的当期，按照可扣除的分包税额冲减"合同履约成本"；如果前期按照不含税价暂估计入"合同履约成本"，未进行相关税费处理，按照取得发票的金额红冲暂估金额，按照发票上的价款计入"合同履约成本"，税款在取得分包发票的当期或进行差额预缴的当期，将可扣除的分包税额计入"应交税费——简易计税"下的明细科目中。

本期确认应收账款及应交增值税

借：应收账款　　　　　　　　　　　　　　　　　　　　　20 600 000
　　贷：合同结算——价款结算　　　　　　　　　　　　　　20 000 000
　　　　应交税费——简易计税（应交总包税额）　　　　　　　　600 000

借：应交税费——简易计税（总包税额）　　　　　　　　　　　 600 000
　　贷：应交税费——简易计税（分包扣除税额）　　　　　　　　540 000
　　　　　　——简易计税（应交增值税）　　　　　　　　　　　 60 000

计算并缴纳异地应预缴的增值税＝（2 060－1 854）÷（1＋3%）×3%＝60 000（元）

借：应交税费——简易计税（预交增值税）　　　　　　　　　　 60 000
　　贷：银行存款　　　　　　　　　　　　　　　　　　　　　 60 000

计算本期项目所在地缴纳附加费税费

应交城市维护建设税＝60 000×5%＝3 000（元）
应交教育费附加＝60 000×3%＝1 800（元）
应交地方教育附加＝60 000×2%＝1 200（元）

借：税金及附加　　　　　　　　　　　　　　　　　　　　　　　6 000
　　贷：应交税费——应交城市维护建设税　　　　　　　　　　　3 000
　　　　　　——应交教育费附加　　　　　　　　　　　　　　　1 800
　　　　　　——应交地方教育附加　　　　　　　　　　　　　　1 200

借：应交税费——应交城市维护建设税　　　　　　　　　　　　　3 000
　　　　——应交教育费附加　　　　　　　　　　　　　　　　　1 800
　　　　——应交地方教育附加　　　　　　　　　　　　　　　　1 200
　　贷：银行存款　　　　　　　　　　　　　　　　　　　　　　6 000

借：应交税费——简易计税（应交增值税）　　　　　　　　　　 60 000
　　贷：应交税费——简易计税（预交增值税）　　　　　　　　 60 000

以上只是简易显示结转分录，为了精细化管理，建筑企业总承包部可能需要设置项目辅助项和客商辅助项，按工程项目逐一结转。根据以上结转分录后的"内部往来——应交总公司增值税"的科目余额方向，判断是否需要向总公司缴纳增值税及附加税费。

(2)"公司总部-项目部"模式下的增值税会计核算

"公司总部-项目部"模式下的增值税管理与会计核算思路和前述"总公司-总承包部-项目部"模式基本一致,只是省去了总承包部这一管理环节,由公司总部直接对项目部进行垂直管理,相同的管理思路这里不再赘述。

10.2 企业所得税会计实务

10.2.1 企业所得税概述

建筑企业所得税是建筑企业在特定经营周期内,针对其从事建筑、安装、修缮、装饰等工程作业所获取的利润,依法缴纳的一种直接税。根据《中华人民共和国企业所得税法》的相关规定,其征收与管理旨在规范建筑企业的经营行为,确保国家税收的稳定增长,并促进建筑行业的健康发展。

(1)纳税人

1)企业所得税纳税人的范围

根据《中华人民共和国企业所得税法》第一条,企业所得税的纳税人包括国有企业、集体企业、联营企业、私营企业、股份制企业、外投资企业和外国企业、事业单位、社会团体、民办非企业单位和从事经营活动的其他组织。但需要注意的是,个人独资企业、合伙企业不适用企业所得税法,因此这两类企业并不属于企业所得税的纳税人。

2)企业所得税纳税人的特点

企业所得税的纳税人通常具备以下特点:在银行开设结算账户,以便进行资金的收付和结算;独立建立账簿,编制财务会计报表,以记录企业的经济业务和财务状况;独立计算盈亏,即根据企业的收入、成本和费用等计算企业的利润或亏损。

3)居民企业和非居民企业的区分

企业所得税纳税人还可以根据其所承担纳税责任的不同,分为居民企业和非居民企业。居民企业是指依法在中国境内成立,或者依照外国(地区)法律成立但实际管理机构在中国境内的企业,应当就其来源于中国境内、境外的所得缴纳企业所得税。非居民企业则是指依照外国(地区)法律成立且实际管理机构不在中国境内,但在中国境内设立机构、场所的,或者在中国境内未设立机构、场所,但有来源于中国境内所得的企业,对于非居民企业来说,只就其来源于中国境内的所得缴纳企业所得税。

建筑施工企业的企业所得税纳税义务人是建筑施工企业自身。在中华人民共和国境内从事建筑施工活动并取得收入的企业,无论其所有制形式、经营方式如何,都应当按照企业所得税法的规定缴纳企业所得税。

(2)征收范围

1)总机构直接管理的跨地区设立的项目部的就地预缴

根据《国家税务总局关于跨地区经营建筑企业所得税征收管理问题的通知》(国税函〔2010〕156号)的规定,建筑企业总机构直接管理的跨地区(指跨省、自治区、直辖市和计划单列市）设立的项目经理部（包括与项目经理部性质相同的工程指挥部、合同段等），自2010年1月1日起，应按项目实际经营收入的0.2%按月或按季度由总机构向项目所在地预分企业所得税，并由项目部向所在地主管税务机关预缴。总机构扣除已由项目部预缴的企业所得税后，按照其余额就地缴纳。建筑企业总机构在办理企业所得税预缴和汇算清缴时，应附送其所直接管理的跨地区经营项目部就地预缴税款的完税证明。如果外省市超越国家税务总局规定，按自行制定的文件扣缴企业所得税，对于超过国家税务总局规定的预交比例多缴的税款不予承认，同时纠正其错误申报。对于一些手续不齐全的挂靠单位，若没有按税法规定的时间、程序开具外出经营活动税收管理证明，以及开具的证明超过税法规定的有效期限，或者没有向所在地主管税务机关提供总机构出具的证明该项目部属于总机构或二级分支机构管理的证明文件，应作为独立纳税人就地缴纳企业所得税，其工程项目所得税由工程所在地税务机关结合当地实际就地征收。

建筑企业所属二级或二级以下分支机构直接管理的项目部（包括与项目部性质相同的工程指挥部、合同段等）不就地预缴企业所得税，其经营收入、职工工资和资产总额应汇总到二级分支机构统一核算所得税。

2）二级分支机构的就地预缴

总机构应将本期企业应纳所得税额的50%按照各分支付比例，在各分支机构之间进行分摊，并及时通知各分支机构；各分支付每月或季度终了之日起15日内，就其分摊的所得税额就地申报预缴，分支机构未按税款分配数额预缴所得税造成少缴税款的，主管税务机关应按照《税收征收管理法》的有关规定对其予以处罚，并将处罚结果通知总机构所在地主管税务机关。

分支机构按以下公式计算分摊税款：

所有分支机构分摊税款总额＝汇总纳税企业当期应纳所得税额×50%

某分支机构分摊税款＝所有分支机构分摊税款总额×该分支机构分摊比例

某分支机构分摊比例＝（该分支机构营业收入/各分支机构营业收入之和）×0.35＋

（该分支机构职工薪酬/各分支机构职工薪酬之和）×0.35＋

（该分支机构资产总额/各分支机构资产总额之和）×0.30

总机构应按照上年度分支机构的营业收入、职工薪酬和资产总额三个因素计算各分支机构分摊所得税款的比例；三级及以下分支机构，其营业收入、职工薪酬和资产总额统一计入二级分支机构。分支机构分摊比例按上述方法一经确定，除出现专门规定情形外，当年不做调整。

二级分支机构应将查补所得税款的50%分摊给总机构缴纳，其中25%就地办理缴库，25%就地全额缴入中央国库；50%分摊给该二级分支机构就地办理缴库。具体的税款缴库程序按照《财政部 国家税务总局 中国人民银行关于印发〈跨省市总分机构企业所得税分配及预算管理办法〉的通知》（财预〔2012〕40号）第五条等相关规定执行。

【例10-11】某税务师事务所对东方建筑施工公司2023年度所得税进行汇算清缴。发现该公司2023年度发生以下经济事项。

该公司2023年共有15个施工项目。其中5个施工项目是公司直接管理的项目，其余10个项目分别属于其下属的两个分公司。5个施工项目在工程所在地按营业收入的0.2%预缴了企业所得税200万元，其余7个施工项目在所属的两个分公司按规定预缴了企业所得税 400 万元。该公司应如何进行纳税处理？

总机构既有直接管理的跨地区项目部，又有跨地区二级分支机构的，先根据《国家税务总局关于跨地区经营建筑企业所得税征收管理问题的通知》（国税函〔2010〕156 号）的规定扣除已由项目部预缴的企业所得税，再按照国家税务总局公告 2012 年第 57 号文件规定计算总、分支机构应缴纳的税款。建筑企业总机构应按照有关规定办理企业所得税年度汇算清缴，各分支机构和项目部不进行汇算清缴。总机构年终汇算清缴后应纳所得税额小于已预缴的税款时，由总机构主管税务机关办理退税或抵扣以后年度的应缴企业所得税。

所以，本例中，东方建筑施工公司应在汇算清缴时，将在项目所在地及分公司所在地预缴的企业所得税一并列在《企业所得税年度纳税申报表（A 类，2017 年版）》第 32 行"减：本年累计实际已缴纳的所得税额"。

3）建筑施工企业总机构所得税预缴

企业所得税分月或者分季预缴，由总机构所在地主管税务机关具体核定。机构应将本期企业应纳所得税额的 50%，在每月或季度终了后 15 日内就申报预缴。

汇总纳税企业应根据当期实际利润额，按照《跨地区经营汇总纳税企业所得税征收管理办法》（国家税务总局公告 2012 年第 57 号）规定的预缴方法计算总机构和分支机构的企业所得税预缴额，分别由总机构和分支机构预缴；在规定期限内按实际利润额预缴有困难的，也可以按照上一年度纳税所得额的 1/12 或 1/4，按照规定的预缴分摊方法计算总机构和分支机构企业所得税预缴额，分别由总机构和分支机构就地预缴。预缴方法一经确定，当年度不得变更。

（3）税率

根据《中华人民共和国企业所得税法》第四条的规定，建筑施工企业的企业所得税税率通常为 25%。这是企业所得税法所规定的基本税率，适用于大多数居民企业，包括从事建筑施工业务的企业。然而，企业所得税税率并非对所有企业都统一适用，而是根据企业的具体情况和类型有所调整。具体而言，以下类型的企业可以享受优惠税率。

1）小型微利企业所得税优惠

建筑施工企业有很多是规模较小的小型微利企业。根据财政部、税务总局《关于实施小微企业普惠性税收减免政策的通知》（财税〔2019〕13 号），为进一步支持小型微利企业发展，国家对符合以下标准的纳税人实施小型微利企业普惠性税收减免政策。

① 对月销售额 10 万元以下（含本数）的增值税小规模纳税人，免征增值税。

② 对小型微利企业年应纳税所得额不超过 100 万元的部分，减按 25% 计入应纳税所得额，按 20% 的税率缴纳企业所得税；对年应纳税所得额超过 100 万元但不超过 300 万元的部分，减按 50% 计入应纳税所得额，按 20% 的税率缴纳企业所得税。

2）高新技术企业所得税优惠

根据《国家税务总局关于实施高新技术企业所得税优惠政策有关问题的公告》（国家税务总局公告 2017 年第 24 号，以下简称 24 号公告），企业获得高新技术企业资格后，自高新技术企业证书注明的发证时间所在年度起申报享受税收优惠，并按规定向主管税务机关办理备案手续。企业的高新技术企业资格期满当年，在通过重新认定前，其企业所得税暂按 15% 的税率预缴，在年底前仍未取得高新技术企业资格的，应按规定补缴相应期间的税款。

3) 专用设备投资额抵免应纳税额优惠

企业自 2008 年 1 月 1 日起购置并实际使用列入《环境保护专用设备企业所得税优惠目录》《节能节水专用设备企业所得税优惠目录》《安全生产专用设备企业所得税优惠目录》范围内的环境保护、节能节水和安全生产专用设备，可以按专用设备投资额的 10% 抵免当年企业所得税应纳税额；企业当年应纳税额不足抵免的，可以向以后年度结转，但结转期不得超过 5 个纳税年度。

企业利用自筹资金和银行贷款购置专用设备的投资额，可以按企业所得税法的规定抵免企业应纳所得税额；企业利用财政拨款购置专用设备的投资额，不得抵免企业应纳所得税额。企业购置并实际投入使用、已开始享受税收优惠的专用设备，如从购置之日起 5 个纳税年度内转让、出租的，应在该专用设备停止使用当月停止享受企业所得税优惠，并补缴已经抵免的企业所得税税款。转让的受让方可以按照该专用设备投资额的 10% 抵免当年企业所得税应纳税额；当年应纳税额不足抵免的，可以在以后 5 个纳税年度结转抵免。

4) 投资公共基础设施项目的投资经营所得优惠

随着经济形势的变化，建筑施工企业借助 PPP 等模式参与公共基础设施的投资，通过投资扩大市场份额、提高市场竞争力的情况越来越多。我国目前对投资公共基础设施、环境保护和节能节水项目的投资经营所得是有税收优惠政策的。

经国务院批准，财政部、国家税务总局、国家发展改革委联合发布了《公共基础设施项目企业所得税优惠目录》（以下简称《目录》），企业从事《目录》内符合相关条件和技术标准及国家投资管理相关规定，于 2008 年 1 月 1 日后经批准的公共基础设施项目，其投资经营所得，自该项目取得第一笔生产经营收入所属纳税年度起，第一年至第三年免征企业所得税，第四年至第六年减半征收企业所得税。第一笔生产经营收入，是指公共基础设施项目已建成并投入运营后所取得的第一笔收入。企业同时从事不在《目录》范围内的项目取得的所得，应与享受优惠的公共基础设施项目所得分开核算，并合理分摊期间费用，没有分开核算的，不得享受上述企业所得税优惠政策。

(4) 应纳税额的计算

1) 企业所得税应税收入

企业以货币形式和非货币形式取得的收入为收入总额。企业取得收入的货币形式，包括现金、存款、应收账款、应收票据、准备持有至到期的债券投资等；企业取得收入的非货币形式，包括固定资产、生物资产、无形资产、股权投资、存货、不准备持有至到期的债券投资、劳务以及有关权益等，这些非货币资产应当按照公允价值确定收入，公允价值是指按照市场价格确定的价值。具体包括：销售货物收入、提供劳务收入、转让财产收入、股息红利等权益性投资收益、利息收入、租金收入、特许权使用费收入、接受捐赠收入、其他收入。根据《中华人民共和国企业所得税法实施条例》第十五条规定，企业所得税法第六条第（二）项所称提供劳务收入，是指企业从事建筑安装、修理修配、交通运输、仓储租赁、金融保险、邮电通信、咨询经纪、文化体育、科学研究、技术服务、教育培训、餐饮住宿、中介代理、卫生保健、社区服务、旅游、娱乐、加工以及其他劳务服务活动取得的收入。

2) 允许扣除项目的一般规定

计算应纳税所得额时允许的各项扣除，包括成本、费用、税金、损失和其他支出。企业发生各项支出时，应区分为收益性支出和资本性支出。收益性支出在发生当期直接扣除；资本性支出应当分期扣除，或者计入有关资产成本，不得在发生当期直接扣除。

允许扣除的税金是指企业经营环节缴纳的税费，包括消费税、城建税、教育费附加、地方教育附加、资源税、土地增值税、出口关税、房产税、车船税、城镇土地使用税和印花税，不包括企业所得税和增值税。

允许扣除的损失包括固定资产和存货的盘亏、毁损、报废损失，转让财产损失，呆账损失，坏账损失，自然灾害等不可抗力因素造成的损失以及其他损失，在减除责任人赔偿和保险赔款后的余额。已作为损失处理的资产以后又全部或部分收回时，应计入当期收入。

3) 不得扣除的支出

计算应纳税所得额时不得扣除的支出，包括：①向投资者支付的股息、红利等权益性投资收益款项；②企业所得税税款；③税收滞纳金；④罚金、罚款和被没收财物的损失；⑤超过规定标准的捐赠支出；⑥赞助支出；⑦未经核定的准备金支出；⑧与取得收入无关的其他支出。

(5) 企业所得税汇算清缴的基本政策

企业所得税汇算清缴是指纳税人在纳税年度终了之日起 5 个月内或实际经营终止之日起 60 日内，按照税收法律、法规、规章以及其他有关规定，自行核算全年应纳税所得额和应纳所得税额，根据每月或每季预缴数额，确定该年度应补或者应退税额，并填写企业所得税年度纳税申报表，向主管税务机关办理企业所得税年度纳税申报、提供税务机关要求提供的有关资料、结清全年企业所得税税款的行为。

根据《企业所得税汇算清缴管理办法》，所有在纳税年度内从事生产、经营（包括试生产、试经营）或在纳税年度中间终止经营活动的纳税人，无论是否在减税或免税期间，也无论盈利或亏损，均应汇算清缴企业所得税，实行核定定额征收企业所得税的纳税人可以不进行汇算清缴。为了保证税款及时、均衡入库，对企业所得税采取分期（按月或季）预缴、年终汇算清缴的办法，预缴方法一经确定，不得随意改变。纳税人预缴所得税时，应当按纳税期限的实际数预缴，按实际数预缴有困难的，可以按上一年度应纳税所得额的 1/12 或 1/4，或者经当地税务机关认可的其他方法分期预缴所得税。

1) 一般企业汇算清缴

① 收入。核查企业收入是否全部入账，特别是往来款项是否还存在该确认为收入而没有入账。

② 成本。核查企业成本结转与收入是否匹配，是否真实反映企业成本水平。

③ 费用。核查企业费用支出是否符合相关税法规定，计提费用项目和税前列支项目是否超过税法规定标准。

④ 税收。核查企业各项税款是否提取并缴纳。

⑤ 补亏。用企业当年实现的利润对以前年度发生亏损的合法弥补（5 年内）。

⑥ 调整。对以上项目按税法规定分别进行调增和调减后，依法计算本企业年度应纳税所得额，从而计算并缴纳本年度实际应当缴纳的所得税税额。

对所属年度的所得税费用的调整，属于对所属年度财务报表信息的更正，应通过"以前年度损益调整——所得税费用"科目，进而结转计入"利润分配——未分配利润"科目，并调整计提的"盈余公积"等科目。

2) 跨地区征管规定

跨地区建筑业企业所得税征管，依据《国家税务总局关于印发〈跨地区经营汇总纳税企业所得税征收管理办法〉的公告》规定处理，建筑企业总机构直接管理的跨地区设立的项目部，应按项目实际经营收入的0.2%按月或按季由总机构向项目所在地预分企业所得税，并由项目部向所在地主管税务机关预缴。以总机构名义进行生产经营的非法人分支机构，无法提供汇总纳税企业分支机构所得税分配表，也无法提供文件规定相关证据证明其二级及以下分支机构身份的，应视同独立纳税人并就地缴纳企业所得税。总机构应当自年度终了5个月内，汇总计算年度应纳所得税额，扣除已预缴的税款，计算出应缴应退税款，分别由总机构和各分支机构就地办理税款缴库或退库。

① 统一计算、分级管理。建筑企业所属二级或二级以下分支机构直接管理的项目部不就地预缴企业所得税，其经营收入、职工工资和资产总额应汇总到二级分支机构统一核算，由二级分支机构规定的办法预缴企业所得税。

② 就地预缴、汇算清缴。汇总计算的企业所得税，包括预缴税款和汇算清缴应缴应退税款，50%在各分支机构间分摊，各分支机构根据分摊税款就地办理缴库或退库；50%由总机构分摊缴纳，其中25%就地办理缴库或退库，25%就地全额缴入中央国库或退库。

注：以福建为例，省内跨市（县）总分机构按照60%：40%的比例分享。

③ 分支机构分摊公式如下。

某分支机构分摊比例＝（该分支机构营业收入/各分支机构营业收入之和）×0.35＋
（该分支机构职工薪酬/各分支机构职工薪酬之和）×0.35＋
（该分支机构资产总额/各分支机构资产总额之和）×0.30

10.2.2 企业所得税会计账户

(1) "应交税费——应交所得税"账户

该账户用于核算企业按照税法规定计算应缴但尚未缴纳的所得税金额。根据《企业会计准则》和税法规定，企业在每一纳税期间结束后，需根据当期实现的利润总额和适用的所得税税率计算应缴所得税。此时，应借记相关成本费用科目（如"所得税费用"），贷记"应交税费——应交所得税"科目。该账户的借方通常记录企业实际缴纳的所得税金额，而贷方则记录企业根据税法规定应缴纳的所得税金额。期末，贷方余额表示企业尚未缴纳的所得税，借方余额则表示企业多缴的所得税。

(2) "所得税费用"账户

该账户用于核算企业计入当期损益的所得税费用。这一费用是企业在一定会计期间内经营活动中因应税所得而产生的经济负担。在会计期末，企业需要根据税法规定和会计准则的要求，计算并确认当期应计入损益的所得税费用。该账户的借方反映企业计入当期损益的所得税费用，贷方则反映期末转入"本年利润"科目的所得税费用。经过期末结转后，"所得税费用"账户通常无余额，因为它已全部转入"本年利润"科目，成为企业当期净利润的组成部分。

(3) "递延所得税资产"账户

该账户用于核算企业根据《企业会计准则第18号——所得税》确认的可抵扣暂时性差异产生的所得税资产。递延所得税资产是指由于资产或负债的账面价值与计税基础之间的差异而形成的，可以在未来期间减少企业应交所得税金额的资产。当企业存在可抵扣暂时性差异时，如果预计未来期间很可能获得足够的应纳税所得额来抵扣该差异，则应将其确认为递延所得税资产。该账户的借方记录企业应予以确认的递延所得税资产金额，贷方则记录递延所得税资产的转回或减记金额。期末，借方余额表示企业已确认的递延所得税资产的余额。

(4) "递延所得税负债"账户

该账户与"递延所得税资产"相对应，用于核算企业根据《企业会计准则第18号——所得税》确认的应纳税暂时性差异产生的所得税负债。应纳税暂时性差异是指资产或负债的账面价值高于其计税基础而形成的差异，该差异在未来期间将导致企业应税所得的增加和应交所得税的增加。当企业存在应纳税暂时性差异时，应将其确认为递延所得税负债。该账户的贷方记录企业应予以确认的递延所得税负债金额，借方则记录递延所得税负债的转回或减记金额。期末，贷方余额表示企业已确认的递延所得税负债的余额。

10.2.3 企业所得税会计实务

(1) 企业所得税核算的一般程序

① 按照《企业会计准则》的规定确定资产负债表中除递延所得税资产和递延所得税负债以外的其他资产和负债项目的账面价值。

② 按照《企业会计准则》中对于资产和负债计税基础的确定方法，以适用的税收法规为基础，确定资产负债表中有关资产、负债项目的计税基础。

③ 比较资产、负债的账面价值与其计税基础，对于两者之间存在差异的，分析其性质，除《企业会计准则》中规定的特殊情况外，区分应纳税暂时性差异与可抵扣暂时性差异，确定该资产负债表日递延所得税负债和递延所得税资产的应有金额，并与期初递延所得税资产和递延所得税负债的余额相比，确定当期应予进一步确认的递延所得税资产和递延所得税负债金额或应予转销的金额，作为构成利润表中所得税费用的递延所得税费用（或收益）。

④ 按照适用的税法规定计算确定当期应纳税所得额，将应纳税所得额与适用的所得税税率计算的结果确认为当期应交所得税，作为利润表中应予确认的所得税费用中的当期所得税部分。

⑤ 确定利润表中的所得税费用。利润表中的所得税费用包括当期所得税和递延所得税两个组成部分。企业在计算确定当期所得税和递延所得税后，两者之和（或之差），即为利润表中的所得税费用。

(2) 企业所得税费用的确认

我国企业所得税会计采用资产负债表债务法，企业通过比较资产负债表上列示的资产、负债按照《企业会计准则》确定的账面价值与按照税法确定的计税基础，对于两者之间的差异区分应纳税暂时性差异与可抵扣暂时性差异，确认相关的递延所得税负债和递延所得税资产，并在此基础上确定每一会计期间利润表所得税费用，按照资产负债表债务法核算所得税的情况下，利润表中的所得税费用包括当期所得税和递延所得税两个部分。当期所得税是指企业按照税法规定计算确定的针对当期发生的交易和事项，应缴纳给税务部门的所得税金额，即当期应交所得税。

递延所得税是指按照《企业会计准则第 18 号——所得税》的规定当期应予确认的递延所得税资产和递延所得税负债金额，即递延所得税资产和递延所得税负债当期发生额的综合结果，但不包括计入所有者权益的交易或事项的所得税影响。

用公式表示为：

$$应交企业所得税＝应纳税所得额×适用税率$$

$$应纳税所得额＝税前会计利润＋纳税调整增加额－纳税调整减少额$$

$$当期所得税费用＝应纳税所得额×当期适用税率$$

$$递延所得税费用＝（递延所得税负债的期末余额－递延所得税负债的期初余额）－$$
$$（递延所得税资产的期末余额－递延所得税资产的期初余额）$$

$$所得税费用＝当期所得税费用＋递延所得税费用$$

需要说明的是，企业因确认递延所得税资产和递延所得税负债产生的递延所得税，一般应当计入"所得税费用"科目，但以下两种情况除外。

① 《企业会计准则》规定某项交易或事项应计入所有者权益，由该交易或事项产生的递延所得税资产或递延所得税负债及其变化也应计入所有者权益。

② 企业合并中取得的资产、负债，其账面价值与计税基础不同，应确认相关递延所得税的，该递延所得税的确认影响合并中产生的商誉或是计入当期损益的金额，不影响所得税费用。

（3）企业所得税核算的会计分录

1）计算当期应交所得税

按照适用税法规定，计算确定当期应纳税所得额，将应纳税所得额与适用的所得税税率计算的结果，确认为当期应交所得税。会计分录如下。

借：所得税费用
　　贷：应交税费——应交所得税

这里的所得税费用既包括永久性差异影响所得税的金额，也包括暂时性差异影响所得税的金额，更包括会计规定与税法规定一致的内容。会计规定与税法规定一致的内容和永久性差异影响所得税的金额，就体现在所得税费用中，属于当期所得税，不需要进一步调整。

2）调整暂时性差异对所得税的影响

资产负债表下调整暂时性差异对所得税的影响，属于递延所得税，通过比较资产、负债项目的账面价值与计税基础来进行调整。调整步骤如下。

① 按照相关《企业会计准则》的规定确定资产负债表中除递延所得税资产和递延所得税负债以外的其他资产和负债项目的账面价值。

② 按照适用的税法，确定资产负债表中有关资产和负债的计税基础。

③ 比较资产、负债的账面价值与其计税基础，对于两者存在差异的，分析其差异的

性质，除《企业会计准则》中规定的特殊情况外，分别以应纳税暂时性差异和可抵扣暂时性差异乘以所得税税率，确定资产负债表日递延所得税负债和递延所得税资产的应有金额，并与期初递延所得税负债与递延所得税资产的余额相比，确定当期应予进一步确认的递延所得税资产和递延所得税负债金额或予以转销的金额。

借：递延所得税资产（递延所得税负债）
　　贷：所得税费用
或　借：所得税费用
　　　　贷：递延所得税负债（递延所得税资产）

3）确定利润表中的所得税费用

利润表中的所得税费用包括当期所得税和递延所得税两个组成部分。企业在计算确定了当期所得税和递延所得税后，两者之和（或之差）是利润表中的所得税费用。

10.3 个人所得税会计实务

10.3.1 个人所得税概述

个人所得税涉及员工的工资、薪金所得，个体工商户的生产、经营所得，对企业、事业单位的承包经营、承租经营所得，劳务报酬所得，稿酬所得，特许权使用费所得，利息、股息、红利所得，财产租赁所得，财产转让所得，偶然所得，国务院财政部门确定征税的其他所得等。

（1）纳税人

现行《个人所得税法》将纳税人分为居民个人和非居民个人两类。居民个人从中国境内和境外取得的所得，依照规定缴纳个人所得税。非居民个人从中国境内取得的所得，依照该法规定缴纳个人所得税。

居民个人是指在中国境内有住所，或者无住所而一个纳税年度内在中国境内居住累计满183天的个人。非居民个人是指在中国境内无住所又不居住，或者无住所而一个纳税年度内在中国境内居住累计不满183天的个人。纳税年度自公历1月1日起至12月31日止。

新税法在继续坚持住所标准和居住时间标准并行的基础之上，将居住时间规定为一个纳税年度内在中国境内居住累计满183天，即引入183天的居住时间标准，而不是一年的简单规定。

根据《财政部　税务总局关于在中国境内无住所的个人居住时间判定标准的公告》（财政部　税务总局公告2019年第34号），无住所个人一个纳税年度在中国境内累计居住满183天的，如果此前六年在中国境内每年累计居住天数都满183天而且没有任何一年单次离境超过30天，该纳税年度来源于中国境内、境外所得应当缴纳个人所得税；如果此前六年的任一年在中国境内累计居住天数不满183天或者单次离境超过30天，该纳税年度来源于中国境外且由境外单位或者个人支付的所得，免予缴纳个人所得税。

上述所称此前六年，是指该纳税年度的前一年至前六年的连续六个年度，此前六年的起始年度自 2019 年（含）以后年度开始计算。

无住所个人一个纳税年度内在中国境内累计居住天数，按照个人在中国境内累计停留的天数计算。在中国境内停留的当天满 24 小时的，计入中国境内居住天数，在中国境内停留的当天不足 24 小时的，不计入中国境内居住天数。

（2）征税对象

个人所得税的征税对象是个人取得的应税所得。个人所得的形式，包括现金、实物、有价证券和其他形式的经济利益。《个人所得税法》规定的各项个人所得共有 9 项，具体如图 10-1 所示。

图 10-1　个人所得税征收范围

1）工资、薪金所得

指个人因任职或者受雇取得的工资、薪金、奖金、年终加薪、劳动分红、津贴、补贴以及与任职或者受雇有关的其他所得。

2）劳务报酬所得

指个人从事劳务取得的所得，包括从事设计、装潢、安装、制图、化验、测试、医疗、法律、会计、咨询、讲学、翻译、审稿、书画、雕刻、影视、录音、录像、演出、表演、广告、展览、技术服务、介绍服务、经纪服务、代办服务以及其他劳务取得的所得。

3）稿酬所得

指个人因其作品以图书、报刊等形式出版、发表而取得的所得。

4）特许权使用费所得

指个人提供专利权、商标权、著作权、非专利技术以及其他特许权的使用权取得的所得；提供著作权的使用权取得的所得，不包括稿酬所得。

综合所得包括工资、薪金所得,劳务报酬所得,稿酬所得和特许权使用费所得。

5)经营所得

① 个体工商户从事生产、经营活动取得的所得,个人独资企业投资人、合伙企业的个人合伙人来源于境内注册的个人独资企业、合伙企业生产、经营的所得;

② 个人依法从事办学、医疗、咨询以及其他有偿服务活动取得的所得;

③ 个人对企业、事业单位承包经营、承租经营以及转包、转租取得的所得;

④ 个人从事其他生产、经营活动取得的所得。

6)利息、股息、红利所得

指个人拥有债权、股权等而取得的利息、股息、红利所得。

7)财产租赁所得

指个人出租不动产、机器设备、车船以及其他财产取得的所得。

8)财产转让所得

指个人转让有价证券、股权、合伙企业中的财产份额、不动产、机器设备、车船以及其他财产取得的所得。

9)偶然所得

指个人得奖、中奖、中彩以及其他偶然性质的所得。

个人取得的所得,难以界定应纳税所得项目的,由国务院税务主管部门确定。

(3)税率

① 综合所得。适用3%~45%的超额累进税率,如表10-3所列;

表10-3 个人所得税税率表(综合所得适用)

级数	全年应纳税所得额	税率/%	速算扣除数
1	不超过36 000元	3	0
2	超过36 000元至144 000元的部分	10	2 520
3	超过144 000元至300 000元的部分	20	16 920
4	超过300 000元至420 000元的部分	25	31 920
5	超过420 000元至660 000元的部分	30	52 920
6	超过660 000元至960 000元的部分	35	85 920
7	超过960 000元的部分	45	181 920

② 经营所得。适用5%~35%的超额累进税率,税率表略;

③ 利息、股息、红利所得。财产租赁所得,财产转让所得和偶然所得,适用比例税率,税率为20%。

(4)应纳税额的计算

由于个人所得税的应税项目不同,并且取得某项所得所需费用也不相同。因此,计算个人应纳税所得额,须按不同应税项目分项计算。以某项应税项目的收入额减去税法规定的该项费用减除标准后的余额,作为应纳税所得额。本章重点讲解居民个人综合所得应纳税额的计算,其他所得应纳税额的计算略。居民个人综合所得应纳税额的计算公式为:

居民个人综合所得应纳税额＝（年度收入额－60 000－专项扣除－专项附加扣除－
其他法定扣除）×适用税率－速算扣除数

居民个人的综合所得，以每一纳税年度的收入额减除费用 6 万元以及专项扣除、专项附加扣除和依法确定的其他扣除后的余额，为应纳税所得额。劳务报酬所得、稿酬所得、特许权使用费所得以收入减除 20％的费用后的余额为收入额。稿酬所得的收入额减按 70％计算。

1）基本扣除项目

① 按照规定，单位为个人缴付和个人缴付的基本养老保险费、基本医疗保险费、失业保险费、住房公积金，从纳税义务人的应纳税所得额中扣除。未超过国家或省（自治区、直辖市）人民政府规定的缴费比例或办法的，免征个人所得税。

② 企事业单位和个人超过规定的比例和标准缴付的基本养老保险费、基本医疗保险费和失业保险费，应将超过部分并入个人当期的工资、薪金收入，计征个人所得税。

③ 企业为员工缴纳的所有商业保险是不免个人所得税的。应在向保险公司缴付时并入员工当期的工资收入，按"工资、薪金所得"项目计征个人所得税。

《个人所得税法》规定，居民个人综合所得收入额中可以扣除的"依法确定的其他扣除"，包括个人缴付符合国家规定的企业年金、职业年金。因此，自 2019 年 1 月 1 日起，对于个人依照《企业年金办法》《机关事业单位职业年金办法》缴付的企业年金、职业年金，可以在综合所得计缴个人所得税时，在收入额中全额扣除。

2）专项附加扣除项目

个人所得税专项附加扣除项目包括子女教育、继续教育、大病医疗、住房贷款利息、住房租金、赡养老人、婴幼儿照护七项。

3）其他法定扣除

依法确定的其他扣除，包括个人缴付符合国家规定的企业年金、职业年金，个人购买符合国家规定的商业健康保险、税收递延型商业养老保险的支出，以及国务院规定可以扣除的其他项目。

4）公益捐赠

个人通过中华人民共和国境内公益性社会组织、县级以上人民政府及其部门等国家机关，向教育、扶贫、济困等公益慈善事业的捐赠（以下简称公益捐赠），发生的公益捐赠支出，可以按照个人所得税法有关规定在计算应纳税所得额时扣除。所称境内公益性社会组织，包括依法设立或登记并按规定条件和程序取得公益性捐赠税前扣除资格的慈善组织、其他社会组织和群众团体。居民个人按照以下规定扣除公益捐赠支出。

① 居民个人发生的公益捐赠支出可以在财产租赁所得、财产转让所得、利息股息红利所得、偶然所得（以下统称分类所得）、综合所得或者经营所得中扣除。在当期一个所得项目扣除不完的公益捐赠支出，可以按规定在其他所得项目中继续扣除。

② 居民个人发生的公益捐赠支出，在综合所得、经营所得中扣除的，扣除限额分别为当年综合所得、当年经营所得应纳税所得额的 30％；在分类所得中扣除的，扣除限额为当月分类所得应纳税所得额的 30％。

③ 居民个人根据各项所得的收入、公益捐赠支出、适用税率等情况，自行决定在综合所得、分类所得、经营所得中扣除的公益捐赠支出的顺序。

10.3.2 个人所得税会计账户

(1) "应交税费——应交代扣个人所得税"账户

该账户属于负债类账户,用于核算企业代扣代缴个人所得税的应交金额。借方登记企业在支付职工薪酬或支付给个人其他所得时,代扣的个人所得税金额。贷方登记企业实际缴纳给税务机关的个人所得税金额。期末余额在贷方表示企业尚未缴纳的个人所得税金额。该账户可按职工或个人的名称设置明细账户,以便进行明细分类核算。

(2) "应付职工薪酬"账户

该账户属于负债类账户,用于核算企业在支付职工薪酬时代扣的个人所得税金额。借方登记企业支付职工薪酬时代扣的个人所得税金额。贷方登记企业实际支付职工薪酬时已代扣的个人所得税金额。期末余额在借方,表示已扣但尚未上缴的个人所得税金额。

(3) "其他应付款——代扣个人所得税"账户

该账户属于负债类账户,用于核算企业在特定情况下代扣的个人所得税,如员工报销费用时的代扣税款。贷方登记企业代扣的税款金额,借方登记实际缴纳给税务机关的税款金额。期末余额在贷方,表示尚未缴纳的代扣税款金额。

(4) "管理费用——个人所得税"账户

该账户属于损益类账户,用于核算企业为职工支付个人所得税的支出。借方登记企业代职工缴纳的个人所得税金额,贷方登记期末结转到"本年利润"账户的金额。期末无余额。此账户通常用于特殊情况下,当企业承担个人所得税而非从职工收入中扣除时,如奖励性的工资或特殊津贴。

(5) "其他应收款——个人所得税"账户

该账户属于资产类账户,用于核算企业为员工垫付的个人所得税。借方登记企业垫付的税款金额,贷方登记员工偿还的税款金额。期末余额在借方,表示企业尚未收回的垫付税款金额。

10.3.3 个人所得税会计实务

(1) 代扣工资、薪金所得的个人所得税账务处理

【例10-12】甲建筑施工企业2023年7月为管理人员王东发放工资5 200元。按照合同约定,王东自己承担个人所得税,计算王东应缴纳多少个人所得税?甲建筑施工企业扣缴个人所得税如何进行会计核算?

计算应缴个人所得税:

王东工资、薪金所得的应纳税额=(5 200-5 000)×3%=6(元)

① 计提工资时

借:管理费用　　　　　　　　　　　　　　　　　　　　　　5 200

　　贷:应付职工薪酬——工资　　　　　　　　　　　　　　　　　5 200

② 计提个人所得税时

借:应付职工薪酬——工资　　　　　　　　　　　　　　　　　　6

　　　　贷：应交税费——应交代扣个人所得税　　　　　　　　　　　　　　　　6
　　③发放工资时
　　　借：应付职工薪酬——工资　　　　　　　　　　　　　　　　　　　5 194
　　　　贷：银行存款　　　　　　　　　　　　　　　　　　　　　　　　　5 194
　　④汇总缴纳
　　　借：应交税费——应交代扣个人所得税　　　　　　　　　　　　　　　　6
　　　　贷：银行存款　　　　　　　　　　　　　　　　　　　　　　　　　　6
　　（2）承包、承租经营所得代扣代缴个人所得税账务处理
　　【例10-13】2023年7月工程师王超向甲建筑施工企业提供一项专利使用权，一次取得收入52 000元。计算王超此项所得应缴纳多少个人所得税？甲建筑施工企业扣缴个人所得税如何进行会计核算？
　　计算王超此项收入应缴纳的个人所得税：
$$应纳税额 = 52\,000 \times (1-20\%) \times 20\% = 8\,320（元）$$
　　甲建筑施工企业扣缴个人所得税的会计核算
　　①计提费用和所得税时
　　　借：管理费用　　　　　　　　　　　　　　　　　　　　　　　　　52 000
　　　　贷：应交税费——应交代扣个人所得税　　　　　　　　　　　　　 8 320
　　　　　　其他应付款——特许权使用费　　　　　　　　　　　　　　　43 680
　　②支付费用时
　　　借：其他应付款——特许权使用费　　　　　　　　　　　　　　　　43 680
　　　　贷：银行存款　　　　　　　　　　　　　　　　　　　　　　　　43 680
　　③实际缴纳所得税时
　　　借：应交税费——应交代扣个人所得税　　　　　　　　　　　　　　 8 320
　　　　贷：银行存款　　　　　　　　　　　　　　　　　　　　　　　　 8 320

10.4　其他税费会计实务

10.4.1　城市维护建设税

　　（1）城市维护建设税概述
　　城市维护建设税（简称城建税），是以纳税人缴纳增值税、消费税的税额为计税依据而征收一种税。2020年8月11日通过的《中华人民共和国城市维护建设税法》规定，在中华人民共和国境内缴纳增值税、消费税的单位和个人，为城市维护建设税的纳税人，应当依照本法规定缴纳城市维护建设税。
　　（2）税率
　　城建税实行地区差别比例税率，具体规定如下。
　　①纳税人所在地在市区的，税率为7%；

② 纳税人所在地在县城、镇的，税率为 5%；

③ 纳税人所在地不在市区、县城或者镇的，税率为 1%。开采海洋石油资源的油气田在海上，城建税适用 1% 的税率。

（3）应纳税额的计算

城建税的计税依据是纳税人依法实际缴纳的增值税和消费税税额。依法实际缴纳的两税税额是指纳税人依照增值税、消费税相关法律法规和税收政策规定计算的应当缴纳的两税税额（不含因进口货物或境外单位和个人向境内销售劳务、服务、无形资产缴纳的两税税额），加上增值税免抵税额，扣除直接减免的两税税额（不包括实行先征后返、先征后退、即征即退办法退还的两税税额）和期末留抵退税退还的增值税税额后的金额。

城建税计算公式为：

应纳城建税税额 =（依法应缴纳的两税税额 + 增值税免抵税额 − 直接减免两税税额 − 期末留抵退税退还的增值税额）× 适用税率

甲建筑施工企业位于市中心，3 月份应缴纳增值税 240 万元，应缴纳消费税 60 万元，则其应纳城建税税额 =（240 + 60）× 7% = 300 × 7% = 21（万元）。

10.4.2 教育费附加

（1）教育费附加概述

教育费附加是用于教育的政府性基金，国家为扶持教育事业发展而计征。1986 年，国务院颁布《关于征收教育费附加的暂行规定》（国发〔1986〕50 号），规定从 1986 年 7 月起，以各单位和个人实际缴纳的增值税、营业税、产品税总额的 2% 计征。2005 年国务院颁布《关于修改〈征收教育费附加的暂行规定〉的决定》，规定从 2005 年 10 起，教育费附加征收率提高为 3%，分别与增值税、营业税、消费税同时缴纳。教育费附加由教育部门统筹安排使用。此外，部分地方政府为发展教育事业，还开征了地方教育附加。

教育费附加纳税义务人包括缴纳增值税、消费税的单位和个人。代征教育费附加义务人包括代征增值税、消费税的单位和个人。此外，农业、乡镇企业，由乡镇人民政府征收农村教育事业附加，不再征收教育费附加。根据 2010 年 10 月 18 日国务院发布的《关于统一内外资企业和个人城市维护建设税和教育费附加制度的通知》，自 2010 年 12 月 1 日起，外商投资企业和外国企业及外籍个人均需缴纳教育费附加。

（2）征收率

教育费附加的征收率为 3%，但是对生产卷烟的单位减半征收教育费附加。地方教育附加征收率为 2%。

（3）应纳税费的计算

教育附加，包括教育费附加和地方教育附加，是对缴纳增值税和消费税的单位和个人，计税以其实际缴纳的增值税和消费税税额为计算依据征收的附加费。教育费附加、地方教育附加计征依据与城建税计税依据一致，教育费附加和地方教育附加的计算公式为：

应纳教育费附加、地方教育附加 =（依法应缴纳的两税税额 + 增值税免抵税额 − 直接减免两税税额 − 期末留抵退税退还的增值税额）× 征收率

（4）附加税费会计实务

企业按规定计算应缴城建税、教育费附加、地方教育附加时，借记"税金及附加"科目，贷记"应交税费——应交城建税""应交税费——教育费附加""应交税费——地方教育附加"科目。

【例 10-14】 甲建筑施工企业 2023 年 7 月份实际缴纳增值税 1 000 000 元，缴纳消费税 800 000 元。计算该企业应纳的城建税、教育费附加。城市维护建设税税率 7%，教育费附加 3%。

应纳税额的计算如下。

应纳城建税税额 =（1 000 000 + 800 000）× 7% = 1 800 000 × 7% = 126 000（元）

应纳教育费附加 = 1 800 000 × 3% = 54 000（元）

① 计提城建税和教育费附加

借：税金及附加　　　　　　　　　　　　　　　　　　　180 000
　　贷：应交税费——应交城市维护建设税　　　　　　　126 000
　　　　　　　　——应交教育费附加　　　　　　　　　 54 000

② 缴纳城建税

借：应交税费——应交城市维护建设税　　　　　　　　　126 000
　　　　　　——应交教育费附加　　　　　　　　　　　 54 000
　　　　　　——应交增值税　　　　　　　　　　　　 1 000 000
　　　　　　——应交消费税　　　　　　　　　　　　　800 000
　　贷：银行存款　　　　　　　　　　　　　　　　　 1 980 000

10.4.3　土地增值税

（1）土地增值税概述

土地增值税是对转让国有土地使用权及地上建筑物和其他附着物产权，并取得增值性收入的单位和个人所征收的一种税。土地增值税的纳税义务人为转让国有土地使用权、地上的建筑及其附着物（以下简称转让房地产）并取得收入的单位和个人，具体包括各类企业、事业单位、国家机关、社会团体及其他组织和个体经营者。

（2）税率

土地增值税实行四级超率累进税率，见表 10-4。

表 10-4　土地增值税实行四级超率累进税率

级别	增值额占扣除项目的比例	税率	速算扣除系数
1	50%以下	30%	0%
2	50%~100%	40%	5%
3	100%~200%	50%	15%
4	200%以上	60%	35%

(3) 应纳税额的计算

① 计算增值额。土地增值额＝转让收入－法定扣除项目。

② 计算增值率。增值率＝增值额÷扣除项目金额×100%。

③ 确定适用税率。依据增值率确定适用税率。

④ 依据适用税率计算应纳税额。应纳税额＝增值额×适用税率－扣除项目金额×速算扣除系数。

公式中转让收入，是指纳税人转让房地产取得的不含增值税收入。其形式包括货币收入、实物收入、其他收入。货币收入是指纳税人转让房地产而取得的现金、银行存款、支票、银行本票、汇票等各种信用票据和国库券、金融债券、企业债券、股票等有价证券；实物收入是指纳税人转让房地产而取得的各种实物形态的收入，如存货、固定资产等；其他收入是指纳税人转让房地产而取得的无形资产收入或具有财产价值的权利，如专利权、商标权、著作权、专有技术使用权、土地使用权、商誉权等。

公式中扣除项目金额，是指税法允许纳税人从转让收入中扣除的项目金额。扣除项目金额分别按下列情况确定。

1) 取得土地使用权所支付的金额

① 以出让方式取得土地使用权的，为支付的土地出让金。

② 以行政划拨方式取得土地使用权的，为转让土地使用权时按规定补缴的出让金。

③ 以转让方式取得土地使用权的，为支付的地价款。

④ 纳税人在取得土地使用权时按国家统一规定缴纳的有关费用。

2) 房地产开发成本

① 土地征用及拆迁补偿费。包括土地征用费、耕地占用税、契税、劳动力安置费及有关地上、地下附着物拆迁补偿的净支出、安置动迁用房支出等。

② 前期工程费。包括规划、设计、项目可行性研究和水文、地质、勘察、测绘、"三通一平"支出。

③ 建筑安装工程费。指以出包方式支付给承包单位的建筑安装工程费，以自营方式发生的建筑工程安装费。

④ 基础设施费。包括开发小区内的道路、供水、供电、供气、排污、排洪、通信、照明、环卫、绿化等工程发生的支出。

⑤ 公共配套设施费。包括不能有偿转让的开发小区内公共配套设施发生的支出。

⑥ 开发间接费用。指直接组织、管理开发项目所发生的费用，包括工资、职工福利费、折旧费、修理费、办公费、水电费、劳动保护费、周转房摊销等。

⑦ 房地产开发费用。包括销售费用、管理费用、财务费用。凡能按转让房地产项目计算分摊利息并提供金融机构证明的，允许据实扣除，但最高不能超过按商业银行同类同期贷款利率计算的金额，其他房地产开发费用按取得土地使用权支付的金额和房地产开发成本金额之和，在5%以内计算扣除；凡不能按转让房地产项目计算分摊利息支出或不能提供金融机构证明的，房地产开发费用按取得土地使用权和开发成本金额之和，在10%以内计算扣除。

⑧ 与转让房地产有关的税金。指在转让房地产时缴纳的城市维护建设税、印花税。因转让房地产缴纳的教育费附加，也可视同税金予以扣除。

⑨ 财政部确定的其他扣除项目。从事房地产开发的纳税人按规定计算的房地产开发费用按取得土地使用权和开发成本金额之和，加计20%的扣除。

⑩ 旧房及建筑物的评估价格。应按房屋及建筑物的评估价格或按购房发票金额计算扣除。

【例 10-15】 甲建筑施工企业出售一幢写字楼，收入总额为 200 000 000 元。开发该写字楼的有关支出为：支付地价款及各种费用 30 000 000 元；房地产开发成本 70 000 000 元，财务费用中的利息支出为 12 000 000 元（可按转让项目计算分摊并提供金融机构证明）但其中有 1 300 000 元属于加罚的利息；转让环节缴纳的有关税费共计为 11 600 000 元；该单位所在地政府规定的其他房地产开发费用计算扣除比例为 5%。试计算甲建筑施工企业应纳的土地增值税。

① 取得土地使用权支付的地价款及有关费用为 30 000 000 元。

② 房地产开发成本为 70 000 000 元。

③ 房地产开发费用＝12 000 000－1 300 000＋（30 000 000＋70 000 000）×5%＝10 700 000＋5 000 000＝15 700 000（元）。

④ 允许扣除的税费为 11 600 000 元。

⑤ 从事房地产开发的纳税人加计扣除 20%。

　　加计扣除额＝（30 000 000＋70 000 0 000）×20%＝20 000 000（元）

⑥ 允许扣除的项目金额合计＝30 000 000＋70 000 000＋15 700 000＋11 600 000＋20 000 000＝147 300 000（元）。

⑦ 增值额＝200 000 000－147 300 000＝52 700 000（元）。

⑧ 增值率＝52 700 000÷147 300 000×100%＝35.78%。

⑨ 应纳税额＝52 700 000×30%＝15 810 000（元）。

10.4.4 房产税

（1）房产税概述

房产税是向房屋产权所有人征收，以房屋的计税余值或租金收入为计税依据的财产税。《房产税暂行条例》规定，房产税在城市、县城、建制镇和工矿区征收。房产税属于财产税种的个别财产税。个别财产税（特种财产税）是对纳税人所有的土地、房屋、资本或其他财产分别课征的税收。

房产税以房产作为征税对象，以城市、县城、建制镇和工矿区内经营性房产为征税范围，不涉及农村。另外，税法也通过免税的方式将某些拥有房屋但自身没有纳税能力的单位排除在征税范围之外。

房产税以在征税范围内的房屋产权所有人为纳税人。

① 产权属全民所有的，由经营管理的单位纳税；

② 产权出典的，由承典人纳税；

③ 产权所有人、承典人不在房产所在地的，由房产代管人或者使用人纳税；

④ 产权未确定及租典纠纷未解决的，亦由房产代管人或者使用人纳税。

(2) 税率

现行房产税税率采用比例税率。自用房产，以计税余值为基础，税率为1.2%；出租的房产，以租金收入为基础，税率为12%。自2008年3月1日起，对个人出租住房，不区分用途，按4%的税率征收房产税。

(3) 应纳税额计算

房产税根据纳税人经营方式的不同确定对房屋征税，拥有房屋的单位和个人，自己使用房屋，按房产计税余值征收；把房屋用于出租、出典，按租金收入征收。

1) 从价计征

对于经营自用的房屋，以房产的计税余值作为计税依据，税率为1.2%。所谓计税余值，是指依照税法规定按房产原值一次减除10%~30%的损耗价值以后的余额。

$$应纳税额 = 应税房产原值 \times (1-原值减除比例) \times 1.2\%$$

2) 从租计征

对于出租的房屋，以租金收入为计税依据，税率为12%。2008年3月1日起，对个人出租住房，不区分用途，按4%的税率征收房产税。对企事业单位、社会团体以及其他组织按市场价格向个人出租用于居住的住房，减按4%的税率征收房产税。

$$应纳税额 = 租金收入 \times 12\% (或4\%)$$

【例10-16】甲建筑施工企业的经营用房原值为24 000 000元，按照当地规定允许按减除30%后的余值计税，适用税率为1.2%。做如下会计分录。

① 应纳税额 = 24 000 000 × (1-30%) × 1.2% = 201 600（元）。

② 会计核算。

借：税金及附加　　　　　　　　　　　　　　　　　　　　　201 600
　　贷：应交税费——应交房产税　　　　　　　　　　　　　　201 600

10.4.5 城镇土地使用税

(1) 城镇土地使用税概述

城镇土地使用税按规定税额对拥有土地使用权的单位和个人，以开征范围的土地为征税对象，以实际占用的土地面积为计税标准征收。

城镇土地使用税的征税范围包括城市、县城、建制镇和工矿区。不论是属于国家所有的土地，还是集体所有的土地，都属于城镇土地使用税的征税范围，征税范围不包括农村的土地、建立在城市、县城、建制镇和工矿区以外的工矿企业则不需要缴纳城镇土地使用税。自2009年1月1日起，公园、名胜古迹内的索道公司经营用地，应按规定缴纳城镇土地使用税。根据《国家税务总局关于房产税城镇土地使用税有关政策规定的通知》规定，出租、出借房产，自交付出租、出借房产之次月起计征房产税和城镇土地使用税。根据《国家税务总局关于房产税城镇土地使用税有关政策规定的通知》规定，购置存量房，自办理房屋权属转移、变更登记手续，房地产权属登记机关签发房屋权属证书之次月起计征房产税和城镇土地使用税。根据《国家税务总局关于进一步加强城镇土地使用税和土地增值税征收管理工作的通知》规定，除经批准开发建设经济适用房的用地外，对各类房地产开发用地一律不得减免城镇土地使用税。

城镇土地使用税的纳税人包括凡在城市、县城、建制镇、工矿区范围内使用土地的单位和个人，通常包括以下几类：

① 拥有土地使用权的单位或个人为纳税人；

② 拥有土地使用权的单位和个人不在土地所在地的，其土地的实际使用人和代管人为纳税人；

③ 土地使用权未确定或权属纠纷未解决的，其实际使用人为纳税人；

④ 土地使用权共有的，共有各方都是纳税人，由共有各方分别纳税。

土地使用权共有的，以共有各方实际使用土地的面积占总面积的比例，分别计算缴纳城镇土地使用税。

城镇土地使用税以纳税人实际占用的土地面积（平方米）为计税依据。纳税人实际占用的土地面积，以房地产管理部门核发的土地使用证书与确认的土地面积为准；尚未核发土地使用证书的，应由纳税人据实申报土地面积，据以纳税，待核发土地使用证以后再作调整。

（2）税率

城镇土地使用税采用定额税率，即采用有幅度的差别税额。城镇土地使用税实行分级幅度税额。每平方米土地年税额规定如下：①大城市 1.5 元至 30 元；②中等城市 1.2 元至 24 元；③小城市 0.9 元至 18 元；④县城、建制镇、工矿区 0.6 元至 12 元。注：人口在 100 万以上为大城市；人口在 50 万～100 万之间为中等城市；人口在 50 万以下为小城市。

（3）应纳税额计算

$$年应纳税额＝计税土地面积（平方米）×适用税额$$

【例 10-17】 设在某城市的甲建筑施工企业使用土地面积为 20 000 平方米，经税务机关核定，该土地为应税土地，每平方米年税额为 4 元。请计算其全年应纳的城镇土地使用税税额。做如下会计分录。

① 年应纳城镇土地使用税税额＝20 000×4＝80 000（元）。

② 会计核算。

借：税金及附加　　　　　　　　　　　　　　　　　　　　　80 000

　　贷：应交税费——应交城镇土地使用税　　　　　　　　　　80 000

10.4.6 耕地占用税

（1）耕地占用税概述

耕地占用税法，是指国家制定的调整耕地占用税征收与缴纳权利及义务关系的法律规范。现行耕地占用税法的基本规范，是 2018 年 12 月 29 日第十三届全国人民代表大会常务委员会第七次会议通过的《中华人民共和国耕地占用税法》（以下简称《耕地占用税法》）。

耕地占用税是对占用耕地建房或从事其他非农业建设的单位和个人，就其实际占用的耕地面积征收的一种税，它属于对特定土地资源占用课税。耕地是土地资源中最重要的组成部分，是农业生产最基本的生产资料。但我国人口众多，耕地资源相对较少，为了遏制并逐步改变这种状况,政府决定开征耕地占用税,运用税收经济杠杆与法律、行政等手段,有效地保护耕地。通过开征耕地占用税,使那些占用耕地建房及从事其他非农业建设的单位和个人承担必要的经济责任,有利于政府运用税收经济杠杆调节他们的经济利益,引导他们节约、合理地使用耕地资源。这对于保护国土资源,促进农业可持续发展,以及强化耕地管理,保护农民的切身利益等,都具有十分重要的意义。

(2) 纳税义务人

在中华人民共和国境内占用耕地建设建筑物、构筑物或者从事非农业建设的单位和个人,为耕地占用税的纳税人,应当依法缴纳耕地占用税。上述所称耕地,是指用于种植农作物的土地。为了厘清各方纳税责任,《耕地占用税法实施办法》第二条对不同情形下的纳税人做出具体规定。

① 经批准占用耕地的,纳税人为农用地转用审批文件中标明的建设用地人;

② 农用地转用审批文件中未标明建设用地人的,纳税人为用地申请人,其中用地申请人为各级人民政府的,由同级土地储备中心、自然资源主管部门或政府委托的其他部门、单位履行耕地占用税申报纳税义务;

③ 未经批准占用耕地的,纳税人为实际用地人。

(3) 征税范围

耕地占用税的征税范围包括纳税人占用耕地建设建筑物、构筑物或者从事非农业建设的国家所有和集体所有的耕地。所称耕地,是指用于种植农作物的土地,包括菜地、园地。其中,园地包括花圃、苗圃、茶园、果园、桑园和其他种植经济林木的土地。占用鱼塘及其他农用土地建房或从事其他非农业建设,也视同占用耕地,必须依法征收耕地占用税。占用已开发从事种植、养殖的滩涂、草场、水面和林地等从事非农业建设,由省、自治区、直辖市本着有利于保护土地资源和生态平衡的原则,结合具体情况确定是否征收耕地占用税。

① 园地。包括果园、茶园、橡胶园、其他园地。上述其他园地包括种植桑树、可可、咖啡、油棕、胡椒、药材等其他多年生作物的园地。

② 林地。包括乔木林地、竹林地、红树林地、森林沼泽、灌木林地、灌丛沼泽、其他林地,不包括城镇村庄范围内的绿化林木用地,铁路、公路征地范围内的林木用地,以及河流、沟渠的护堤林用地。上述其他林地包括疏林地、未成林地、迹地、苗圃等林地。

③ 草地。包括天然牧草地、沼泽草地、人工牧草地,以及用于农业生产并已由相关行政主管部门发放使用权证的草地。

④ 农田水利用地。包括农田排灌沟渠及相应附属设施用地。

⑤ 养殖水面。包括人工开挖或者天然形成的用于水产养殖的河流水面、湖泊水面、水库水面、坑塘水面及相应附属设施用地。

⑥ 渔业水域滩涂。包括专门用于种植或者养殖水生动植物的海水潮浸地带和滩地,以及用于种植芦苇并定期进行人工养护管理的苇田。

⑦ 直接为农业生产服务的生产设施占用上述农用地的,不征收耕地占用税。直接为农业生产服务的生产设施,是指直接为农业生产服务而建设的建筑物和构筑物。具体包括:储存农用机具和种子、苗木、木材等农业产品的仓储设施;培育、生产种子、种苗的设施;畜禽养殖设施;木材集材道、运材道;农业科研、试验、示范基地;野生动植物保

护、护林、森林病虫害防治、森林防火、木材检疫的设施；专为农业生产服务的灌溉排水、供水、供电、供热、供气、通信基础设施；农业生产者从事农业生产必需的食宿和管理设施；其他直接为农业生产服务的生产设施。

（4）计税依据

耕地占用税以纳税人实际占用的耕地面积为计税依据，按应税土地当地适用税额计税，实行一次性征收。

实际占用的耕地面积，包括经批准占用的耕地面积和未经批准占用的耕地面积。

临时占用耕地，应当依照规定缴纳耕地占用税。纳税人在批准临时占用耕地的期限内恢复所占用耕地原状的，全额退还已经缴纳的耕地占用税。

纳税人临时占用耕地，是指经自然资源主管部门批准，在一般不超过 2 年内临时使用耕地并且没有修建永久性建筑物的行为。依法复垦应由自然资源主管部门会同有关行业管理部门认定并出具验收合格确认书。

耕地占用税的税额规定如下。

① 人均耕地不超过 1 亩的地区（以县、自治县、不设区的市、市辖区为单位，下同），1 亩＝666.67 平方米，每平方米为 10 元至 50 元；

② 人均耕地超过 1 亩但不超过 2 亩的地区，每平方米为 8 元至 40 元；

③ 人均耕地超过 2 亩但不超过 3 亩的地区，每平方米为 6 元至 30 元；

④ 人均耕地超过 3 亩的地区，每平方米为 5 元至 25 元。

各地区耕地占用税的适用税额，由省、自治区、直辖市人民政府根据人均耕地面积和经济发展等情况，在上述规定的税额幅度内提出，报同级人民代表大会常务委员会决定，并报全国人民代表大会常务委员会和国务院备案。各省、自治区、直辖市耕地占用税适用税额的平均水平，不得低于《耕地占用税法》《各省、自治区、直辖市耕地占用税平均税额表》规定的平均税额，见表 10-5。

表 10-5　各省、自治区、直辖市耕地占用税平均税额表

省、自治区、直辖市	平均税额/（元/平方米）
上海	45
北京	40
天津	35
江苏、浙江、福建、广东	30
辽宁、湖北、湖南	25
河北、安徽、江西、山东、河南、重庆、四川	22.5
广西、海南、贵州、云南、陕西	20
山西、吉林、黑龙江	17.5
内蒙古、西藏、甘肃、青海、宁夏、新疆	12.5

在人均耕地低于 0.5 亩的地区，省、自治区、直辖市可以根据当地经济发展情况，适

当提高耕地占用税的适用税额,但提高的部分不得超过《耕地占用税法》第四条第二款确定的适用税额的50％。具体适用税额按照《耕地占用税法》第四条第二款规定的程序确定。

占用基本农田的,应当按照当地适用税额,加按150％征收。

基本农田,是指依据《基本农田保护条例》划定的基本农田保护区范围的耕地。

(5) 应纳税额计算

耕地占用税以纳税人实际占用的应税土地面积为计税依据,以每平方米土地为计税单位,按适用的税额计税。应纳税额为纳税人实际占用的应税土地面积(平方米)乘以适用税额。其计算公式为:

$$应纳税额＝应税土地面积×适用税额$$

加按150％征收耕地占用税的计算公式为:

$$应纳税额＝应税土地面积×适用税额×150％$$

应税土地面积包括经批准占用面积和未经批准占用面积,以平方米为单位。适用税额是指省、自治区、直辖市人民代表大会常务委员会决定的应税土地所在地县级行政区的现行适用税额。

【例10-18】

(1) 甲建筑施工企业新占用30 000平方米耕地用于工业建设,所占耕地适用的定额税率为18元/平方米。计算该企业应纳的耕地占用税。

$$应纳税额＝30\ 000×18＝540\ 000(元)$$

(2) 甲建筑施工企业在郊区设子公司B,经批准共占用耕地20 000平方米,其中1 000平方米修建幼儿园、3 000平方米修建学校(其中教职工宿舍占地800平方米)。两年后,经履行批准手续,该公司将幼儿园迁走,并将其用地改为工业建设用地。当地耕地占用税税额为20元/平方米,两年后耕地占用税税额调整为30元/平方米。该公司在批准占用耕地当时,应缴纳耕地占用税＝[20 000－1 000－(3 000－800)]×20＝336 000(元);两年后,幼儿园土地用途发生改变,不再符合免税条件。该公司应当补缴耕地占用税＝1 000×30＝30 000(元)。

10.4.7 车辆购置税

(1) 车辆购置税概述

车辆购置税是对中华人民共和国境内购置应税车辆的单位和个人征收的一种税。车辆购置税为中央税,专用于国道、省道干线公路建设和支持地方道路建设。

2018年12月29日,第十三届全国人民代表大会常务委员会第七次会议通过《中华人民共和国车辆购置税法》(以下简称《车辆购置税法》),自2019年7月1日起施行。

(2) 纳税人

车辆购置税的纳税人是指在中华人民共和国境内购置汽车、有轨电车、汽车挂车、排气量超过150毫升的摩托车(以下统称应税车辆)的单位和个人。其中购置是指以购买、进口、自产、受赠、获奖或者其他方式取得并自用应税车辆的行为。车辆购置税实行一次性征收。购置已征车辆购置税的车辆,不再征收车辆购置税。

(3) 征收范围

车辆购置税以列举的车辆作为征税对象，未列举的车辆不纳税。其征税范围包括汽车、有轨电车、汽车挂车、排气量超过 150 毫升的摩托车。

地铁、轻轨等城市轨道交通车辆，装载机、平地机、挖掘机、推土机等轮式专用机械车，以及起重机（吊车）、叉车、电动摩托车，不属于应税车辆。

纳税人进口自用应税车辆，是指纳税人直接从境外进口或者委托代理进口自用的应税车辆，不包括在境内购买的进口车辆。

(4) 应纳税额计算

车辆购置税的应纳税额按照应税车辆的计税价格乘以税率计算。计算公式如下：

$$应纳税额 = 计税价格 \times 税率$$

车辆购置税实行统一比例税率，税率为 10%。

《车辆购置税法》规定，应税车辆的计税价格按照下列规定确定。

① 纳税人购买自用应税车辆的计税价格，为纳税人实际支付给销售者的全部价款，不包括增值税税款；纳税人购买自用应税车辆实际支付给销售者的全部价款，依据纳税人购买应税车辆时相关凭证载明的价格确定，不包括增值税税款。

② 纳税人进口自用应税车辆的计税价格，为关税完税价格加上关税和消费税；纳税人进口自用应税车辆，是指纳税人直接从境外进口或者委托代理进口自用的应税车辆，不包括在境内购买的进口车辆。

$$应纳税额 = （关税完税价格 + 关税 + 消费税）\times 税率$$

③ 纳税人自产自用应税车辆的计税价格，按照纳税人生产的同类应税车辆的销售价格确定，不包括增值税税款。

④ 纳税人以受赠、获奖或者其他方式取得自用应税车辆的计税价格，按照购置应税车辆时相关凭证载明的价格确定，不包括增值税税款。

这里所称的购置应税车辆时相关凭证，是指原车辆所有人购置或者以其他方式取得应税车辆时载明价格的凭证。无法提供相关凭证的，参照同类应税车辆市场平均交易价格确定其计税价格。

原车辆所有人为车辆生产或者销售企业，未开具机动车销售统一发票的，按照车辆生产或者销售同类应税车辆的销售价格确定应税车辆的计税价格。无同类应税车辆销售价格的，按照组成计税价格确定应税车辆的计税价格。

纳税人以外汇结算应税车辆价款的，按照申报纳税之日的人民币汇率中间价折合成人民币计算缴纳税款。

⑤ 已经办理免税、减税手续的车辆因转让、改变用途等原因不再属于免税、减税范围的，应纳税额计算公式如下：

$$应纳税额 = 初次办理纳税申报时确定的计税价格 \times (1 - 使用年限 \times 10\%) \times 10\% - 已纳税额$$

应纳税额不得为负数。

发生转让行为的，受让人为车辆购置税纳税人；未发生转让行为的，车辆所有人为车辆购置税纳税人。

纳税义务发生时间为车辆转让或者用途改变等情形发生之日。

10.4.8 车船税

(1) 车船税概述

车船税是以车船为征税对象，向拥有车船的单位和个人征收的一种税。现行车船税法的基本规范，是2019年4月23日第十三届全国人民代表大会常务委员会第十次会议修正的《中华人民共和国车船税法》(以下简称《车船税法》)，以及2019年3月2日国务院修订的《中华人民共和国车船税法实施条例》(以下简称《车船税法实施条例》)。征收车船税，有利于为地方政府筹集财政资金，有利于车船的管理和合理配置，也有利于调节财富差异。

(2) 纳税人

在中华人民共和国境内属于《车船税法》所附《车船税税目税额表》规定的车辆、船舶(以下简称车船)的所有人或者管理人，为车船税的纳税人，应当依法缴纳车船税。

(3) 征税范围

《车船税法》所附《车船税税目税额表》中车辆、船舶的含义如下。

① 乘用车。指在设计和技术特性上主要用于载运乘客及随身行李，核定载客人数包括驾驶员在内不超过9人的汽车。

② 商用车。指除乘用车外，在设计和技术特性上用于载运乘客、货物的汽车，划分为客车和货车。

③ 半挂牵引车。指装备有特殊装置用于牵引半挂车的商用车。

④ 三轮汽车。指最高设计车速不超过每小时50千米，具有三个车轮的货车。

⑤ 低速载货汽车。指以柴油机为动力，最高设计车速不超过每小时70千米，具有四个车轮的货车。

⑥ 挂车。指就其设计和技术特性需由汽车或者拖拉机牵引，才能正常使用的一种无动力的道路车辆。

⑦ 专用作业车。指在其设计和技术特性上用于特殊工作的车辆。

⑧ 轮式专用机械车，是指有特殊结构和专门功能，装有橡胶车轮可以自行行驶，最高设计车速大于每小时20千米的轮式工程机械车。

⑨ 摩托车。指无论采用何种驱动方式，最高设计车速大于每小时50千米，或者使用内燃机，其排量大于50毫升的两轮或者三轮车辆。

⑩ 船舶。指各类机动、非机动船舶以及其他水上移动装置，但是船舶上装备的救生艇筏和长度小于5米的艇筏除外。其中，机动船舶是指用机器推进的船舶；拖船是指专门用于拖(推)动运输船舶的专业作业船舶；非机动驳船，是指在船舶登记管理部门登记为驳船的非机动船舶；游艇是指具备内置机械推进动力装置，长度在90米以下，主要用于游览观光、休闲娱乐、水上体育运动等活动，并应当具有船舶检验证书和适航证书的船舶。

(4) 税目与税率

车船税实行定额税率。定额税率，也称固定税额，是税率的一种特殊形式。定额税率计算简便，是适宜从量计征的税种。车船税的适用税额，依照《车船税法》所附的《车船税税目税额表》执行。

(5) 应纳税额计算

纳税人按照纳税地点所在的省、自治区、直辖市人民政府确定的具体适用税额缴纳车船税。车船税由税务机关负责征收。

$$应纳税额＝（年应纳税额÷12）×应纳税月份数$$

$$应纳税月份数＝12－纳税义务发生时间（取月份）＋1$$

【例10-19】甲建筑施工企业拥有载货汽车40辆（货车整备质量全部为10吨）；乘人大客车30辆；小客车20辆。计算该公司应纳车船税。注：载货汽车年税额80元/吨，乘人大客车每辆年税额800元，小客车每辆年税额700元。

① 载货汽车应纳税额＝40×10×80＝32 000（元）；

② 乘人汽车应纳税额＝30×800＋20×700＝38 000（元）；

③ 全年应纳车船税税额＝32 000＋38 000＝70 000（元）。

10.4.9 印花税

(1) 印花税概述

印花税法，是指国家制定的用以调整印花税征收与缴纳权利及义务关系的法律规范。

印花税是以经济活动和经济交往中，书立、领受应税凭证的行为为征税对象征收的一种税。印花税因其采用在应税凭证上粘贴印花税票的方法缴纳税款而得名。征收印花税有利于增加财政收入、有利于配合和加强经济合同的监督管理、有利于培养纳税意识，也有利于配合对其他应纳税种的监督管理。

(2) 纳税人

印花税的纳税义务人，是指在中华人民共和国境内书立应税凭证、进行证券交易的单位和个人。在中华人民共和国境外书立在境内使用的应税凭证的单位和个人，应当依法缴纳印花税。

应税凭证，是指《印花税法》所附《印花税税目税率表》列明的合同、产权转移书据和营业账簿。证券交易，是指转让在依法设立的证券交易所、国务院批准的其他全国性证券交易场所交易的股票和以股票为基础的存托凭证。

1) 纳税人

书立应税凭证的纳税人，为对应税凭证有直接权利义务关系的单位和个人。

采用委托贷款方式书立的借款合同纳税人，为受托人和借款人，不包括委托人。

按买卖合同或者产权转移书据税目缴纳印花税的拍卖成交确认书纳税人，为拍卖标的的产权人和买受人，不包括拍卖人。

证券交易印花税对证券交易的出让方征收，不对受让方征收。

2) 在中华人民共和国境外书立在境内使用的应税凭证

在中华人民共和国境外书立在境内使用的应税凭证，应当按规定缴纳印花税。包括以下几种情形：

① 应税凭证的标的为不动产的，该不动产在境内；

② 应税凭证的标的为股权的，该股权为中国居民企业的股权；

③ 应税凭证的标的为动产或者商标专用权、著作权、专利权、专有技术使用权的，其销售方或者购买方在境内，但不包括境外单位或者个人向境内单位或者个人销售完全在

境外使用的动产或者商标专用权、著作权、专利权、专有技术使用权；

④ 应税凭证的标的为服务的，其提供方或者接受方在境内，但不包括境外单位或者个人向境内单位或者个人提供完全在境外发生的服务。

（3）征税范围及税率

印花税采用列举法，列入税目的就要征税，未列入税目的就不征税。印花税共有4个税目，具体情况如表10-6所列。

表10-6 印花税税目税率表

	税目	税率	备注
合同（指书面合同）	借款合同	借款金额的万分之零点五	银行业金融机构、经国务院银行业监督管理机构批准设立的其他金融机构与借款人（不包括同业拆借）的借款合同
	融资租赁合同	租金的万分之零点五	
	买卖合同	价款的万分之三	指动产买卖合同（不包含个人书立的动产买卖合同）
	承揽合同	报酬的万分之三	
	建设工程合同	价款的万分之三	
	运输合同	运输费用的万分之三	指货运合同和多式联运合同（不包括管道运输合同）
	技术合同	价款、报酬或者使用费的万分之三	不包括专利权、专有技术使用权转让书据
	租赁合同	租金的十分之一	
	保管合同	保管费的千分之一	
	仓储合同	仓储费的千分之一	
	财产保险合同	保险费的千分之一	不包括再保险合同
产权转移书据	土地使用权出让书据	价款的万分之五	转让包括买卖（出售）、继承、赠与、互换、分割
	土地使用权、房屋等建筑物和构筑物所有权转让书据（不包括土地承包经营权和土地经营权转移）	价款的万分之五	
	股权转让书据（不包括应缴纳证券交易印花税的）	价款的万分之五	
	商标专用权、著作权、专利权、专有技术使用权转让书据	价款的万分之三	
营业账簿		实收资本（股本）、资本公积合计金额的万分之二点五	
证券交易		成交金额的千分之一	

（4）应纳税额计算

1）印花税的应纳税额按照计税依据乘以适用税率计算。

$$应纳税额 = 计税依据 \times 适用税率$$

2）计税依据一般规定如下：

① 应税合同的计税依据，为合同所列的金额，不包括列明的增值税税款；

② 应税产权转移书据的计税依据，为产权转移书据所列的金额，不包括列明的增值税税款；

③ 应税营业账簿的计税依据，为账簿记载的实收资本（股本）、资本公积合计金额；

④ 证券交易的计税依据，为成交金额。

【例10-20】甲建筑施工企业某年1月开业，当年发生以下有关业务事项：与其他企业订立转移专用技术使用权书据1份，所载不含增值税金额200万元；订立产品购销合同1份，所载不含增值税金额300万元；与银行订立借款合同1份，所载不含增值税金额500万元。计算该企业上述内容应缴纳的印花税税额。

① 企业订立产权转移书据应纳税额：应纳税额＝2 000 000×0.3‰＝600（元）；

② 企业订立购销合同应纳税额：应纳税额＝3 000 000×0.3‰＝900（元）；

③ 企业订立借款合同应纳税额：应纳税额＝5 000 000×0.05‰＝250（元）；

④ 当年企业应纳印花税税额：应纳印花税税额＝600＋900＋250＝1 750（元）。

第 11 章 财务报告

11.1 财务报告概述

11.1.1 财务报告的含义和构成

(1) 财务报告的含义

财务报告是企业对外提供的反映企业某一特定日期的财务状况和某一会计期间的经营成果、现金流量等会计信息的文件。财务报告至少包括以下几层含义。

① 财务报告是对外报告，其服务对象主要是投资者、债权人等外部使用者，专门为了满足内部管理需要的报告不属于财务报告的范畴；

② 财务报告应当综合反映企业的生产经营状况，包括某一时点的财务状况和某一时期的经营成果与现金流量等信息，以勾画出企业经济活动的整体和全貌；

③ 财务报告必须形成系统的文件，不应是零星的或者不完整的信息。

(2) 财务报告的构成

财务报告包括财务报表和其他应当在财务报告中披露的相关信息和资料。其中，财务报表由报表本身及其附注两部分构成。报表至少应当包括资产负债表、利润表、现金流量表和所有者权益（或股东权益，下同）变动表，附注是财务报表的有机组成部分。

1) 资产负债表

资产负债表指反映企业在某一特定日期（月末、季末、半年末、年末）的财务状况的静态会计报表。企业编制资产负债表的目的是通过如实反映资产、负债和所有者权益金额及结构情况，帮助报表使用者评价企业资产的质量以及偿债能力等，进而预测企业未来财务状况的变动趋势。

2) 利润表

利润表指反映企业在一定会计期间经营成果的动态会计报表。例如，20××年度利润表，就是反映从20××年1月1日到12月31日这一整年的经营成果的报表。企业编制利润表的目的是通过如实反映企业实现的收入情况（包括实现的营业收入、其他收益、投资收益、营业外收入等)、耗费情况(包括营业成本、税金及附加、期间费用、营业外支出等)体现企业经营活动的成果,即净利润的实现情况,帮助报表使用者分析评价企业的利润构成、盈利能力和利润质量,判断企业未来的发展趋势,进而做出经济决策。

3) 现金流量表

现金流量表指反映企业在一定会计期间的现金和现金等价物流入和流出的会计报表。企业编制现金流量表的目的是如实反映企业各项活动的现金流入和现金流出,帮助报表使用者评价企业财务活动中所形成的现金流量和资金周转情况,评价企业偿还债务、进行投资的能力,分析净利润与现金流量之间的差异,并解释差异产生的原因,进而判断企业未来产生现金净流量的能力。

4) 所有者权益变动表

所有者权益变动表指反映企业在一定会计期间所有者权益变动情况的会计报表。企业编制所有者权益变动表的目的是全面反映构成所有者权益的各组成部分当期的增减变动情况,帮助报表使用者深入系统地掌握企业所有者权益变化的原因,据以判断企业资本保值增值情况。

5) 附注

附注指对在会计报表中列示项目所做的进一步说明,以及对未能在这些报表中列示项目的说明等。附注由若干附表和对有关项目的文字性说明组成。企业编制附注的目的是通过对财务报表本身作补充说明,更加全面、系统地反映企业财务状况、经营成果和现金流量的全貌,从而有助于向使用者提供更为有用的决策信息,使之做出更加科学合理的决策。

可见,财务报表是财务报告的核心内容,但是除了财务报表之外,财务报告还应当包括其他相关信息,具体可以根据有关法律法规的规定和外部使用者的信息需求而定。如企业可以在财务报告中披露其承担的社会责任、对社区的贡献、可持续发展能力等与使用者的决策密切相关的信息。

11.1.2 财务报表列报

财务报表是对企业财务状况、经营成果和现金流量的结构性表述,是会计要素确认、计量的结果和综合性描述。

(1) 财务报表的构成、列报及分类

企业在生产经营过程中通过应用《企业会计准则》实现发展战略,需要通过一套完整的结构化的报表体系,科学地进行列报。

1) 财务报表的构成及列报

为了达到财务报表对决策有用和评价企业管理层受托责任的目标,一套完整的财务报表至少应当包括"四表一注",即资产负债表、利润表、现金流量表、所有者权益变动表以及附注。

列报指交易和事项在报表中的列示和在附注中的披露。在财务报表的列报中,"列示"通常反映资产负债表、利润表、现金流量表和所有者权益变动表等报表中的信息,"披露"通常反映附注中的信息。建筑施工企业应按照《企业会计准则第 30 号——财务报表列报》

的要求，进行财务报表列报，以保证同一企业不同期间和同一期间不同企业的财务报表之间相互可比。

2）财务报表的分类

作为财务报告核心部分的财务报表，按照不同的标准可以做以下分类。

① 按编报期间不同的分类。财务报表按编报期间的不同，可以分为中期财务报表和年度财务报表。

中期财务报表指以短于一个完整会计年度的报告期间为基础编制的财务报表，包括月报、季报和半年报等。中期财务报表至少应当包括资产负债表、利润表、现金流量表和附注，其中，中期资产负债表、利润表和现金流量表应当是完整报表，其格式和内容应当与年度财务报表相一致。与年度财务报表相比，中期财务报表中的附注披露可适当简略。建筑施工企业编制中期财务报告，应遵循《企业会计准则第32号——中期财务报告》的规范。

年度财务报表指企业对外提供的反映企业一个完整会计年度财务状况、经营成果和现金流量信息的报表。

② 按列报主体不同的分类。财务报表按列报主体的不同，可以分为个别财务报表和合并财务报表。

个别财务报表指由企业在自身会计核算基础上对账簿记录进行加工而编制的财务报表，主要反映企业自身的财务状况、经营成果和现金流量情况。

合并财务报表指以母公司和子公司组成的企业集团为会计主体，根据母公司和所属子公司的财务报表，由母公司编制的综合反映企业集团财务状况、经营成果及现金流量的财务报表。

③ 按反映的经济内容不同的分类。财务报表按反映的经济内容的不同，可以分为反映财务状况的报表、反映经营成果的报表、反映现金流量状况的报表以及反映所有者权益各组成部分当期变动情况的报表。

反映财务状况的报表指资产负债表及其附表；反映经营成果的报表指利润表及其附表；反映现金流量状况的报表指现金流量表及其附表；反映所有者权益各组成部分当期变动情况的报表指所有权益变动表及其附表。

④ 按财务报表服务对象不同的分类。财务报表按其服务对象的不同，可以分为对内报表和对外报表。

对内报表，指根据企业内部管理需要编制的，以满足企业战略实现为目标，以决策和控制为核心提供具有相关性、可靠性和可比性信息保证的文件，主要包括经营决策报表、成本报表和附表、预算报表、业绩考评报表等。对外报表指企业对外报送的财务报表。

(2) 财务报表列报的基本要求

1）依据各项《企业会计准则》进行确认和计量的结果编制财务报表

企业应当根据实际发生的交易和事项，遵循各项具体《企业会计准则》的规定进行确认和计量，并在此基础上编制财务报表。企业应当在附注中对遵循《企业会计准则》编制的财务报表情况做出声明，只有遵循了《企业会计准则》的所有规定时，财务报表才应当被称为遵循了《企业会计准则》。

企业不应以在附注中披露代替对交易和事项的确认和计量。也就是说，企业采用的不恰当的会计政策，不得通过在附注中披露等其他形式予以更正，企业应当对交易和事项进行正确的确认和计量。

2）财务报表的列报基础

持续经营是会计的基本前提，是会计确认、计量及编制财务报表的基础。《企业会计准则》规范的是持续经营条件下企业对所发生交易和事项的确认、计量及报表列报；相反，如果企业出现了非持续经营，致使以持续经营为基础编制财务报表不再合理的，企业应当采用其他基础编制财务报表。

在编制财务报表过程中，管理层应当对企业持续经营的能力进行评价，需要考虑的因素包括市场经营风险、企业目前或长期的盈利能力、偿债能力、财务弹性以及管理层改变经营政策的意向等。评价后对企业持续经营的能力产生严重怀疑的，应当在附注中披露导致对持续经营能力产生重大怀疑的重要的不确定因素。

非持续经营是企业在极端情况下出现的一种现象。非持续经营往往取决于企业所处的环境以及管理部门的判断。一般而言，如果企业存在以下情况之一的，通常表明其处于非持续经营状态。

① 企业已在当期进行清算或停止营业；
② 企业已经正式决定在下一个会计期间进行清算或停止营业；
③ 企业已确定在当期或下一个会计期间没有其他可供选择的方案而将被迫进行清算或停止营业。

企业处于非持续经营状态时，应当采用其他基础编制财务报表，比如破产企业的资产采用可变现净值计量、负债按照其预计的结算金额计量等。由于企业在持续经营和非持续经营环境下采用的会计计量基础不同，产生的经营成果和财务状况不同，因此在附注中披露非持续经营信息对报表使用者而言非常重要。在非持续经营情况下，企业应当在附注中声明财务报表未以持续经营为基础列报，披露未以持续经营为基础的原因以及财务报表的编制基础。

3）重要性和项目列报

财务报表是通过对大量的交易或其他事项进行处理而生成的，这些交易或其他事项按其性质或功能汇总归类而形成财务报表中的项目。关于项目在财务报表中是单独列报还是合并列报，应当依据重要性原则判断。总的原则是，如果某项目单个看不具有重要性，则可与其他项目合并列报；如具有重要性，则应当单独列报。具体而言，应当遵循以下几点。

① 性质或功能不同的项目，一般应当在财务报表中单独列报，但是不具有重要性的项目可以合并列报。如存货和固定资产在性质和功能上都有本质差别，必须分别在资产负债表上单独列报。

② 性质或功能类似的项目，一般可以合并列报，但对具有重要性的类别应单独列报。如原材料、周转材料等项目在性质上类似，均通过生产过程形成企业的产品存货，因此可以合并列报，合并之后的类别统称为"存货"，在资产负债表上单独列报。

③ 项目单独列报的原则不仅适用于报表，还适用于附注。某些项目的重要性程度不足以在资产负债表、利润表、现金流量表或所有者权益变动表中单独列示，但是可能对附注而言却具有重要性，在这种情况下应当在附注中单独披露。对建筑施工企业而言，原材

料、周转材料、在建施工产品、施工产品等项目的重要性程度不足以在资产负债表上单独列示，因此在资产负债表上合并列示，但鉴于对建筑施工企业的重要性，应当在附注中单独披露。

④ 无论是《企业会计准则第 30 号——财务报表列报》规定的单独列报项目，还是其他具体《企业会计准则》规定单独列报的项目，企业都应当予以单独列报。

重要性是判断项目是否单独列报的重要标准。《企业会计准则》首次对重要性进行了定义，即如果财务报表某项目的省略或错报会影响使用者据此做出经济决策的，则该项目就具有重要性。企业在进行重要性判断时，应当根据所处环境，从项目的性质和金额大小两方面予以判断：一方面，应当考虑该项目的性质是否属于企业日常活动、是否对企业的财务状况和经营成果具有较大影响等因素；另一方面，判断项目金额大小的重要性，应当通过单项金额占资产总额、负债总额、所有者权益总额、营业收入总额、净利润等直接相关项目金额的比重加以确定。

4）财务报表列报的一致性

可比性是会计信息质量的一项重要质量要求，目的是使同一企业不同期间和同一期间不同企业的财务报表相互可比。为此，财务报表项目的列报应当在各个会计期间保持一致，不得随意变更，这一要求不仅针对财务报表中的项目名称，还包括财务报表项目的分类、排列顺序等方面。

当《企业会计准则》要求改变，或企业经营业务的性质发生重大变化后，变更财务报表项目的列报能够提供更可靠、更相关的会计信息时，财务报表项目的列报可以改变。

5）财务报表项目金额间的相互抵销

财务报表项目应当以总额列报，资产和负债、收入和费用不能相互抵销，即不得以净额列报，但《企业会计准则》另有规定的除外。因为如果相互抵销，所提供的信息就不完整，信息的可比性大为降低，难以在同一企业不同期间以及同一期间不同企业的财务报表之间实现相互可比，报表使用者难以据以做出判断。如企业欠客户的应付款不得与其他客户欠本企业的应收款相抵销，如果相互抵销就掩盖了交易的实质。再如，收入和费用反映了企业投入和产出之间的关系，是企业经营成果的两个方面，为了更好地反映经济交易的实质，考核企业经营管理水平以及预测企业的未来现金流量，收入和费用不得相互抵销。以下两种情况不属于抵销，可以以净额列示。

① 资产计提的减值准备。实质上意味着资产的价值确实发生了减损，资产项目应当按扣除减值准备后的净额列示，这样才能够反映资产当时的真实价值，并不属于上面所述的抵销。

② 非日常活动产生的损益。非日常活动并非企业主要的业务，且具有偶然性。从重要性来讲，非日常活动产生的损益以收入和费用抵销后的净额列示，对公允地反映企业财务状况和经营成果影响不大，抵销后反而更有利于报表使用者理解。因此，非日常活动产生的损益应当以同一交易形成的收入扣减费用后的净额列示，不属于抵销。如非流动资产处置形成的利得和损失，应按处置收入扣除该资产的账面金额和相关销售费用后的余额列示。

6）比较信息的列报

企业在列报当期财务报表时，至少应当提供所有列报项目上一可比会计期间的比较数据，以及与理解当期财务报表相关的说明，目的是向报表使用者提供对比数据，提高信息在会计期间的可比性，以反映企业财务状况、经营成果和现金流量的发展趋势，提高报表使用者的判断与决策能力。

财务报表的列报项目名称和内容发生变更的，应当对可比期间的比较数据按照当期的列报要求进行调整，相关准则有特殊规定的除外。并在附注中披露调整的原因和性质，以及调整的各项目金额。但在某些情况下，对上期比较数据进行调整不切实可行的，则应当在附注中披露不能调整的原因。

7) 财务报表表首的列报要求

财务报表一般分为表首、正表两部分。其中，在表首部分企业应当概括地说明下列基本信息。

① 编报企业的名称。如果企业名称在所属当期发生了变更，还应明确标明。

② 对资产负债表而言，须披露资产负债表日；对利润表、现金流量表、所有者权益变动表而言，须披露报表涵盖的会计期间。

③ 货币名称和单位。按照我国《企业会计准则》的规定，企业应当以人民币作为记账本位币列报，并标明金额单位，如人民币元、人民币万元等。

④ 财务报表是合并财务报表的，应当予以标明。

8) 报告期间

企业至少应当编制年度财务报表。根据《中华人民共和国会计法》的规定，会计年度自公历1月1日起至12月31日止。因此，在编制年度财务报表时，可能存在年度财务报表涵盖的期间短于一年的情况，比如企业在年度中间（如3月1日）开始设立等，在这种情况下，企业应当披露年度财务报表的实际涵盖期间及其短于一年的原因，并应当说明由此引起财务报表项目与比较数据不具可比性这一事实。

通常，建筑施工企业月度财务报告应当于月度终了后6天内（节假日顺延，下同）对外提供；季度财务报告应当于季度终了后15天内对外提供；半年度中期财务报告应当于年度中期结束后60天内（相当于两个连续的月份）对外提供；年度财务报告应当于年度终了后4个月内对外提供。

11.2 资产负债表

11.2.1 资产负债表的含义及作用

资产负债表是反映建筑施工企业在某一特定日期财务状况的报表。资产负债表按月报送，一般反映的是企业月末、季末、半年末、年末的财务状况。资产负债表以"资产=负债+所有者权益"这一会计等式为依据，按照一定的分类标准和次序，把企业在某一特定日期的资产、负债和所有者权益项目予以适当排列，并对日常工作中形成的大量数据进行汇总整理后编制而成。其作用主要表现在以下几个方面。

（1）表明企业拥有或控制的资源及其分布情况

资产负债表能够提供建筑施工企业在某一特定日期所拥有的资产总额及其结构，使用者可以一目了然地从资产负债表上了解企业在某一特定日期所拥有的资产总量及其分布状况。

(2) 表明企业所负担的债务总额及其结构

资产负债表能够提供建筑施工企业在某一特定日期所负担的债务总额及其结构，表明企业未来需要用多少资产或劳务清偿债务及清偿时间，进而了解企业偿还债务的能力。

(3) 表明企业所拥有净资产的数额及其结构

资产负债表能够表明建筑施工企业在某一特定日期所拥有净资产的数额及所有者权益的构成，据以判断企业资本保值、增值的情况以及对负债的保障程度。

(4) 表明企业资产总额和权益总额的对应关系

资产负债表能够反映建筑施工企业在某一特定日期的资产总额和权益总额，从企业资产总量方面反映企业的财务状况，进而分析、评价企业未来的发展趋势。

11.2.2 资产负债表的列报

(1) 资产负债表列报的总体要求

1) 分类别列报

资产负债表列报最根本的目标就是如实反映企业在资产负债表日所拥有的资源、所承担的负债以及拥有的所有者所权益。因此，资产负债表应当按照资产、负债和所有者权益三大类别分类列报。

2) 资产和负债按流动性列报

资产和负债应当按照流动性分为流动资产和非流动资产、流动负债和非流动负债并分别列示。流动性，通常按资产的变现或耗用时间长短或者负债的偿还时间长短来确定。按照《企业会计准则第 30 号——财务报表列报》的规定，应先列报流动性强的资产或负债，再列报流动性弱的资产或负债。

3) 列报相关的合计、总计项目

资产负债表中的资产类至少应当列示流动资产和非流动资产的合计项目；负债类至少应当列示流动负债、非流动负债以及负债的合计项目；所有者权益类应当列示所有者权益的合计项目。

资产负债表把企业在特定时日所拥有的经济资源和与之相对应的企业所承担的债务以及所有者的权益充分反映出来。因此，资产负债表分别列示资产总计项目、负债和所有者权益之和（即权益）总计项目，且二者金额相等。

(2) 资产负债表的分项列报

1) 资产的列报

资产负债表中的资产应当按照流动资产和非流动资产两大类别进行列示，在流动资产和非流动资产类别下进一步按性质分项列示。

① 流动资产和非流动资产的划分。资产满足下列条件之一的，应当归类为流动资产。

第一，预计在一个正常营业周期中变现、出售或耗用。主要包括存货、应收账款等资产。其中，变现一般针对应收账款等而言，指将资产变为现金；出售一般针对产品等存货而言；耗用一般指将存货（如原材料）转变成另一种形态（如建筑施工企业产品）。

第二，主要为交易目的而持有。主要指根据《企业会计准则第 22 号——金融工具确认和计量》划分的交易性金融资产。但并非所有的交易性金融资产均为流动资产，如自资产负债表日起超过 12 个月到期且预期持有超过 12 个月的衍生工具应当划分为非流动资产或者非流动负债。

第三，流动资产的变现时间。流动资产预计在资产负债表日起一年内（含一年）变现。

第四，在资产负债表日起一年内，交换其他资产或清偿负债的能力不受限制的现金或现金等价物。在实务中存在用途受到限制的现金或现金等价物，如用途受到限制的信用证存款、汇票存款、技改资金存款等，这类现金或现金等价物如果作为流动资产列报，可能高估了流动资产金额，从而高估流动比率等财务指标，将影响使用者的决策。

同时，流动资产以外的资产应当划分为非流动资产。

② 正常营业周期。值得注意的是，判断流动资产、流动负债时所称的正常营业周期，是指企业从购买用于加工的资产起至实现现金或现金等价物的期间。

正常营业周期通常短于一年，在一年内有几个营业周期。但是，也存在正常营业周期长于一年的情况，如建筑施工企业承建的大型工程，从购买原材料进入施工生产，到建造产品移交客户并收回现金或现金等价物的过程，往往超过一年，尽管与施工生产循环相关的产品、应收账款、原材料等超过一年才能变现、出售或耗用，仍应作为流动资产列示。

当正常营业周期不能确定时，应当以一年（12 个月）作为正常营业周期。

2) 负债的列报

资产负债表中的负债应当按照流动负债和非流动负债进行列示，在流动负债和非流动负债类别下再进一步按性质分项列示。

流动负债的判断标准与流动资产相类似。负债满足下列条件之一的，应当归类为流动负债：

第一，预计在一个正常的营业周期中清偿；

第二，主要为交易目的而持有；

第三，自资产负债表日起一年内到期应予以清偿；

第四，企业无权自主地将清偿推迟至资产负债表日后一年以上。

值得注意的是，有些流动负债，如应付账款、应付职工薪酬等，属于企业正常营业周期中使用的营运资金的一部分。尽管这些经营性项目有时在资产负债表日后超过一年才到期清偿，但仍应将它们划分为流动负债。同时，流动负债以外的负债应当划分为非流动负债。

3) 所有者权益的列报

资产负债表中的所有者权益一般按照净资产的不同来源和特定用途进行分类，具体应当按照实收资本（或股本）、其他权益工具、资本公积、其他综合收益、盈余公积、未分配利润等项目分项列示。

11.2.3 企业资产负债表的列报格式

(1) 资产负债表正表的列报格式

资产负债表正表的列报格式一般有两种，即报告式资产负债表和账户式资产负债表。

报告式资产负债表是上下结构，上半部列示资产，下半部列示负债和所有者权益。具体排列形式又有两种：一是按"资产＝负债＋所有者权益"的原理排列；二是按"资产－负债＝所有者权益"的原理排列。账户式资产负债表是左右结构，左边列示资产，右边列示负债和所有者权益。根据《企业会计准则第 30 号——财务报表列报》的规定，资产负债表采用账户式的格式，即左侧列报资产方；右侧列报负债方和所有者权益方。账户式资产负债表中的资产各项目的合计等于负债和所有者权益各项目的合计，即资产负债表左方和右方平衡。因此，账户式资产负债表可以反映资产、负债、所有者权益之间的内在关系，即"资产＝负债＋所有者权益"或"资产＝权益"。

（2）列示资产负债表的比较信息

根据《企业会计准则第 30 号——财务报表列报》的规定，企业需要提供比较资产负债表，以便报表使用者通过比较不同时点资产负债表的数据，掌握企业财务状况的变动情况及发展趋势。所以，资产负债表还就各项目再分为"年初余额"和"期末余额"两栏分别填列。甲建筑施工企业资产负债表的格式见表 11-1。

表 11-1 资产负债表

会企 01 表

编制单位：甲建筑施工企业　　20××年 12 月 31 日　　单位：人民币千元

资产	期末余额	年初余额	负债和股东权益	期末余额	年初余额
流动资产：			流动负债：		
货币资金	20 029 597	22 054 786	短期借款	20 917 854	30 947 377
其中：存放财务公司款项	3 759 894	5 722 693	应付账款	55 843 707	48 935 866
应收票据	23 376	164 340	合同负债	11 634 516	12 400 313
应收账款	24 745 860	25 073 418	应付职工薪酬	414 569	359 814
应收款项融资	65 550	12 000	应交税费	2 722 102	3 020 084
预付款项	7 408 728	6 381 174	其他应付款	46 957 924	45 350 607
其他应收款	24 582 358	19 783 629	一年内到期的非流动负债	17 305 991	7 941 396
存货	132 987	126 677	其他流动负债	3 951 737	3 623 984
合同资产	14 514 926	11 932 569	流动负债合计	159 748 400	152 579 441
持有待售资产	1 818 947	1 373 488			
其他流动资产	4 688 909	4 007 670	非流动负债：		
流动资产合计	98 011 238	90 909 751	长期借款	19 610 000	2 861 000
			应付债券	—	9 994 870
非流动资产：			租赁负债	558 645	286 967
债权投资	9 170 625	5 916 668	长期应付款	9 598 952	9 734 635

续表

资产	期末余额	年初余额	负债和股东权益	期末余额	年初余额
长期应收款	653 489	22 537	长期应付职工薪酬	113 510	129 050
长期股权投资	216 923 658	205 860 857	预计负债	15 965	26 621
其他权益工具投资	620 008	1 353 916	递延收益	2 354	2 452
其他非流动金融资产	282 427	305 804	非流动负债合计	29 899 426	23 035 595
投资性房地产	487 913	512 764	负债合计	189 647 826	175 615 036
固定资产	1 005 720	962 829	股东权益：		
在建工程	98 486	188 792	股本	41 934 433	41 948 168
使用权资产	656 546	403 122	其他权益工具	10 000 000	10 000 000
无形资产	116 030	115 395	其中：永续债	10 000 000	10 000 000
长期待摊费用	50 000	35 867	资本公积	30 538 929	29 824 590
递延所得税资产	1 625 028	1 244 055	减：库存股	(1 880 038)	(3 485 347)
其他非流动资产	6 167 158	6 886 085	其他综合收益	(228 173)	(693 172)
非流动资产合计	237 857 088	223 808 691	专项储备	35 061	—
			盈余公积	14 349 125	12 843 667
			未分配利润	51 471 163	48 665 500
			股东权益合计	146 220 500	139 103 406
资产总计	335 868 326	314 718 442	负债和股东权益总计	335 868 326	314 718 442

11.2.4 资产负债表的列报方法

（1）资产负债表"上年年末余额"栏的填列方法

资产负债表中的"上年年末余额"栏内各项数字，通常应根据上年年末有关项目的期末余额填列，且与上年年末资产负债表"期末余额"栏相一致。企业在首次执行《企业会计准则》当年对"上年年末余额"栏及相关项目进行调整；以后期间，如果企业发生了会计政策变更、前期差错更正，应当对"上年年末余额"栏中的有关项目进行相应调整。此外，如果企业上年度资产负债表规定的项目名称和内容与本年度不一致，应当对上年年末资产负债表相关项目的名称和数字按照本年度的规定进行调整，填入"上年年末余额"栏。

（2）资产负债表"期末余额"栏的填列方法

资产负债表中"期末余额"栏内各项数字，应根据报告期末资产、负债和所有者权益账户的余额资料填列。有些项目可根据总账账户余额直接填列；有些项目可根据总账账户余额计算填列；有些项目可根据明细账户的余额计算填列；有些项目可根据总账账户和明细账户余额分析计算填列；有些项目可根据有关账户余额减去其备抵账户余额后的净额填列等。其具体填列方法如下。

1) 资产项目的列报

① "货币资金"项目。反映企业库存现金、银行结算户存款、外埠存款、银行汇票存款、银行本票存款、信用卡存款、信用证保证金存款等的合计数。本项目应根据"库存现金""银行存款""其他货币资金"账户期末余额的合计数填列。

② "交易性金融资产"项目。反映企业分类为以公允价值计量且其变动计入当期损益的金融资产，以及企业持有的直接指定为以公允价值计量且其变动计入当期损益的金融资产的期末账面价值。本项目应根据"交易性金融资产"账户的相关明细账户期末余额分析填列。

③ "衍生金融资产"项目。反映衍生金融工具的资产价值。本项目应根据"衍生金融资产"账户的期末余额填列。

④ "应收票据"项目。反映资产负债表日以摊余成本计量的，企业因销售商品、提供服务等收到的商业汇票的期末账面价值，包括银行承兑汇票和商业承兑汇票。该项目应根据"应收票据"账户的期末余额，减去"坏账准备"账户中相关坏账准备期末余额后的金额分析填列。

⑤ "应收账款"项目。反映资产负债表日以摊余成本计量的，企业因销售商品、提供服务等经营活动应收取款项的期末账面价值。该项目应根据"应收账款"账户的期末余额，减去"坏账准备"账户中相关坏账准备期末余额后的金额分析填列。

⑥ "应收款项融资"项目。反映资产负债表日以公允价值计量且其变动计入其他综合收益的应收票据和应收账款等。该项目应根据"应收账款""应收票据"账户的期末余额，减去"坏账准备"账户中相关坏账准备期末余额后的金额分析填列。其中，应收票据具体还应依据银行信用级别等相关信息填列。

⑦ "预付款项"项目。反映企业预付给承包单位的款项和预付给供应单位款项的期末账面价值。本项目应根据"预付账款"和"应付账款"账户所属各明细账户的期末借方余额合计数，减去"坏账准备"账户中有关预付款项计提的坏账准备期末余额后的金额填列。如"预付账款"账户所属各明细账户期末有贷方余额的，应在资产负债表"应付票据""应付账款"项目内填列。

⑧ "其他应收款"项目。应根据"应收利息""应收股利""其他应收款"账户的期末余额合计数，减去"坏账准备"账户中相关坏账准备期末余额后的金额填列。其中的"应收利息"仅反映相关金融工具已到期可收取但于资产负债表日尚未收到的利息。基于实际利率法计提的金融工具的利息应包含在相应金融工具的账面余额中。

⑨ "存货"项目。反映企业期末在库、在途和在加工中的各种存货的可变现净值。本项目应根据"材料采购""原材料""周转材料""委托加工物资""材料成本差异""合同履约成本"等账户的期末余额合计，减去"存货跌价准备""合同履约成本减值准备"账户期末余额后的金额填列。材料采用计划成本法核算的企业，还应按加或减材料成本差异后的金额填列。

⑩ "合同资产"项目。反映企业已向客户转让商品而有权收取对价的权利的价值，且

该权利取决于时间流逝之外的其他因素。本项目应分别根据"合同资产"账户期末余额、"合同结算"账户的相关明细账户期末借方余额分析填列；同一合同下的合同资产应当以净额列示，其中净额为借方余额的，应当根据其流动性在"合同资产"项目中填列，已计提减值准备的，还应减去"合同资产减值准备"账户中相关的期末余额后的金额填列。

⑪"持有待售资产"项目。反映企业划分为持有待售类别的非流动资产及划分为持有待售类别的处置组中的流动资产和非流动资产的期末账面价值。本项目应根据"持有待售资产"账户的期末余额，减去"持有待售资产减值准备"账户的期末余额后的金额填列。

⑫"一年内到期的非流动资产"项目。通常反映预计自资产负债表日起一年内变现的非流动资产的期末账面价值。对于按照相关《企业会计准则》采用折旧（或摊销、折耗）方法进行后续计量的固定资产、使用权资产、无形资产和长期待摊费用等非流动资产，折旧（或摊销、折耗）年限（或期限）只剩一年或不足一年的，或预计在一年内（含一年）进行折旧（或摊销）的部分，不得归类为流动资产，仍在各该非流动资产项目中填列，不转入"一年内到期的非流动资产"项目。

⑬"其他流动资产"项目。反映企业除货币资金、交易性金融资产、应收票据、应收账款及存货等流动资产以外的其他流动资产的期末账面价值。本项目应根据有关账户的期末余额填列。

⑭"债权投资"项目。反映企业以摊余成本计量的长期债权投资的期末账面价值。本项目应根据"债权投资"账户的相关明细账户期末余额，减去"债权投资减值准备"账户中相关减值准备的期末余额后的金额分析填列。自资产负债表日起一年内到期的长期债权投资的期末账面价值，在"一年内到期的非流动资产"项目反映。企业购入的以摊余成本计量的一年内到期的债权投资的期末账面价值，在"其他流动资产"项目反映。

⑮"其他债权投资"项目。反映企业分类为以公允价值计量且其变动计入其他综合收益的长期债权投资的期末账面价值。本项目应根据"其他债权投资"账户的相关明细账户期末余额分析填列。自资产负债表日起一年内到期的长期债权投资的期末账面价值，在"一年内到期的非流动资产"项目反映。企业购入的以公允价值计量且其变动计入其他综合收益的一年内到期的债权投资的期末账面价值，在"其他流动资产"项目反映。

⑯"长期应收款"项目。反映企业融资租赁产生的应收款项、采用递延方式具有融资性质的销售商品和提供劳务等产生的长期应收款项的期末账面价值。本项目应根据"长期应收款"账户的期末余额，减去相应的"未实现融资收益"账户和"坏账准备"账户所属相关明细账户期末余额后的金额填列。

⑰"长期股权投资"项目。反映企业持有的对子公司、联营企业和合营企业的长期股权投资的期末账面价值。本项目应根据"长期股权投资"账户的期末余额，减去"长期股权投资减值准备"账户期末余额后的金额填列。

⑱"其他权益工具投资"项目。反映企业指定为以公允价值计量且其变动计入其他综合收益的非交易性权益工具投资的期末账面价值。本项目应根据"其他权益工具投资"账户的期末余额填列。

⑲"其他非流动金融资产"项目。反映企业自资产负债表日起超过一年到期且预期持有超过一年的以公允价值计量且其变动计入当期损益的非流动金融资产的期末账面价值。本项目应根据"交易性金融资产"账户的发生额分析填列。

⑳"投资性房地产"项目。反映企业持有的投资性房地产的期末账面价值。企业投资性房地产采用成本模式计量时，本项目应根据"投资性房地产"账户的期末余额，减去"投资性房地产累计折旧（摊销）"和"投资性房地产减值准备"账户期末余额后的金额填列；企业采用公允价值模式计量时，本项目应根据"投资性房地产"账户的期末余额填列。

㉑"固定资产"项目。反映企业各项固定资产的期末账面价值。本项目应根据"固定资产"账户的期末余额，减去"累计折旧"和"固定资产减值准备"账户期末余额，以及"固定资产清理"账户的期末余额填列。

㉒"在建工程"项目。反映企业期末尚未达到预定可使用状态的在建工程的账面价值和企业为在建工程准备的各种物资的账面价值。本项目应根据"在建工程"账户的期末余额，减去"在建工程减值准备"账户的期末余额后的金额，以及"工程物资"账户的期末余额，减去"工程物资减值准备"账户的期末余额后的金额填列。

㉓"使用权资产"项目。反映资产负债表日承租人企业持有的使用权资产的期末账面价值。该项目应根据"使用权资产"账户的期末余额，减去"使用权资产累计折旧"和"使用权资产减值准备"账户的期末余额后的金额填列。

㉔"无形资产"项目。反映企业持有的无形资产的期末账面价值。本项目应根据"无形资产"账户的期末余额，减去"累计摊销"和"无形资产减值准备"账户期末余额后的金额填列。

㉕"开发支出"项目。反映企业开发无形资产过程中能够资本化形成无形资产成本支出部分的期末账面价值。本项目应根据"研发支出"账户中所属的"资本化支出"明细账户期末余额填列。

㉖"商誉"项目。反映企业合并中形成的商誉的期末账面价值。本项目应根据"商誉"账户的期末余额，减去相应减值准备后的金额填列。

㉗"长期待摊费用"项目。反映企业已经发生但应由本期和以后各期负担的分摊期限在一年以上的各项费用的期末账面价值。长期待摊费用中在一年内（含一年）摊销的部分，在资产负债表"一年内到期的非流动资产"项目中填列。本项目应根据"长期待摊费用"账户的期末余额减去将于一年内（含一年）摊销的数额后的金额填列。

㉘"递延所得税资产"项目。反映企业确认的可抵扣暂时性差异产生的递延所得税资产的期末账面价值。本项目应根据"递延所得税资产"账户的期末余额填列。

㉙"其他非流动资产"项目。反映企业除长期股权投资、固定资产、在建工程、无形资产等资产以外的其他非流动资产的期末账面价值。本项目应根据有关账户的期末余额填列，如"临时设施"项目。

2）负债项目的列报

①"短期借款"项目。反映企业向银行或其他金融机构等借入的期限在一年以下（含一年）借款的期末账面价值。本项目应根据"短期借款"账户的期末余额填列。

②"交易性金融负债"项目。反映资产负债表日企业承担的交易性金融负债，以及企业持有的直接指定为以公允价值计量且其变动计入当期损益的为交易目的所持有的金融负债的期末账面价值。本项目应根据"交易性金融负债"账户的相关明细账户期末余额填列。

③"衍生金融负债"项目。反映衍生金融工具的负债的期末账面价值。本项目应根据"衍生金融负债"账户的期末余额填列。

④"应付票据"项目。反映资产负债表日以摊余成本计量的、企业因购买材料、商品和接受服务等开出、承兑的商业汇票的期末账面价值。本项目应根据"应付票据"账户的期末余额填列。

⑤"应付账款"项目。反映资产负债表日以摊余成本计量的,企业因购买材料、商品和接受服务等经营活动应支付款项的期末账面价值。本项目应根据"应付账款"和"预付账款"账户所属的相关明细账户的期末贷方余额合计数填列。

⑥"预收款项"项目。反映企业按照销货合同规定预收款项的期末账面价值。本项目应根据"预收账款"和"应收账款"账户所属各明细账户的期末贷方余额合计数填列。如"预收账款"账户所属各明细账户期末有借方余额,应在资产负债表"应收账款"项目内填列。

⑦"合同负债"项目。指企业已收或应收客户对价而应向客户转让商品的义务。本项目应分别根据"合同负债"账户期末余额、"合同结算"账户的相关明细账户期末贷方余额分析填列,同一合同下的合同负债应当以净额列示,其中净额为贷方余额的,应当根据其流动性在"合同负债"或"其他非流动负债"项目中填列。

⑧"应付职工薪酬"项目。反映企业根据有关规定应付给职工的工资、职工福利、社会保险费、住房公积金、工会经费、职工教育经费、非货币性福利、辞退福利等各种薪酬的期末账面价值。外商投资企业按规定从净利润中提取的职工奖励及福利基金,也在本项目列示。本项目应根据"应付职工薪酬"账户的期末余额填列。

⑨"应交税费"项目。反映企业按照税法规定计算应交纳的各种税费,包括增值税、企业所得税、资源税、土地增值税、城市维护建设税、房产税、城镇土地使用税、车船税、教育费附加、矿产资源补偿费等的期末账面价值。企业代扣代缴的个人所得税,也通过本项目列示。企业所交纳的税金需要预计应交数的,如印花税、耕地占用税等,也在本项目列示。本项目应根据"应交税费"账户的期末贷方余额填列;如"应交税费"账户期末为借方余额,应以"—"填列。

⑩"其他应付款"项目。应根据"应付利息""应付股利""其他应付款"账户的期末余额合计数填列。其中的"应付利息"仅反映相关金融工具已到期应支付但于资产负债表日尚未支付的利息。基于实际利率法计提的金融工具的利息应包含在相应金融工具的账面余额中。

⑪"持有待售负债"项目。反映资产负债表日处置组中与划分为持有待售类别的资产直接相关的负债的期末账面价值。本项目应根据"持有待售负债"账户的期末余额填列。

⑫"一年内到期的非流动负债"项目。反映企业非流动负债中将于资产负债表日后一年内到期部分金额的期末账面价值,如将于一年内偿还的长期借款、一年内到期的长期应付款。本项目应根据有关账户的期末余额填列。

⑬"其他流动负债"项目。反映企业除短期借款、交易性金融负债、应付票据、应付账款、应付职工薪酬、应交税费、应付利息、应付股利、其他应付款、一年内到期的非流动负债等流动负债以外的其他流动负债的期末账面价值。本项目应根据有关账户的期末余额填列。

⑭"长期借款"项目。反映企业向银行或其他金融机构借入的期限在一年以上（不含一年）各项借款的期末账面价值。本项目应根据"长期借款"账户的期末余额填列。

⑮"应付债券"项目。反映企业以摊余成本计量的为筹集长期资金而发行的债券本金和利息。本项目应根据"应付债券"账户的期末余额填列。

⑯"租赁负债"项目。反映资产负债表日承租人企业尚未支付的租赁付款额的期末账面价值。本项目应根据"租赁负债"账户的期末余额填列。自资产负债表日起一年内到期应予以清偿的租赁负债的期末账面价值，在"一年内到期的非流动负债"项目反映。

⑰"长期应付款"项目。反映资产负债表日企业除长期借款和应付债券以外的其他各种长期应付款项的期末账面价值。本项目应根据"长期应付款"账户的期末余额，减去相关的"未确认融资费用"账户的期末余额后的金额，以及"专项应付款"账户的期末余额填列。

⑱"预计负债"项目。反映企业确认的对外提供担保、未决诉讼、产品质量保证、重组义务、亏损性合同等预计负债的期末账面价值。本项目应根据"预计负债"账户的期末余额填列。

⑲"递延收益"项目。反映企业按照《企业会计准则第 16 号——政府补助》相关规定确认的应在以后期间计入当期损益的政府补助金额。本项目应根据"递延收益"账户的余额填列。

⑳"递延所得税负债"项目。反映企业确认的应纳税暂时性差异产生的所得税负债的期末账面价值。本项目应根据"递延所得税负债"账户的期末余额填列。

㉑"其他非流动负债"项目。反映企业除长期借款、应付债券等负债以外的其他非流动负债的期末账面价值。本项目应根据有关账户的期末余额减去将于一年内（含一年）到期偿还数后的余额填列。非流动负债各项目中将于一年内到期的非流动负债，应在"一年内到期的非流动负债"项目单独反映。

3）所有者权益项目的列报

①"实收资本（或股本）"项目。反映企业各投资者实际投入的资本（或股本）总额的期末账面价值。本项目应根据"实收资本"或"股本"账户的期末余额填列。

②"其他权益工具"项目。反映企业发行的除普通股以外的归类为权益工具的优先股、永续债的期末账面价值。本项目应根据"其他权益工具"账户的期末余额填列。"其他权益工具"项目下设"优先股"和"永续债"两个项目，分别反映企业发行的分类为权益工具的优先股和永续债的账面价值。

③"资本公积"项目。反映企业资本公积的期末账面价值。本项目应根据"资本公积"账户的期末余额填列。

④"库存股"项目。反映企业持有尚未转让或注销的本公司股份金额。本项目应根据"库存股"账户的期末余额填列。

⑤"其他综合收益"项目。反映企业根据《企业会计准则》规定未在当期损益中确认的各项利得和损失扣除所得税影响后的净额。本项目应根据"其他综合收益"账户的期末余额填列。

⑥"专项储备"项目。反映高危行业企业按国家规定提取的安全生产费的期末账面价值。本项目应根据"专项储备"账户的期末余额填列。

⑦"盈余公积"项目。反映企业盈余公积的期末账面价值。本项目应根据"盈余公积"账户的期末余额填列。

⑧"未分配利润"项目。反映企业尚未分配利润的期末账面价值。本项目应根据"本年利润"账户和"利润分配"账户余额计算填列。未弥补的亏损在本项目内以"—"填列。

11.3 利润表

11.3.1 利润表的含义及作用

利润表是反映建筑施工企业在一定会计期间经营成果的财务报表。企业一般按月计算利润，因此按月报送利润表。利润表以"利润＝收入－费用＋利得－损失"这一会计等式为依据，按照一定的步骤计算出构成利润（或亏损）总额的各项要素编制而成，属于动态报表。其作用主要表现在以下几个方面。

（1）提供了反映企业财务成果的信息

企业当期实现的利润是企业的财务成果，反映企业经营的根本目标。利润表的列报能够反映企业经营业绩的主要来源和构成，有助于使用者判断净利润的质量，预测净利润的持续性，从而做出正确的决策。利润表系统地提供了企业不同时期的财务成果信息，有利于全面分析评价企业的经营业绩，以及与同类企业的同类业务进行对比。

（2）提供了反映企业盈利能力的信息

盈利能力是企业投资者和经营者都非常关心的问题。利润表不仅提供了企业当期的经营成果，也提供了盈利能力分析所需要的收入和成本费用信息，对于分析评价企业盈利能力十分重要。利润表提供的数据为计算盈利能力指标，进而分析评价企业的盈利能力提供了依据。

（3）提供了反映企业营业收入、成本费用状况的信息

企业营业收入和成本费用是企业生产经营成果的直接和具体体现。因此对营业收入的分析往往成为经营分析中的重点。通过对营业收入和成本费用的分析，可挖掘企业生产经营过程中存在的问题和不足，对于评价企业业绩、规划企业未来意义重大。

（4）为财务分析提供信息支持

将利润表和资产负债表中的信息结合，可以提供财务分析的基本信息。如将营业收入与应收账款平均余额进行比较计算应收账款周转率，将净利润与净资产平均余额进行比较计算净资产收益率等，可以反映企业营运能力和盈利能力，便于报表使用者了解企业过去和现状，判断企业未来的发展趋势。

11.3.2 利润表的列报格式

（1）利润表的格式

利润表正表的格式一般有两种，即单步式利润表和多步式利润表。

1) 单步式利润表

单步式利润表是指把建筑施工企业本期所有收入列在一起，然后再把所有费用、支出列在一起，两者相减即可计算出本期净利润。

单步式利润表结构简单，易于理解，但不能反映建筑施工企业日常业务收益与非日常业务收益的成果，主要经营业务收益与次要经营业务收益对实现净利润的影响，因而不能满足报表使用者对会计信息的需求。

2) 多步式利润表

多步式利润表是指把建筑施工企业的当期净利润按构成内容，通过几个步骤逐步计算出来，并按照内容重要性的大小，在表中从上到下依次计算排列。

《企业会计准则第 30 号——财务报表列报》规定，企业应当采用多步式列报利润表，将不同性质的收入和费用进行对比，从而可以得出一些中间性的利润数据，便于使用者理解企业经营成果的不同来源。企业可以分如下四个步骤编制利润表。

第一步，以营业收入为基础，减去营业成本、税金及附加、管理费用、研发费用、财务费用、资产减值损失、信用减值损失，加上公允价值变动收益（减去公允价值变动损失）、投资收益（减去投资损失）、资产处置收益（减去资产处置损失）和其他收益计算出营业利润。

第二步，以营业利润为基础，加营业外收入，减营业外支出，计算利润总额。

第三步，以利润总额为基础，减去所得税费用，计算出净利润（或净亏损）。

第四步，以净利润为基础，加上其他综合收益的税后净额，计算出综合收益总额。

普通股或潜在普通股已公开交易的企业，以及正处于公开发行普通股或潜在普通股过程中的企业，还应当在利润表中列示每股收益信息。

多步式利润表注重收入与费用支出配比的层次性，便于对企业施工生产经营情况进行分析，有利于不同企业之间进行比较，有利于预测企业未来的财务效率从而满足报表使用者对会计信息的需求。

(2) 列示利润表的比较信息

根据《企业会计准则第 30 号——财务报表列报》的规定，企业需要提供比较利润表，以使报表使用者通过比较不同期间利润的实现情况，判断企业的经营成果及未来发展趋势。因此利润表还将各项目再分为"本期金额"和"上期金额"两栏分别填列。甲建筑施工企业利润表的格式见表 11-2。

表 11-2 利润表　　　　　　　　　　　　会企 03 表

编制单位：甲建筑施工企业　　　20××年度　　　　单位：人民币千元

项目	本期金额	上期金额
营业收入	72 670 029	86 061 467
减：营业成本	68 657 169	81 661 678
税金及附加	72 290	91 924
管理费用	1 799 195	1 706 239
研发费用	283 107	224 910

续表

项目	本期金额	上期金额
财务费用	1 650 727	2 126 214
其中：利息费用	1 974 945	1 932 186
利息收入	224 500	202 669
加：其他收益	4 825	6 854
投资收益	17 087 774	29 971 620
其中：对联营企业和合营企业的投资收益/（损失）	277 925	(155 552)
以摊余成本计量的金融资产终止确认损失	(2 510)	(1 073)
公允价值变动收益	(23 377)	5 804
信用减值损失	(892 217)	(1 604 500)
资产减值损失	(19 084)	(12 500)
资产处置收益	7 598	(133)
营业利润	16 373 060	28 617 647
加：营业外收入	5 056	5 853
减：营业外支出	233 140	122 660
利润总额	16 144 976	28 500 840
减：所得税费用	1 090 402	1 080 493
净利润	15 054 574	27 420 347
其中：持续经营净利润	15 054 574	27 420 347
其他综合收益的税后净额	524 061	45 553
不能重分类进损益的其他综合收益	21 251	108 082
重新计量设定收益计划变动额	5 390	7 160
其他权益工具投资公允价值变动	15 861	100 922
将重分类进损益的其他综合收益	502 810	(62 529)
权益法下可转损益的其他综合收益	(173)	(626)
外币财务报表折算差额	502 983	(61 903)
综合收益总额	15 578 635	27 465 900

11.3.3 利润表的列报方法

（1）"上期金额"栏的填列方法

利润表"上期金额"栏内各项数字，应根据上年该期利润表"本期金额"栏内所列数字填列。如果上年该期利润表规定的各个项目的名称和内容同本期不相一致，应对上年该期利润表各项目的名称和数字按本期的规定进行调整，填入利润表"上期金额"栏内。

(2) "本期金额"栏的填列方法

利润表"本期金额"栏内各项金额一般应根据损益类账户和所有者权益类账户的发生额分析填列。各项目的填列方法如下。

① "营业收入"项目。反映企业经营主要业务和其他业务所确认的收入总额。本项目应根据"主营业务收入"和"其他业务收入"账户的发生额分析填列。

② "营业成本"项目。反映企业经营主要业务和其他业务所发生的成本总额。本项目应根据"主营业务成本"和"其他业务成本"账户的发生额分析填列。

③ "税金及附加"项目。反映企业经营业务应负担的城市维护建设税、资源税、教育费附加及房产税、城镇土地使用税、车船税、印花税等。本项目应根据"税金及附加"账户的发生额分析填列。

④ "管理费用"项目。反映企业为组织和管理生产经营发生的管理费用。本项目应根据"管理费用"账户的发生额分析填列。

⑤ "研发费用"项目。反映企业进行研究与开发过程中发生的费用化支出，以及计入管理费用的自行开发无形资产的摊销。本项目应根据"管理费用"账户下的"研究费用"明细账户的发生额，以及"管理费用"账户下的"无形资产摊销"明细账户的发生额分析填列。

⑥ "财务费用"项目。反映企业筹集生产经营所需资金等而发生的筹资费用。本项目应根据"财务费用"账户的发生额分析填列。其中"利息费用"项目，反映企业为筹集生产经营所需资金等而发生的应予费用化的利息支出，应根据"财务费用"账户的相关明细账户的发生额分析填列。"利息收入"项目反映企业确认的利息收入，应根据"财务费用"账户的相关明细账户的发生额分析填列。

⑦ "其他收益"项目。反映计入营业利润其他收益的政府补助等。本项目应根据"其他收益"账户的发生额分析填列。

⑧ "投资收益"项目。反映企业以各种方式对外投资所取得的收益。本项目应根据"投资收益"账户的发生额分析填列；如为投资损失，本项目以"—"填列。

⑨ "净敞口套期收益"项目。反映净敞口套期下被套期项目累计公允价值变动转入当期损益的金额或现金流量套期储备转入当期损益的金额。本项目应根据"净敞口套期益"账户的发生额分析填列；如为套期损失，以"—"填列。

⑩ "公允价值变动收益"项目。反映企业应当计入当期损益的资产或负债公允价值变动收益。本项目应根据"公允价值变动损益"账户的发生额分析填列；如为净损失，本项目以"—"填列。

⑪ "信用减值损失"项目。反映企业各项金融工具减值准备所形成的预期信用损失。本项目应根据"信用减值损失"账户的发生额分析填列。

⑫ "资产减值损失"项目。反映企业各项资产发生的减值损失。本项目应根据"资产减值损失"账户的发生额分析填列。

⑬ "资产处置收益"项目。反映企业出售划分为持有待售的非流动资产（金融工具、长期股权投资和投资性房地产除外）或处置组（子公司和业务除外）时确认的处置利得或

损失，以及处置未划分为持有待售的固定资产、在建工程、生产性生物资产及无形资产而产生的处置利得或损失。债务重组中因处置非流动资产产生的利得或损失和非货币性资产交换中换出非流动资产产生的利得或损失也包括在本项目内。本项目应根据"资产处置损益"账户的发生额分析填列；如为处置损失，以"－"填列。

⑭"营业利润"项目。反映企业实现的营业利润；如为亏损，本项目以"－"填列。

⑮"营业外收入"项目。反映企业发生的与经营业务无直接关系的各项收入，主要包括与企业日常活动无关的政府补助、盘盈和捐赠利得（经济实质属于股东对企业的资本性投入的除外）等。本项目应根据"营业外收入"账户的发生额分析填列。

⑯"营业外支出"项目。反映企业发生的与经营业务无直接关系的各项支出，主要包括公益性捐赠支出、非常损失、盘亏损失、非流动资产毁损报废损失等。本项目应根据"营业外支出"账户的发生额分析填列。

⑰"利润总额"项目。反映企业在报告期内实现的利润盈亏总额；如为亏损，本项目以"－"填列。

⑱"所得税费用"项目。反映企业应从当期利润总额中扣除的所得税费用。本项目应根据"所得税费用"账户的发生额分析填列。

⑲"净利润"项目。反映企业实现的净利润；如为亏损，本项目以"－"填列。

⑳"持续经营净利润"和"终止经营净利润"项目。分别反映净利润中与持续经营相关的净利润和与终止经营相关的净利润；如为净亏损，以"－"填列。该两个项目应按照《企业会计准则第42号——持有待售的非流动资产、处置组和终止经营》的相关规定分别列报。

㉑"其他综合收益的税后净额"项目。反映企业根据《企业会计准则》规定未在当期损益中确认的各项利得和损失扣除所得税影响后的净额合计数。根据"其他综合收益"账户及其所属的相关明细账户的本期发生额分析填列。其中，"其他权益工具投资公允价值变动"及"企业自身信用风险公允价值"应根据"其他综合收益"账户相关明细账户的发生额分析填列；"金融资产重分类计入其他综合收益的金额""其他债券投资信用减值准备""现金流量套期储备"，应根据"其他综合收益""信用减值准备"等账户的发生额分析填列。

㉒"综合收益总额"项目。反映企业在某一期间除与所有者以其所有者身份进行的交易以外的其他交易或事项所引起的所有者权益变动，包括净利润和其他综合收益的合计金额。

㉓"基本每股收益"项目。只考虑当期实际发行在外的普通股股份，按照归属于普通股股东的当期净利润除以当期实际发行在外普通股的加权平均数计算确定。

㉔"稀释每股收益"项目。以基本每股收益为基础，假设企业所有发行在外的稀释性潜在普通股均已转换为普通股，从而分别调整归属于普通股股东的当期净利润以及发行在外普通股的加权平均数计算确定。

11.4 现金流量表

11.4.1 现金流量表的含义及作用

(1) 现金流量和现金流量表

现金流量指企业现金和现金等价物的流入和流出。现金流量是衡量建筑施工企业经营状况是否良好，资金是否紧缺，企业偿付能力大小的重要项目。现金净流量指现金流入与现金流出的差额。如果差额是正数，则为净流入；如果是负数，则为净流出。一般来说，如果建筑施工企业的现金流入大于流出，则反映企业现金流量的积极现象。在现金流量表中，现金及现金等价物被视为一个整体，企业现金及现金等价物自身形式的转换不会产生现金流入和流出。例如，企业从银行提取现金，是企业现金存放形式的转换，并未流出企业，不构成现金流量。同样，现金与现金等价物之间的转换也不属于现金流量，例如，企业用现金购买 3 个月内到期的国库券。

现金流量表指反映建筑施工企业一定会计期间现金和现金等价物流入和流出的会计报表，属于动态会计报表。企业编制现金流量表的目的是为报表使用者提供企业一定会计期间现金和现金等价物流入和流出的信息，反映企业施工生产经营活动、投资活动和筹资活动的动态情况，以便于报表使用者了解和评价企业获取现金和现金等价物的能力，并据以预测企业未来的现金流量。

《企业会计准则第 31 号——现金流量表》根据企业业务活动的性质和现金流量的来源，将企业一定期间产生的现金流量分为三类，即经营活动产生的现金流量、投资活动产生的现金流量和筹资活动产生的现金流量，并构成现金流量表的基本内容。

1) 经营活动产生的现金流量

经营活动指企业投资活动和筹资活动以外的所有交易和事项。建筑施工企业的经营活动主要包括：承发包工程、提供劳务、经营性租赁、购买材料物资、接受劳务、支付职工薪酬、支付税费等。

2) 投资活动产生的现金流量

投资活动指建筑施工企业长期资产的购建和不包括在现金等价物范围内的投资及其处置活动。长期资产是指长期股权投资、投资性房地产、固定资产、在建工程、无形资产、临时设施以及其他资产等持有期限在 1 年或一个营业周期以上的资产。这里所讲的投资活动，既包括实物资产投资，也包括非实物资产投资。这里之所以将包括在现金等价物范围内的投资排除在外，是因为已经将包括在现金等价物范围内的投资视同现金。

建筑施工企业的投资活动主要包括取得和收回投资，购建和处置固定资产、无形资产和其他资产等。

3) 筹资活动产生的现金流量

筹资活动指导致建筑施工企业资本及债务规模和构成发生变化的活动。其中，资本包括实收资本或股本、资本溢价或股本溢价；债务指对外举债，包括发行债券、向金融企业借入款项以及偿还债务等。

此外，对于企业日常活动之外特殊的、不经常发生的项目，如自然灾害损失、保险赔款、捐赠等，应当归并到相关类别中，并单独反映。如对于自然灾害损失和保险赔款，如果能够确指属于流动资产损失，应当列入经营活动产生的现金流量；若属于固定资产损失，应当列入投资活动产生的现金流量。如果不能确指，则可以列入经营活动产生的现金流量。捐赠收入和支出，可以列入经营活动产生的现金流量。如果特殊项目的现金流量金额不大，则可以列入现金流量类别下的"其他"项目，不单列项目。

（2）现金流量表的作用

现金流量表的作用主要表现在以下几个方面。

1）提供现金流量信息，便于对企业整体财务状况进行评价

建筑施工企业的财务活动都影响企业的现金流量，从而影响企业的财务状况。虽然有关现金流量信息从企业比较资产负债表中也能获得一二，但却不能提供企业现金流量的全貌。而现金流量表能够反映建筑施工企业在一定会计期间现金和现金等价物流入和流出的原因，通过分析企业现金流量状况，可以大致判断资金周转是否顺畅；将施工生产经营活动产生的现金流量净额与净利润相比较，可以从现金流量的角度了解企业净利润的质量，为分析和预测企业的经济前景提供信息。

2）有助于评价企业的支付能力和周转能力

通过现金流量表，并结合利润表，可以反映建筑施工企业的盈利质量，将现金流量净额与发行在外的普通股加权平均股数进行比较计算每股现金流量，将经营活动现金流量净额与净利润进行比较计算盈利现金比率等，可以了解企业能否支付股利和进行必要的投资等，从而便于投资者做出决策，也便于债权人对企业的支付能力和偿债能力，以及企业对外部资金的需求情况做出可靠的判断。

3）有助于预测企业未来的发展情况

如果现金流量表中各部分现金流量结构合理，现金流入、流出无重大异常波动，一般说明建筑施工企业的财务状况基本良好。通过现金流量表及其他财务信息，可以了解企业现金的来源和用途是否合理；了解生产经营活动的造血功能；企业在多大程度上依赖外部资金；分析企业未来获取或支付现金的能力，评价企业产生净现金流量的能力，从而为企业编制现金流量计划、合理有效地使用现金创造条件，为投资者和债权人评价企业的未来现金流量、做出投资和信贷决策提供必要的信息。

11.4.2　现金流量表的编制基础

现金流量表以现金及现金等价物为基础，按照收付实现制原则编制，将权责发生制下的盈利信息调整为收付实现制下的现金流量信息。

（1）现金

现金指企业的库存现金以及可以随时用于支付的存款。

会计上所说的现金通常指企业的库存现金。而现金流量表中的"现金"通常是指广义的现金，涉及货币资金的相关内容。不仅包括"库存现金"账户核算的现金，还包括企业"银行存款"账户核算的存入金融企业、可以随时用于支付的存款，也包括"其他货币资

金"账户核算的外埠存款、银行汇票存款、银行本票存款、信用卡存款、存出投资款等其他货币资金。

需要强调的是，银行存款和其他货币资金中有些不能随时用于支付的存款，如不能随时支取的定期存款等，不应作为现金；提前通知金融企业便可支取的定期存款，则应包括在现金范围内。

（2）现金等价物

现金等价物指建筑施工企业持有的期限短、流动性强、易于转换为已知金额现金、价值变动风险很小的投资。现金等价物虽然不是现金，但其支付能力与现金差别不大，可视为现金。如建筑施工企业为保证支付能力持有必要的现金，为了不使现金闲置，可以购买短期债券，在需要现金时，随时可以变现。

现金等价物的定义本身包含了判断一项投资是否属于现金等价物的4个条件。其中，期限短、流动性强，强调了变现能力。期限短，一般是指从购买日起，3个月内到期，如可在证券市场上流通的3个月内到期的短期债券投资等。权益性投资变现的金额通常不确定，因而不属于现金等价物。易于转换为已知金额的现金、价值变动风险很小，则强调了支付能力。

（3）现金及现金等价物范围的确定和变更

不同企业现金及现金等价物的范围可能不同。企业应当根据《企业会计准则第31号——现金流量表》及其指南的规定，以及自身经营特点等具体情况，确定现金及现金等价物的范围，一经确定不得随意变更。如果发生变更，应当按照会计政策变更处理。

11.4.3 现金流量表的编制方法

（1）经营活动产生的现金流量的编制方法

编制现金流量表时，列报经营活动现金流量的方法有两种：一是直接法；二是间接法。这两种方法通常也称为现金流量表的编制方法。

1）直接法

直接法是指按照现金收入和支出来源的主要类别，直接反映施工企业经营活动产生的现金流量，如施工企业承包工程、销售商品以及提供劳务收到的现金，发包工程、购买商品、接受劳务支付的现金等。在直接法下，以利润表中的营业收入为起算点，调整与经营活动有关项目的增减变动，然后计算经营活动产生的现金流量。

采用直接法时，有关经营活动现金流量的信息，通过以下途径取得。

第一，施工企业的会计记录；

第二，根据以下项目对利润表中的营业收入、营业成本以及其他项目进行调整：

① 当期存货及经营性应收和应付项目的变动；

② 固定资产折旧、无形资产摊销、临时设施摊销等其他非现金项目；

③ 其现金影响属于投资或筹资活动现金流量的其他活动。

2）间接法

间接法是指以本期净利润为起算点，调整不涉及现金的收入、费用、营业外收支等有关项目，据此计算经营活动产生的现金流量。

采用直接法编制现金流量表，便于分析企业经营活动产生现金流量的来源和用途，便于预测企业现金流量的未来前景；采用间接法编报现金流量表，便于将净利润与经营活动产生的现金流量净额进行比较，了解两者之间产生差异的原因，便于从现金流量的角度分析净利润的质量。因此，《企业会计准则第31号——现金流量表》规定企业应当采用直接法编报现金流量表，同时要求在附注中提供以净利润为基础调节的经营活动产生的现金流量信息。

（2）经营活动产生的现金流量有关项目的编制方法

1）"销售商品、提供劳务收到的现金"项目

"销售商品、提供劳务收到的现金"项目反映施工企业承包工程、销售商品、提供劳务实际收到的现金，具体包括本期承包工程、销售商品、提供劳务收到的现金（包括增值税销项税额），以及前期承包工程、销售商品、提供劳务本期收到的现金和本期预收的款项，减去本期销售本期退回的商品和前期销售本期退回的商品所支付的现金。企业销售材料和代购代销业务收到的现金，也在本项目反映。本项目可以根据"库存现金""银行存款""应收账款""应收票据""合同负债""主营业务收入""其他业务收入"等账户的记录分析填列。

在填列这个项目时，需要考虑以下几个因素。

① 承包工程、销售商品、提供劳务所取得的收入，可以根据"应收账款"明细账户的本期发生额以及"主营业务收入""其他业务收入"账户的贷方发生额取得。

② 应收账款和应收票据。施工企业本期因承包工程、销售商品、提供劳务所取得的收入并不都是企业本期实际的现金收入，在工程价款已经结算或销售已经实现但尚未收到款项时，按照权责发生制原则仍然要确认收入，并记入"应收账款"或"应收票据"账户。可见，因本期结算、销售而增加的应收账款和应收票据，表明销售实现的收入并没有收到现金；如果本期应收账款和应收票据减少，通常表明本期有现金流入，但如果债务人以非现金实物资产抵偿债务，则应收账款和应收票据的减少实际上并没有现金流入。因此，在计算填列本项目时，可以根据"主营业务收入""其他业务收入"账户的本期贷方发生额，加上本期应收账款和应收票据的减少，减去本期应收账款和应收票据的增加，并减去债务人以非现金实物资产抵偿债务而减少的应收账款和应收票据后的数额确认。

③ 结算、销售退回支付的现金。本期结算、销售退回一般通过"应收账款""主营业务收入""其他业务收入"账户的借方反映，但本期结算、销售退回有的已经支付了现金，有的尚未支付现金，在填列本项目时，应当减去已支付现金的结算或销售退回。

④ 合同负债。本期收到的记入合同负债的预收款项，有实际的现金流入，在填列本项目时，应当加上本期合同负债的增加，减去本期合同负债的减少。

⑤ 核销的坏账损失。本期核销的坏账损失是减少应收账款的因素，通常减少应收账款表明收回现金，但核销坏账减少的应收账款并没有现金流入，在填列本项目时，应减去因核销坏账损失而减少的应收账款。如果在本期收回前期已核销的坏账损失，在填列本项目时，还应当将其加上。

⑥ 在填列"销售商品、提供劳务收到的现金"项目时，可根据以下公式计算。

销售商品、提供劳务收到的现金＝
本期承包工程、销售商品、提供劳务实际收到的现金＋本期收到前期的应收账款＋

本期收到前期的应收票据＋本期的合同负债＋本期收回前期核销的坏账损失－

本期因结算、销售退回而支付的现金

或

销售商品、提供劳务收到的现金＝

本期承包工程、销售商品、提供劳务收入（不含结算、销售退回冲减的收入）＋
（应收账款期初余额－应收账款期末余额）＋（应收票据期初余额－应收票据期末余额）＋
（合同负债期末余额－合同负债期初余额）＋本期收回前期核销的坏账损失－

本期因结算、销售退回而支付的现金－本期实际核销的坏账损失－

本期以非现金资产清偿债务减少的应收账款和应收票据

上述应收账款、应收票据中如有本期购货退回收到的现金，应从应收账款、应收票据项目中扣除，并从"购买商品、接受劳务支付的现金"项目内扣除。

2)"收到的税费返还"项目

"收到的税费返还"项目反映施工企业收到返还的各种税费，如实际收到的增值税、所得税、城市维护建设税、教育费附加返还等。本项目可以根据"库存现金""银行存款""其他应付款""应交税费""税金及附加"等账户的记录分析填列。

3)"收到其他与经营活动有关的现金"项目

"收到其他与经营活动有关的现金"项目反映施工企业除了上述各项目以外收到的其他与经营活动有关的现金流入，如罚款收入、经营租赁固定资产收到的现金、投资性房地产收到的租金收入、流动资产损失中由个人赔偿的现金收入、除税费返还外的其他政府补助等。企业实际收到的政府补助，无论是与资产相关还是与收益相关，均在本项目填列。其他与经营活动有关的现金，如果价值较大，应单列项目反映。本项目可以根据"其他收益""营业外收入""营业外支出""库存现金""银行存款""其他应收款""其他应付款""管理费用"等账户的记录分析填列。

4)"购买商品、接受劳务支付的现金"项目

"购买商品、接受劳务支付的现金"项目反映施工企业发包工程、购买商品、接受劳务实际支付的现金，包括本期发包工程、购入商品、接受劳务支付的现金（包括增值税进项税额），以及本期支付前期发包工程、购入商品、接受劳务的未付款项和本期预付款项，减去本期发生的结算、购货退回收到的现金。本项目可以根据"应付账款""应付票据""预付账款""库存现金""银行存款""合同履约成本"等账户的记录分析填列。在填列本项目时，可以根据以下公式计算。

购买商品、接受劳务支付的现金＝

本期发包工程购买商品、接受劳务实际支付的现金＋本期支付前期的应付账款＋
本期支付前期的应付票据＋本期预付账款－本期因结算、购货退回而收到的现金

或

购买商品、接受劳务支付的现金＝

本期主营业务成本＋（存货期末余额－存货期初余额）＋
（应付账款期初余额－应付账款期末余额）＋（应付票据期初余额－应付票据期末余额）＋
（预付账款期末余额－预付账款期初余额）＋（工程结算期初余额－工程结算期末余额）－
本期因结算、购货退回而收到的现金－本期以非现金资产清偿债务减少的应付账款和应付票据

上述支付现金的应付账款、应付票据如包含结算、销售退回支付的部分，应从应付账款、应付票据中扣除，并在"销售商品、提供劳务收到的现金"项目中反映。

5)"支付给职工以及为职工支付的现金"项目

"支付给职工以及为职工支付的现金"项目反映施工企业实际支付给职工，以及为职工支付的现金，包括企业为获得职工提供的服务，本期实际给予各种形式的报酬以及其他相关支出，如支付给职工的工资、奖金、各种津贴和补贴等，以及为职工支付的其他费用，不包括支付给在建工程人员的工资。

需要强调的是，施工企业为职工支付的医疗、养老、失业、工伤、生育等社会保险基金，补充养老保险，住房公积金，为职工交纳的商业保险金，因解除与职工劳动关系给予的补偿，现金结算的股份支付，以及支付给职工或为职工支付的其他福利费用等，应根据职工的工作性质和服务对象，分别在"购建固定资产、无形资产和其他长期资产支付的现金"和本项目中反映。

本项目可以根据"库存现金""银行存款""应付职工薪酬"等账户的记录分析填列。

6)"支付的各项税费"项目

"支付的各项税费"项目反映施工企业按照规定支付的各项税费，包括本期发生并支付的税费，以及本期支付以前各期发生的税费和预交的税金，如支付的增值税、所得税、教育费附加、印花税、房产税、土地增值税、车船税等，不包括计入固定资产价值、实际支付的耕地占用税等，也不包括本期退回的所得税。本项目可以根据"应交税费""库存现金""银行存款"等账户的记录分析填列。

7)"支付其他与经营活动有关的现金"项目

"支付其他与经营活动有关的现金"项目反映施工企业除上述各项目外，支付的其他与经营活动有关的现金，如罚款支出、支付的差旅费、业务招待费、保险费、经营租赁支付的现金等。其他与经营活动有关的现金流出，如果价值较大应单列项目反映。本项目可以根据有关账户的记录分析填列。

(3) 投资活动产生的现金流量有关账户的编制方法

投资活动现金流入和现金流出包括的各项目的内容和填列方法如下。

1)"收回投资收到的现金"项目

"收回投资收到的现金"项目反映施工企业出售、转让或到期收回除现金等价物以外的交易性金融资产、债权投资、其他债权投资、其他权益工具投资、长期股权投资等收到的现金。债权性投资收回的本金，在本项目中反映；债权性投资收回的利息，不在本项目中反映，在"取得投资收益收到的现金"项目中反映。处置子公司等收到的现金净额单设项目反映。本项目可以根据"交易性金融资产""债权投资""其他债权投资""其他权益工具投资""长期股权投资""库存现金""银行存款"等账户的记录分析填列。

2)"取得投资收益收到的现金"项目

"取得投资收益收到的现金"项目反映施工企业因股权性投资而分得的现金股利以及属于因债权性投资而取得的现金利息收入。股票股利由于不产生现金流量，不在本项目中反映。本项目可以根据"应收股利""应收利息""投资收益""库存现金""银行存款"等账户的记录分析填列。

3）"处置固定资产、无形资产和其他长期资产收回的现金净额"项目

"处置固定资产、无形资产和其他长期资产收回的现金净额"项目反映施工企业出售投资性房地产、固定资产、无形资产和其他长期资产所取得的现金，减去为处置这些资产而支付的有关费用后的净额。处置固定资产、无形资产和其他长期资产所收到的现金，与处置活动支付的现金，两者在时间上比较接近，以净额列报能更准确反映处置活动对现金流量的影响。本项目可以根据"固定资产清理""库存现金""银行存款"等账户的记录分析填列。

需要强调的是，施工企业由于自然灾害等原因所造成的固定资产等长期资产报废、毁损而收到的保险赔偿收入也在本项目中反映。如果企业处置固定资产、无形资产和其他长期资产所收回的现金净额为负数，则应在"支付其他与投资活动有关的现金"项目中反映。

4）"处置子公司及其他营业单位收到的现金净额"项目

"处置子公司及其他营业单位收到的现金净额"项目反映施工企业处置子公司及其他营业单位所取得的现金减去子公司或其他营业单位持有的现金和现金等价物以及相关处置费用后的净额。本项目可以根据有关账户的记录分析填列。企业处置子公司及其他营业单位是整体交易，子公司和其他营业单位可能持有现金和现金等价物。因此整体处置子公司或其他营业单位的现金流量，就应以处置价款中收到现金的部分，减去子公司或其他营业单位持有的现金和现金等价物以及相关处置费用后的净额反映。处置子公司等收到的现金净额如为负数，则应在"支付其他与投资活动有关的现金"项目中反映。

5）"收到其他与投资活动有关的现金"项目

"收到其他与投资活动有关的现金"项目反映施工企业除上述各项目以外，收到的其他与投资活动有关的现金流入。其他现金流入如价值较大，应单列项目反映。本项目可以根据"库存现金""银行存款"和其他有关账户的记录分析填列。

6）"购建固定资产、无形资产和其他长期资产支付的现金"项目

"购建固定资产、无形资产和其他长期资产支付的现金"项目反映施工企业购买或建造投资性房地产、固定资产，取得无形资产和其他长期资产支付的现金，包括购买机器设备支付的现金、建造固定资产支付的现金、支付在建工程人员的工资等现金支出，不包括为购建固定资产、无形资产和其他长期资产而发生的借款利息资本化部分，以及融资租入固定资产所支付的租赁费。本项目可以根据"固定资产""在建工程""工程物资""无形资产""库存现金""银行存款"等账户的记录分析填列。

7）"投资支付的现金"项目

"投资支付的现金"项目反映施工企业进行权益性投资和债权性投资所支付的现金，包括企业取得的除现金等价物以外的交易性金融资产、债权投资、其他债权投资、其他权益工具投资而支付的现金，以及支付的佣金、手续费等交易费用。

需要强调的是，施工企业购买股票和债券时，实际支付的价款中包含的已宣告但尚未领取的现金股利或已到付息期但尚未领取的债券利息，应在"支付其他与投资活动有关的现金"项目中反映；收回购买股票和债券时支付的已宣告但尚未领取的现金股利或已到付息期但尚未领取的债券利息，应在"收到其他与投资活动有关的现金"项目中反映。

本项目可以根据"交易性金融资产""债权投资""其他债权投资""其他权益工具投资""长期股权投资""库存现金""银行存款"等账户的记录分析填列。

8)"取得子公司及其他营业单位支付的现金净额"项目

"取得子公司及其他营业单位支付的现金净额"项目反映施工企业取得子公司及其他营业单位时以现金支付的部分，减去子公司或其他营业单位持有的现金和现金等价物后的净额。本项目可以根据有关账户的记录分析填列。

整体购买子公司或其他营业单位的现金流量，应以购买出价中以现金支付的部分减去子公司或其他营业单位持有的现金和现金等价物后的净额反映；如为负数，应在"收到其他与投资活动有关的现金"项目中反映。

9)"支付其他与投资活动有关的现金"项目

"支付其他与投资活动有关的现金"项目反映施工企业除了上述各项以外，支付的其他与投资活动有关的现金流出。其他现金流出如价值较大，应单列项目反映。本项目可以根据"库存现金""银行存款"和其他有关账户的记录分析填列。

(4) 筹资活动产生的现金流量有关项目的编制方法

筹资活动产生的现金流入和现金流出包括的各项目内容和填列方法如下。

1)"吸收投资收到的现金"项目

"吸收投资收到的现金"项目反映施工企业以发行股票等方式筹集资金实际收到的款项净额（发行收入减去支付的佣金等发行费用）。以发行股票等方式筹集资金而由企业直接支付的审计、咨询等费用，在"支付其他与筹资活动有关的现金"项目中反映。本项目可以根据"实收资本"（或"股本"）"本公积""库存现金""银行存款"等账户的记录分析填列。

2)"取得借款收到的现金"项目

"取得借款收到的现金"项目反映施工企业举借各种短期、长期借款而收到的现金，以及发行债券实际收到的款项净额。本项目可以根据"短期借款""长期借款""交易性金融负债""应付债券""库存现金""银行存款"等账户的记录分析填列。

3)"收到其他与筹资活动有关的现金"项目

"收到其他与筹资活动有关的现金"项目反映施工企业除了上述各项以外，收到的其他与筹资活动有关的现金流入。其他现金流入如价值较大，应单列项目反映。本项目可以根据"库存现金""银行存款"和其他有关账户的记录分析填列。

4)"偿还债务支付的现金"项目

"偿还债务支付的现金"项目反映施工企业以现金偿还债务的本金，包括归还金融企业的借款本金、偿付企业到期的债券本金等。本项目可以根据"短期借款""长期借款""交易性金融负债""应付债券""库存现金""银行存款"等账户的记录分析填列。

5)"分配股利、利润或偿付利息支付的现金"项目

"分配股利、利润或偿付利息支付的现金"项目反映施工企业实际支付的现金股利支付给其他投资单位的利润或用现金支付的借款利息（包括为购建固定资产、无形资产和其他长期资产而发生的借款利息资本化部分）、债券利息等。本项目可以根据"应付股利""利润分配""财务费用""在建工程""研发支出""库存现金""银行存款"等账户的记录分析填列。

6)"支付其他与经济活动有关的现金"项目

"支付其他与经济活动有关的现金"项目反映施工企业除了上述各项目以外支付的与筹资活动有关的现金,如以发行股票、债券等方式筹集资金而由企业直接支付的审计、咨询等费用,融资租入固定资产所支付的租赁费,融资租赁各期所支付的现金以分期付款方式构建固定资产、无形资产等除首期外各期支付的现金。其他与筹资活动有关的现金,如果价值较大应单列项目反映。本项目可以根据"库存现金""银行存款"和其他有关账户的记录分析填列。

(5)"汇率变动对现金及现金等价物的影响"项目的编制方法

"汇率变动对现金及现金等价物的影响"项目,反映施工企业外币现金流量以及境外子公司的现金流量、采用现金流量发生日的汇率或即期汇率的近似汇率折算成记账本位币时对现金的影响额。汇率变动对现金的影响额应当作为调节项目,在现金流量表中单独列报。

企业外币现金流量及境外子公司的现金流量折算成记账本位币时,所采用的是现金流量发生日的汇率或即期汇率的近似汇率;而现金流量表"现金及现金等价物净增加额"项目中,外币现金净增加额按资产负债表日的即期汇率折算,二者差额即为汇率变动对现金的影响。

在编制现金流量表时,对当期发生的外币业务,也可以不必逐笔计算汇率变动对现金的影响,通过现金流量表补充资料中"现金及现金等价物净增加额"与现金流量表中的"经营活动产生的现金流量净额""投资活动产生的现金流量净额""筹资活动产生的现金流量净额"三项之和比较,其差额倒挤即为汇率变动对现金及现金等价物的影响金额。

(6)"现金及现金等价物净增加额"项目的编制方法

"现金及现金等价物净增加额"项目反映施工企业当期现金流量的净增加额。本项目可以根据"库存现金""银行存款""其他货币资金"等账户以及现金等价物的期末余额与期初余额计算填列,且与现金流量表补充资料中的"现金及现金等价物净增加额"项目,存在金额相等的勾稽关系。甲建筑施工企业现金流量表的格式见表11-3。

表11-3 现金流量表　　　　　　　　　会企03表

编制单位:甲建筑施工企业　　　2023年度　　　　　　　单位:人民币千元

项目	2022年	2021年
一、经营活动产生的现金流量		
销售商品、提供劳务收到的现金	73 343 601	84 813 566
收到的税金返还	67 139	33 230
收到其他与经营活动有关的现金	3 868 247	7 219 308
经营活动现金流入小计	77 278 987	92 066 104

续表

项目	2022 年	2021 年
购买商品、接受劳务支付的现金	65 755 717	83 942 735
支付给职工以及为职工支付的现金	2 665 370	2 249 935
支付的各项税费	2 207 876	1 389 799
支付其他与经营活动有关的现金	6 174 962	3 440 679
经营活动现金流出小计	76 803 925	91 023 148
经营活动产生的现金流量净额	475 062	1 042 956
二、投资活动产生的现金流量		
收回投资收到的现金	1 239 480	506 606
取得投资收益收到的现金	14 469 731	29 590 909
处置固定资产、无形资产和其他长期资产收回的现金净额	10 795	12 595
收到其他与投资活动有关的现金	1 124 495	3 760 120
投资活动现金流入小计	16 844 501	33 870 230
购建固定资产、无形资产和其他长期资产所支付的现金	241 577	547 593
投资支付的现金	8 078 862	21 674 396
支付其他与投资活动有关的现金	4 347 331	603 694
投资活动现金流出小计	12 667 770	22 825 683
投资活动使用的现金流量净额	4 176 731	11 044 547
三、筹资活动产生的现金流量		
取得借款收到的现金	45 721 000	43 460 000
收到的其他与筹资活动有关的现金		200 000
筹资活动现金流入小计	45 721 000	43 660 000
归还投资支付的现金		
偿还债务支付的现金	39 386 167	45 522 000
分配股利、利润或偿付利息支付的现金	12 719 189	11 027 366

续表

项目	2022 年	2021 年
其中：子公司支付给少数股东的股利、利润		
支付的其他与筹资活动有关的现金	507 187	1 092 512
筹资活动现金流出小计	52 612 543	57 641 878
筹资活动产生使用的现金流量净额	(6 891 543)	(13 981 878)
四、汇率变动对现金及现金等价物的影响	350 441	(70 063)
五、现金及现金等价物净减少额	(1 889 309)	(1 964 438)
加：年初现金及现金等价物余额	21 698 935	23 663 373
六、年末现金及现金等价物余额	19 809 626	21 698 935

11.5 所有者权益变动表

11.5.1 所有者权益变动表的含义和作用

所有者权益变动表指反映构成所有者权益的各组成部分当期增减变动情况的报表。所有者权益变动表应当全面反映一定时期所有者权益变动的情况，不仅包括所有者权益总量的增减变动，还包括所有者权益增减变动的重要结构性信息，特别是反映直接计入所有者权益的利得和损失，能使报表使用者准确理解所有者权益增减变动的根源。编制所有者权益变动表具有如下作用。

（1）所有者权益变动表在一定程度上体现了企业的综合收益

综合收益指企业在某一期间与所有者之外的其他方面进行交易或发生其他事项引起的净资产变动。综合收益的构成包括两部分：净利润和其他综合收益。其中，前者是企业已实现并已确认的收益，后者是企业当年根据《企业会计准则》规定未在损益中确认的各项利得和损失扣除所得税影响后的净额。通过企业综合收益的构成，能够更好地为投资者提供与其决策相关的全面收益信息。

（2）全面反映企业的所有者权益在年度内的变化情况

所有者权益变动表可以反映股东所拥有的权益，据以判断资本保值增值的情况以及对负债的保障程度。全面反映企业所有者权益在年度内的变化情况，便于会计信息使用者深入分析所有者权益的增减变化，进而对企业的资本保值增值做出正确判断。从受托责任角度看，编制所有者权益变动表，既是对投资者负责，也是对股东和企业自身负责。

(3) 为利润表和资产负债表提供辅助信息

所有者权益变动表中的"综合收益"以及"利润分配"与利润表之间存在较强的关联性。"综合收益"中的"其他综合收益"与利润表中的"公允价值变动"收益相辅相成，共同反映了公允价值变动对企业所产生的影响。"利润分配"则提供了企业利润分配的去向和金额，为利润表提供辅助信息。所有者权益变动表中提供的所有者权益结构变动信息与资产负债表中所有者权益部分相辅相成，提供了所有者权益具体项目变动的过程及原因。

(4) 体现会计政策变更和前期差错更正对所有者权益的影响

会计政策变更和前期差错更正对所有者权益本年年初余额的影响，之前主要体现在财务报表附注中，很容易被投资者忽略。修订后《企业会计准则》要求除了在附注中披露与会计政策变更、前期差错更正有关的信息外，还要在所有者权益变动表上直接列示会计政策变更和前期差错更正对所有者权益的影响，使会计政策变更、前期差错更正对所有者权益的影响更加突出。

11.5.2 所有者权益变动表的内容及列报格式

(1) 所有者权益变动表的内容

在所有者权益变动表中，企业至少应当单独列示反映下列信息：

① 综合收益总额；

② 会计政策变更和差错更正的累计影响金额；

③ 所有者投入资本和向所有者分配利润等；

④ 提取的盈余公积；

⑤ 实收资本或股本、其他权益工具、资本公积、其他综合收益、盈余公积、未分配利润的期初和期末余额及调节情况。

(2) 所有者权益变动表的列报格式

1) 以矩阵的形式列报

为了清楚地表明构成所有者权益的各组成部分，当期的增减变动状况，所有者权益变动表应当以矩阵的形式列示。一方面，列示导致所有者权益变动的交易或事项，改变了以往仅仅按照所有者权益的各组成部分反映所有者权益的变动情况，而是从所有者权益变动的来源对一定时期所有者权益变动情况进行全面反映；另一方面，按照所有者权益各组成部分及其总额列示交易或事项对所有者权益的影响。

2) 列示所有者权益变动的比较信息

根据《企业会计准则第30号——财务报表列报》的规定，企业需要提供比较所有者权益变动表，因此，所有者权益变动表还就各项目再分为"本年金额"和"上年金额"两栏分别填列。所有者权益变动表的具体格式参见《〈企业会计准则第30号——财务报表列报〉应用指南》和财政部《关于修订印发2019年度一般企业财务报表格式的通知》（财会〔2019〕6号）。甲建筑施工企业2023年股东权益变动表的简要内容及格式如表11-4、表11-5所示。

第 11 章 财务报告

表 11-4 股东权益变动表

2023 年度

编制单位：甲建筑施工企业

会企 04 表
单位：人民币千元

项目	股本	其他权益工具 永续债	资本公积	减：库存股	其他综合收益	专项储备	盈余公积	未分配利润	股东权益合计
一、本年年初余额	41 948 168	10 000 000	29 824 590	(3 485 347)	(693 172)	—	12 843 667	48 665 500	139 103 406
二、本年增减变动金额									
（一）综合收益总额	—	—	—	—	524 061	—	—	15 054 574	15 578 635
（二）股东投入和减少资本									
1. 股份支付计入股东权益的金额	—	—	746 275	—	—	—	—	—	746 275
2. 回购并注销未股票解锁限制性股票	(13 735)	—	(31 936)	45 671	—	—	—	—	—
3. 限制性股票解锁的影响	—	—	—	1 559 638	—	—	—	—	1 559 633
（三）利润分配									
1. 提取盈余公积	—	—	—	—	—	—	1 505 458	(1 505 458)	—
2. 对股东的分配	—	—	—	—	—	—	—	(10 485 215)	(10 485 215)
3. 对其他权益工具持有者的股利分配	—	—	—	—	—	—	—	(317 300)	(317 300)
（四）专项储备									
1. 本年提取	—	—	—	—	—	1 292 275	—	—	1 292 275
2. 本年使用	—	—	—	—	—	(1 257 214)	—	—	(1 257 214)
（五）所有者权益内部结转									
1. 其他综合收益结转留存收益	—	—	—	(1 880 038)	(228 173)	—	—	59 062	—
三、本年年末余额	41 934 433	10 000 000	30 538 929	—	—	35 061	14 349 125	51 471 163	146 220 500

表 11-5 股东权益变动表

编制单位：甲建筑施工企业　　2022 年度　　单位：人民币千元　　会企 04 表

项目	股本	其他权益工具 永续债	资本公积	减：库存股	其他综合收益	专项储备	盈余公积	未分配利润	股东权益合计
一、本年年初余额	41 965 072	10 000 000	29 016 685	(4 204 385)	(738 725)	25 106	10 101 632	33 307 760	119 473 145
二、本年增减变动金额									
（一）综合收益总额	—	—	—		45 553	—	—	27 420 347	27 465 900
（二）股东投入和减少资本									
1. 股份支付计入股东权益的金额	—	—	836 446		—	—	—	—	836 446
2. 回购并注销未解锁的限制性股票	(16 904)	—	(40 495)	57 399	—	—	—	—	—
3. 限制性股票解锁的影响	—	—	11 954	661 639	—	—	—	—	661 639
其他	—	—	—	—	—	—	—	—	11 954
（三）利润分配									
1. 提取盈余公积	—	—	—	—	—	—	2 742 035	(2 742 035)	—
2. 对股东的分配	—	—	—	—	—	—	—	(9 006 272)	(9 006 272)
3. 对其他权益工具持有者的股利分配	—	—	—	—	—	—	—	(314 300)	(314 300)
（四）专项储备									
1. 本年提取	—	—	—	—	—	614 982	—	—	614 982
2. 本年使用	—	—	—	—	—	(640 088)	—	—	(640 088)
三、本年年末余额	41 948 168	10 000 000	29 824 590	(3 485 347)	(693 172)	—	12 843 667	48 665 500	139 103 406

11.6 附注

11.6.1 附注的含义及披露的基本要求

（1）附注的含义

附注是财务报表不可或缺的组成部分，是对在资产负债表、利润表、现金流量表和所有者权益变动表等报表中列示项目的文字描述或明细资料，以及对未能在这些报表中列示项目的说明等。

财务报表中的数字是经过分类与汇总后的结果，是对企业发生的经济业务的高度简化和浓缩，如没有形成这些数字所使用的会计政策、理解这些数字所必需的披露等，财务报表就不可能充分发挥效用。因此，附注与会计报表具有同等的重要性，是财务报表的重要组成部分。报表使用者需要了解企业的财务状况、经营成果和现金流量，应当全面阅读附注。

（2）附注披露的基本要求

1）定量、定性信息相结合

附注披露的信息应当是定量、定性信息的结合，从而能从两个角度对企业经济事项完整地进行反映，才能满足信息使用者的决策需求。

2）披露信息应有序并合理排列和分类

附注应当按照一定的结构进行系统、合理的排列和分类，有顺序地披露信息。由于附注的内容繁多，因此更应按逻辑顺序排列，分类披露，条理清晰，具有一定的组织结构，以便于使用者理解和掌握，更好地实现财务报表的可比性。

3）与四张主表信息相结合

附注中的相关信息应当与资产负债表、利润表、现金流量表和所有者权益变动表等四张主表中列示的项目相互参照，以有助于使用者结合相关联的信息，并由此从整体上更好地理解财务报表。

11.6.2 附注披露的内容

建筑施工企业应当按照《企业会计准则第 30 号——财务报表列报》等的要求，在附注中一般按照下列顺序至少披露以下内容。

① 企业的基本情况。企业应当披露企业注册地、组织形式和总部地址；企业的业务性质和主要经营活动；母公司以及集团最终母公司的名称；财务报告的批准报出者和财务报告批准报出日，或者以签字人及其签字日期为准；营业期限有限的企业，还应当披露有关其营业期限的信息。

② 财务报表的编制基础。企业应当以持续经营为基础，根据实际发生的交易和事项，按照《企业会计准则——基本准则》和其他各项《企业会计准则》的规定进行确认和计

量,在此基础上编制财务报表。企业不应以附注披露代替确认和计量,不恰当的确认和计量也不能通过充分披露相关会计政策而纠正。

如果按照各项《企业会计准则》规定披露的信息不足以让报表使用者了解特定交易或事项对企业财务状况和经营成果的影响,企业还应当披露其他的必要信息。

③ 遵循《企业会计准则》的声明。企业应当明确说明编制的财务报表符合《企业会计准则》体系的要求,真实、完整地反映了企业的财务状况、经营成果和现金流量等有关信息。

④ 重要会计政策和会计估计。重要会计政策的说明,包括财务报表项目的计量基础和在运用会计政策过程中所做的重要判断等。重要会计估计的说明,包括可能导致下一个会计期间内资产、负债账面价值重大调整的会计估计的确定依据等。

企业应当披露采用的重要会计政策和会计估计,并结合企业的具体实际披露其重要会计政策的确定依据和财务报表项目的计量基础,及其会计估计所采用的关键假设和不确定因素。

⑤ 会计政策和会计估计变更以及差错更正的说明。企业应当按照《企业会计准则第28号——会计政策、会计估计变更和差错更正》的规定,披露会计政策和会计估计变更以及差错更正的情况。

⑥ 会计报表重要项目的说明。企业应当按照资产负债表、利润表、现金流量表、所有者权益变动表及其项目列示的顺序,对报表重要项目的说明采用文字和数字描述相结合的方式进行披露。报表重要项目的明细金额合计,应当与报表项目金额相衔接。

企业应当在附注中披露费用按照性质分类的利润表补充资料,可将费用分为耗用的原材料费用、职工薪酬费用、折旧费用、摊销费用等。

⑦ 或有和承诺事项、资产负债表日后非调整事项、关联方关系及其交易等需要说明的事项。

⑧ 有助于财务报表使用者评价企业管理资本的目标、政策及程序的信息。

11.6.3 附注披露的会计报表重要项目

建筑施工企业按照资产负债表、利润表、现金流量表、所有者权益变动表的顺序及其项目的顺序,针对会计报表重要项目进行列示。下面就会计报表几个重要项目进行举例说明。

(1) 应收款项

在财务报表附注中应说明坏账的确认标准,以及坏账准备的计提方法和计提比例,并重点说明如下事项:

① 以前年度已全额计提坏账准备,或计提坏账准备的比例较大的,但在本年度又全额或部分收回的,或通过重组等其他方式收回的,应说明其原因、原估计计提比例的理由,以及原估计计提比例的合理性。

② 本年度实际冲销的应收款项及其理由,其中,实际冲销的关联交易产生的应收款项应单独披露。应收账款和其他应收款等应分别计提坏账准备。

(2) 存货

企业应当在附注中披露与存货有关的下列信息：各类存货的期初和期末账面价值；确定发出存货成本所采用的方法；存货可变现净值的确定依据，存货跌价准备的计提方法，当期计提的存货跌价准备的金额，当期转回的存货跌价准备的金额，以及计提和转回的有关情况；用于担保的存货账面价值。

在财务报表附注中应说明本期存货跌价准备计提和转回的原因；用于担保的存货的账面价值，以及存货的具体构成。存货分类明细表和存货跌价准备和合同履约成本减值准备明细表的披露格式。

(3) 投资性房地产

企业应当在附注中披露与投资性房地产有关的下列信息：投资性房地产的种类、金额和计量模式；采用成本模式的，投资性房地产的折旧或摊销，以及减值准备的计提情况；采用公允价值模式的，公允价值的确定依据和方法，以及公允价值变动对损益的影响；房地产转换情况、理由，以及对损益或所有者权益的影响；当期处置的投资性房地产及其对损益的影响。

(4) 固定资产

企业应当在附注中披露与固定资产有关的下列信息：固定资产的确认条件、分类、计量基础和折旧方法；各类固定资产的使用寿命、预计净残值和折旧率；各类固定资产的期初和期末原价、累计折旧额及固定资产减值准备累计金额；当期确认的折旧费用；对固定资产所有权的限制及其金额和用于担保的固定资产账面价值；准备处置的固定资产名称、账面价值、公允价值、预计处置费用和预计处置时间等。

(5) 无形资产

企业应当按照无形资产的类别在附注中披露与无形资产有关的下列信息：无形资产的期初和期末账面余额、累计摊销额及减值准备累计金额；使用寿命有限的无形资产，其使用寿命的估计情况；使用寿命不确定的无形资产，其使用寿命不确定的判断依据；无形资产的摊销方法；用于担保的无形资产账面价值、当期摊销额等情况；计入当期损益和确认为无形资产的研究开发支出金额；企业应当披露当期确认为费用的研究开发支出总额。

(6) 资产减值准备

企业应当在附注中披露与资产减值有关的下列信息：当期确认的各项资产减值损失金额；计提的各项资产减值准备累计金额；提供分部报告信息的，应当披露每个报告分部当期确认的减值损失金额。

在财务报表附注中应说明建筑施工企业各项资产减值准备的增减变动情况，编制资产减值准备明细表。资产减值准备明细表的各项目应根据"债权投资减值准备""坏账准备""存货跌价准备""长期股权投资减值准备""固定资产减值准备""在建工程减值准备"等账户的记录分析填列。

(7) 信用减值准备

企业应当以表格形式按金融工具的类别编制损失准备期初余额与期末余额的调节表，分别说明下列项目的变动情况。

① 按相当于未来 12 个月预期信用损失的金额计量的损失准备。

② 按相当于整个存续期预期信用损失的金额计量的下列各项的损失准备：

a. 自初始确认后信用风险已显著增加但并未发生信用减值的金融工具;

b. 对于资产负债表日已发生信用减值但并非购买或源生的已发生信用减值的融资产;

c. 根据《企业会计准则第22号——金融工具确认和计量》第六十三条的规定计量减值损失准备的应收账款、合同资产和租赁应收款。

③ 购买或源生的已发生信用减值的金融资产的变动。除调节表外,企业还应披露本期初始确认的该类金融资产在初始确认时未折现的预期信用损失总额。

(8) 应付职工薪酬

企业应当在附注中披露与短期职工薪酬有关的下列信息:应当支付给职工的工资、奖金、津贴和补贴及其期末应付未付金额;应当为职工缴纳的医疗保险费、工伤保险费和生育保险费等社会保险费及其期末应付未付金额;应当为职工缴存的住房公积金及其期末应付未付金额;为职工提供的非货币性福利及其计算依据;依据短期利润分享计划提供的职工薪酬金额及其计算依据;其他短期薪酬。

(9) 或有事项的说明

企业应当在附注中披露与或有事项有关的下列信息。

① 预计负债。包括预计负债的种类、形成原因以及经济利益流出不确定性的说明;各类预计负债的期初、期末余额和本期变动情况;与预计负债有关的预期补偿金额和本期已确认的预期补偿金额。

② 或有负债(不包括极小可能导致经济利益流出企业的或有负债)。包括或有负债的种类及其形成原因,包括已贴现商业承兑汇票、未决诉讼、未决仲裁、对外提供担保等形成的或有负债;经济利益流出不确定性的说明;或有负债预计产生的财务影响,以及获得补偿的可能性;无法预计的,应当说明原因。

③ 企业通常不应当披露或有资产。但或有资产很可能会给企业带来经济利益的,应当披露其形成的原因、预计产生的财务影响等。

此外,在涉及未决诉讼、未决仲裁的情况下,按照上述披露全部或部分信息预期对企业造成重大不利影响的,企业无须披露这些信息,但应当披露该未决诉讼、未决仲裁的性质,以及没有披露这些信息的事实和原因。

(10) 收入

企业应当在附注中披露与收入有关的下列信息。

① 收入确认和计量所采用的会计政策、对于收入确认的时点和金额具有重大影响的判断以及这些判断的变更,包括确定履约进度的方法及采用该方法的原因、评估客户取得所转让商品控制权时点的相关判断,在确定交易价格、估计计入交易价格的可变对价、分摊交易价格以及计量预期将退还给客户的款项等类似义务时所采用的方法、输入值和假设等。

② 与合同相关的信息,包括以下几点。

a. 与本期确认收入相关的信息,包括与客户之间的合同产生的收入、该收入按主要类别(如商品类型、经营地区、市场或客户类型、合同类型、商品转让的时间、合同期限、销售渠道等)分解的信息以及该分解信息与每一报告分部的收入之间的关系等。

b. 与应收款项、合同资产和合同负债的账面价值相关的信息,包括与客户之间的合同产生的应收款项、合同资产和合同负债的期初和期末账面价值、对上述应收款项和合同资产确认的减值损失、在本期确认的包括在合同负债期初账面价值中的收入、前期已经履行（或部分履行）的履约义务在本期调整的收入、履行履约义务的时间与通常的付款时间之间的关系以及此类因素对合同资产和合同负债账面价值的影响的定量或定性信息、合同资产和合同负债的账面价值在本期内发生的重大变动情况等。

c. 与履约义务相关的信息，包括履约义务通常的履行时间、重要的支付条款、企业承诺转让的商品的性质（包括说明企业是否作为代理人）、企业承担的预期将退还给客户的款项等类似义务、质量保证的类型及相关义务等。

d. 与分摊至剩余履约义务的交易价格相关的信息，包括分摊至本期末尚未履行（或部分未履行）履约义务的交易价格总额、上述金额确认为收入的预计时间的定量或定性信息、未包括在交易价格的对价金额（如可变对价）等。

③ 与合同成本有关的资产相关的信息，包括确定该资产金额所做的判断、该资产的摊销方法、按该资产主要类别（如为取得合同发生的成本、为履行合同开展的初始活动发生的成本等）披露的期末账面价值以及本期确认的摊销及减值损失金额等。

④ 企业根据《企业会计准则第 14 号——收入》第十七条规定因预计客户取得商品控制权与客户支付价款间隔未超过一年而未考虑合同中存在的重大融资成分，或者根据《企业会计准则第 14 号——收入》第二十八条规定因合同取得成本的摊销期限未超过一年而将其在发生时计入当期损益的，应当披露该事实。

参考文献

[1] 李志远. 施工企业会计 [M]. 北京：中国市场出版社，2019.
[2] 陈国辉，迟旭升. 基础会计 [M]. 大连：东北财经大学出版社，2021.
[3] 侯克兴，王玉红. 基础会计 [M]. 北京：机械工业出版社，2021.
[4] 范金宝，姚春艳，刘维. 会计学基础 [M]. 哈尔滨：哈尔滨工业大学出版社，2022.
[5] 张莉. 基础会计 [M]. 北京：中国农业出版社，2022.
[6] 毛志宏. 会计学 [M]. 北京：经济科学出版社，2022.
[7] 谢荻宝，周亚荣. 会计学原理 [M]. 武汉：武汉大学出版社，2021.
[8] 林云刚. 会计基础 [M]. 北京：电子工业出版社，2021.
[9] 孟祥霞，程洋. 基础会计学 [M]. 北京：高等教育出版社，2022.
[10] 黄雅平，李爱华. 建筑企业会计实务 [M]. 北京：化学工业出版社，2020.
[11] 李洪军，杨志刚，源军，等. 工程项目招投标与合同管理 [M]. 3版. 北京：北京大学出版社，2019.
[12] 王俊遐. 建筑工程招标投标与合同管理案头书 [M]. 北京：机械工业出版社，2019.
[13] 刘昕. 建筑施工企业会计与税务实务操作全书 [M]. 北京：人民邮电出版社，2022.
[14] 张志凤. 注册会计师考试应试指导及全真模拟测试 [M]. 北京：北京科学技术出版社，2023.
[15] 平准. 建筑施工企业会计核算与纳税、财务报表编制实务 [M]. 北京：人民邮电出版社，2020.
[16] 吕爱武. 建筑施工企业财务与会计实务 [M]. 北京：化学工业出版社，2018.
[17] 秦俊绒. 建筑施工企业会计 [M]. 上海：立信会计出版社，2018.
[18] 林久时. 建筑施工企业全生命周期财税处理与风险防范：案例版 [M]. 北京：中国铁道出版社，2022.
[19] 王素荣. 税务会计与税务筹划 [M]. 北京：机械工业出版社，2022.
[20] 王玉红. 施工企业会计 [M]. 大连：东北财经大学出版社，2022.
[21] 李志远，全晶晶. 建筑施工企业税务与会计 [M]. 北京：中国市场出版社，2020.